江苏省社会科学基金重点项目(11EYA001)

"江苏推进城乡发展一体化战略重点研究"

主要研究成果

城乡发展一体化进程中的苏南样本

包宗顺 等著

苏州震泽镇案例研究

南京大学出版社

图书在版编目(CIP)数据

城乡发展一体化进程中的苏南样本：苏州震泽镇案例研究 / 包宗顺等著. —— 南京：南京大学出版社，2014.11

ISBN 978 - 7 - 305 - 14008 - 2

Ⅰ. ①城… Ⅱ. ①包… Ⅲ. ①城乡一体化-研究-苏南地区 Ⅳ. ①F299.275.3

中国版本图书馆 CIP 数据核字(2014)第 227213 号

出版发行　南京大学出版社
社　　址　南京市汉口路 22 号　　　　邮　编　210093
出版人　金鑫荣

书　　名　**城乡发展一体化进程中的苏南样本——苏州震泽镇案例研究**
著　　者　包宗顺　等
责任编辑　田　甜　李鸿敏　　　　　编辑热线　025 - 83593947

照　　排　南京南琳图文制作有限公司
印　　刷　江苏凤凰通达印刷有限公司
开　　本　700×1000　1/16　印张 20　字数 255 千
版　　次　2014 年 11 月第 1 版　2014 年 11 月第 1 次印刷
ISBN 978 - 7 - 305 - 14008 - 2
定　　价　58.00 元

网址：http://www.njupco.com
官方微博：http://weibo.com/njupco
官方微信号：njupress
销售咨询热线：(025) 83594756

序 一

刘志彪

党的十八大强调,要加大统筹城乡发展力度,增强农村发展活力,逐步缩小城乡差距,促进城乡共同繁荣。十八届三中全会则进一步指明了城乡发展一体化的具体路径,就是要赋予农民更多财产权利,推进城乡要素平等交换和公共资源均衡配置。这为江苏省当前和今后一个时期的发展指明了方向。中国经历了一个高速的城镇化进程,2012 年全国城镇化率达到了 52.57%,与世界平均水平大体相当,从数字上看成效显著。但与此同时,城镇化质量不高的问题也越来越突出,城镇化在某种程度上陷入了"以物本为主"的建设误区。建城、建房,建立一切以物为中心的城市,城建起来之后没有人住,也可能没有就业。人还没有城镇化,房地产已经炒起来了,泡沫随之而来,这种"城镇化"肯定要失败。毋庸置疑,转向"以人本为主"的城镇化模式,是下一轮新型城镇化发展的主导趋势。城镇化的根本是让农民享受城市的生活方式,城乡居民享有平等的公民待遇,而这只有通过消除城乡要素交换的歧视性制度,以及均衡配置城乡公共资源才能达到。自愿迁徙的农民能够在城市立足,留守农村的农民能够享受到现代化的成果,这样的城镇化才比较健康。

国内外协调城乡关系的各种实践从未停止过。无论是追踪城镇化的理论前沿、明确城乡一体化建设的关键问题,还是洞悉缩小城乡差距的基本规律,这些都是我们社科工作者的职责和使命所在。统筹城乡发展是一项长期而艰巨的任务，这事关经济发展方式的彻底转变，事关区域共同发展的实现，事关江苏"两个率先"的建设进程。这需要我们在实践上有所突破，理论上不断创新。在中央的统一部署下，近几年来，江苏省委、省政府一直把促进城乡区域协调发展，作为省委、省政府工作的重要目标。"十二五"期间提出的"城乡发展一体化战略"，反映了总体思路的升级与转变。建立城乡统筹发展的体制机制成为各级政府的着力点，他们都在为开创城乡一体化建设的新局面而努力奋斗。实际上，在制定政策的过程中，面对的许多令人困惑不解的问题，基层干部的做法已经给出了答案。贴近群众，贴近基层，善于总结、提炼基层创造的新经验和新问题，是永葆地区活力的重要法宝。

江苏是全国城乡差别最小的地区之一，苏南尤其是苏州地区没有走单纯农村城镇化的路子，而是通过产业提升和功能完善集聚人口，走出了中国特色的城镇化道路。苏州地区作为全省和全国的城乡一体化综合试点区，其城乡一体化的发展，承担着为全省、全国做示范、创经验的重任。苏州不负众望，创造了"三集中"、"三置换"、"三并轨"、"三大合作"等先进经验，有力地提高了当地城乡一体化的发展水平。随着苏南"现代化示范区"国家战略的推进，省委、省政府对苏州"城乡一体化之路"提出了更高的期盼，实践中遇到的新矛盾、新问题也需要不断分析、总结和解决。以社会科学工作者的独立视角，客观、科学地发现问题与总结经验，不仅能够助推苏州的跨越性发展，而且能够对可能的潜在风险进行预警，并对未来的发展趋势先行预测，从而为全国的城乡发展提供良好的借鉴样本。

目前，以镇村级为代表的典型案例研究比较少见，该书正是从这个角度出发，扎根基层，关注农民，深刻解剖苏南农村经济和社会发展产生巨变的过程。选择苏州震泽镇为研究样本，认真总结得到的推进城乡一体化进程中的经验和问题，具有苏南地区一般意义上的普适性和代表性。以"乡镇＋重点村庄"为研究对象，采取"自上而下"和"自下而上"的部门座谈、入户访谈相结合的调研方法,有利于全方位地对比剖析,使研究体系和框架结构更加合理。该书的推出,既丰富了从中微观层面建设城乡一体化的理论成果,又为省市政府的宏观指导提供了决策依据和参考。农村发展研究所的研究人员多次奔赴震泽镇实地调研,掌握了大量的第一手材料,形成了现在的研究成果。该书以城乡发展一体化为主线,对震泽镇的镇村概况、新社区建设、户籍制度改革、农村资源利用、产业发展、居民生活、社会保障、环境保护、基础设施和村民自治等情况,进行了全面、深入、系统的细致分析,不失为忠实记录苏南城乡发展历程的珍贵资料。

该书的出版,适逢党的十八届三中全会胜利闭幕以及"群众路线教育实践活动"开展之际,是全院深入实施"改学风、改作风"行动的重大成果之一,该书是一份分量重、质量高、时代感和责任感强的书稿。深入基层开展调查研究,坚持理论与实际紧密结合,由此制定和执行正确的路线方针政策,是我们党领导革命、建设与改革取得成功的基本经验和基本工作方法。省情调研是国情调研不可或缺的组成部分,也是摸清全省实际工作成效的重要手段。各种类型的基层调研基地,是科学获取研究数据的来源之一;持之以恒地落实长远调研,更是对时代烙印的真实表述,这些都具有不言而喻的重大价值。该书贯彻了严谨务实、扎根镇村的调研之风,密切听取基层群众的呼声和建议,这样的科研成果"接地气",有助于真正发挥我院智库的作用,为社科强省与"两个率先"贡献力量。衷心希望该成果的呈现,能更多地引起学术界和社会的广泛关注,为推进城乡统筹和新型城镇化研究添砖加瓦,为实现城乡共同繁荣的"中国梦"奉献智慧。

序 二

诸纪录

城乡发展一体化是一个国家或地区在生产力高度发达的条件下,城市与农村的经济活动、社会发展、空间布局与居民生活相互促进、逐步融合的过程,是城市与农村协同度、融合度逐步提高的过程。加快推进城乡发展一体化是全面贯彻科学发展观的战略选择和具体体现,是实现城乡协调发展、构建和谐社会的现实途径和重大举措,是解决新时期"三农"问题的根本出路,是加快新型城镇化进程的必由之路,是全面建设小康社会的必然要求。党的十七届三中全会从中国特色社会主义现代化的全局出发,明确提出了"城乡发展一体化"的战略目标——"到 2020 年,基本建立城乡经济社会发展一体化体制机制"。

江苏省委、省政府高度重视城乡发展一体化问题,创新体制机制,已经取得初步成效。一是现代农业加快发展。粮食连续十年增产,高效农业长足发展。二是制度管理上正在突破城乡分治。农村土地制度、金融制度、社保制度、户籍制度以及收入分配制度等改革深入推进,城乡二元结构的"坚冰"正在被打破,农村公共服务水平不断提高。三是城乡之间要素加快流动。农村劳动力向非农产业转移比重接近 70%,城镇化率已经从 1979 年的 15.5% 提高到了 2012 年的 63.4%,远远高于全国 52.6% 的平均水平。四是农村和城镇居民生活水平进一步提高。坚持富民优先的发展战略,千方百计增加城乡居民收入。2012 年城镇居民人均可支配收入和农村居民人均纯收入分别达到 29 677 元和 12 202 元,城乡居民收入比为 2.43∶1,江苏是全国收入差距最小的省份之一。五是村庄人居环境建设卓有成效。有 8 万个村庄完成了环境整治任务。

2008 年 9 月,江苏省委、省政府批准苏州为全省唯一的城乡发展一体化综合配套改革试验区。苏州市近年来在已有工作的基础上,坚持先行先试,大胆创新创优,从领导体制、组织机制、政策措施等方面全面推进城乡发展一体化,大力实施股份合作、土地使用制度、户籍制度、社保制度和投融资体制五大改革,着力破除城乡二元结构,探索城乡一体化发展新路径。震泽镇是苏州市 23 个城乡发展一体化先导区之一。在加快经济发展的同时,震泽镇坚持协调发展、和谐发展的原则,加快推进城乡发展一体化,城镇化率不断提高;坚持把耕地向种田能手集中、企业向园区集中、居民向社区集中的"三集中"作为推动城乡发展一体化的重要动力,其中集中居住区建设取得明显成效;坚持把体制创新作为推动城乡发展一体化的重要举措,并在户籍制度、土地制度改革等方面取得明显突破;坚持把调整利益分配格局作为推动城乡发展一体化的重要手段,2011 年城乡居民收入比为 1.82∶1,远低于全省平均水平。

作为省委、省政府的思想库和智囊团,省社科院农村发展研究所的研究人员长期坚持理论联系实际的研究方法,积极投身于江苏农村改革发展大业,许多研究成果获得省委、省政府领导的重要批示和社会广泛关注。苏南是中国农村改革的前沿,为能全面、准确、深刻地把握城乡统筹发展的时代脉搏,农村发展研究所精心选择苏州城乡一体化发展综合配套改革先导区之一的震泽镇,进行深入的、全方位的典型案例研究。近一年多来,该所科研人员不辞劳苦,在所长包宗顺研究员的带领下,多次到震泽镇,广泛召开座谈会,走访镇政府职能部门与村委会,进行农户抽样调查,等等。《城乡发展一体化进程中的苏南样本——苏州震泽镇案例研究》一书,是农村发展研究所全体同志深入调查研究的结晶。本书以农户问卷调查获得的第一手数据和大量实地访问调查资料为基础,以城乡发展一体化为主线,通过镇村级典型案例的深入研究,从震泽镇的镇村概况、新社区建设、户籍制度改革、农村资源利用、产业发展、居民生活、社会保障、环境保护、基础设施和村民自治等不同视角,全面、系统、客观、翔实地描述苏南农村经济和社会发展产生巨变的历程,归纳和总结成功的实践经验,分析共同面临的问题及成因并制定应对策略。

本书注重理论与实践相结合,既有城乡发展一体化相关理论的分析,又有地方党委政府在推动城乡发展一体化方面的具体政策和操作实务,其针对推进新型工业化和城镇化、发展现代农业,以及提高农民收入、完善城乡居民社会保障体系等方面的建议,对全省、全国其他乡镇均具有十分重要的借鉴意义。

我们希望理论和学术界今后能有更多这样的理论密切联系实际的精品力作问世,更好地服务于省委、省政府的决策咨询,更好地服务于全省城乡发展一体化的改革实践,为扎实推进全省城镇化、城乡发展一体化做出更大的贡献。

目　　录

第一章 绪 论

从党的十六大提出统筹城乡发展,到十八届三中全会提出健全城乡发展一体化体制机制,"城乡发展一体化"成为最近十年政府文件中最热门的词组,成为 21 世纪我党执政理念上的最新突破和重大理论创新,成为从中央到乡镇各级党和政府最重要的长期工作抓手,对中国经济和社会发展进程已经并将继续产生巨大而深远的影响。

一、基本概念及内涵

由于城乡发展一体化理论的范畴涉及经济、社会、生态环境、文化生活、空间布局等各个方面,所以不同的学科对其理解各有侧重。社会学界从城乡关系角度出发,认为城乡发展一体化是指相对发达的城市和相对落后的农村打破相互分割的壁垒,城乡经济和社会生活紧密结合与协调发展,逐步缩小直至消除城乡之间的基本差别,从而使城市和乡村融为一体;哲学界从生产力与生产关系的角度出发,认为城乡发展一体化是一种发展观,是物质和意识的统一,是在未来生产力高度发展下,生产关系与生产力、上层建筑与经济基础高度协调所表现出来的城乡关系;经济学界从经济发展规律和生产力合理布局角度出发,认为城乡发展一体化是现代经济中农业和工业联系日益增强的客观要求,是指统一布局城乡经济,加强城乡之间的经济交流与协作,逐步实现生产要素的合理流动和优化组合,促使生产力在城市和乡村之间合理布局,实现协调发展,以取得最佳的经济效益;规划学界则从空间的角度对城乡发展做出统一规划,即对具有一定内在关联的城乡交融地域上的各物质与精神要素进行系统安排;生态与环境学界从生态环境的角度出发,认为城乡发展一体化是城乡生态环境的有机结合,以保证自然过程、生态过程畅通有序,促进城乡健康、协调发展。

　　虽然,目前在城乡发展一体化的具体概念上并没有完全统一,但是以下几个关于城乡发展一体化的"印象"性质的界定,得到了广泛的共识:(1) 城乡发展一体化是在城乡经济、社会、文化、生态等方面全面协调发展的一体化,而不能将其片面化、孤立化。(2) 城乡发展一体化是一个长期发展的动态过程,这个过程不是一蹴而就的,是一个渐进的过程。(3) 城乡发展一体化体现了城乡之间相互独立、相互联系、相互作用的关系,两者在功能上存在着极强的相关性。实现城乡发展一体化不是趋同化,不是城乡同一化,城市与乡村各自具有独特的性质,不存在城市代替乡村(或者乡村代替城市)的问题,应该是城市与乡村互相吸收先进和健康的因素,形成城市和乡村在经济和空间上的整体协调发展的一种双向演进过程。(4) 城乡发展一体化体现着工业与农业之间的产业关系,这一关系,一方面确认了农业对工业基础性的决定作用,另一方面又突出了工业对于农业的促进作用。因此,城乡发展一体化可使城乡在社会分工、产业互引、基础协调方面有序发展。(5) 城乡发展一体化体现了城乡之间生产力的合理布局。将城乡作为一个整体来安排投资、劳动力、技术等生产要素,使城市和农村发挥各自优势。通过生产要素的合理流动与优化组合,促进生产力的合理布局。(6) 城乡发展一体化的目的是缩小城乡差别,而不是完全消除差别。城市和乡村的差别是永远存在的,推进城乡发展一体化只是要把这种差别缩小到人们能够承受的范围之内。

　　基于上述六个方面的认识,城乡发展一体化的含义可以概括为:

城乡发展一体化是城市化发展的一个新阶段,是随着生产力的发展,城乡居民生产方式、生活方式和居住方式变化的过程;是城乡人口、技术、资本、资源等要素相互融合、互为资源、互为市场、互相服务,逐步实现城乡之间在经济、社会、文化、生态上协调发展的过程。城乡发展一体化就是要把工业与农业、城市与乡村、城镇居民与农村居民作为一个整体,统筹谋划、综合研究,通过体制改革和政策调整,促进城乡在规划建设、产业发展、市场信息、政策措施、生态环境保护、社会事业发展等各个方面的一体化,改变长期以来形成的城乡二元经济结构,实现城乡在政策上的平等、产业发展上的互补、国民待遇上的一致,让农民享受到与城镇居民同样的文明和实惠,使整个城乡经济社会全面、协调、可持续发展。

在理解城乡经济社会发展一体化的内涵时,要注意避免以下几个认识上的误区。一是城乡发展一体化并不意味着把农村改造为城市,而是要统筹城乡经济社会发展,如统一城乡规划,将农村规划纳入区域总体规划中,把落后农村改造为现代农村;统一城乡产业布局,实现产业布局合理化;把城市基础设施延伸到农村,让城乡居民享受同等的基本公共服务等等。二是城乡发展一体化并不仅仅意味着经济发展一体化,还包括社会发展一体化,特别是就业、教育、社会保障等。三是城乡发展一体化并不意味着不分贡献大小一味将农村居民收入与城市居民收入拉平,而是要在城乡实现同样贡献获得同样收入的目标。四是城乡发展一体化不是要让城市经济社会发展停下来,而是要继续繁荣城市,让城市具有更大的辐射功能,以带动农村加快发展,缩小城乡发展差距,最终达到城乡经济社会发展一体化。

二、理论与现实意义

城乡发展一体化概念的提出,是中国经济体制改革发展理念上的重大突破。中国经济体制改革实践,更是拓宽和丰富了城乡发展一体化的内涵。在经历了 20 世纪九十年代初期国内农产品价格大幅度提升后,九十年代中期,粮食、棉花、油料等大宗农产品的国内市场价格已赶上或接近当时国际市场价格水平,如国家不采取特别的保护措施,农民想要通过提高销售价格来增加收入的空间已非常小;另一方面,伴随农产品价格的上涨和土地生产力水平的提高,农产品总产量也大幅度增长,1995—1997 年间,中国粮食生产能力提高了5 000 万吨。以 20 世纪九十年代中期为分水岭,中国农产品长期短缺、供不应求的局面基本结束,出现持续的农产品结构性剩余的新态势。农产品卖难,价格下跌,农民收入增长速度趋缓。1996—2001年间,全国农村人均纯收入增长幅度分别为:1996 年的 9.0%,1997年的 4.6%,1998 年的 4.3%,1999 年的 3.8%,2000 年的 2.1%,2001 年的 4.2%。农民人均来自农业的纯收入也呈逐年下降趋势。1997—2002 年间,各级政府虽也出台了一些重大经济改革措施:调整农业经济结构、延长土地承包期、改革粮食流通体制、推进农业产业化经营、实施农村税费改革等。但客观地说,因为解决问题的思路始终局限于农村内部,出台的这些改革措施无法从根本上缓解长期积淀的深刻矛盾。

重大理论上的突破产生于 2003 年党的十六大提出的城乡统筹发展观。城乡统筹发展的关键,在于摒弃现实中的一切阻碍城乡统筹发展的不合理制度因素,按照市场经济体制运行要求,促进城乡协调发展,使得不同社会群体共享经济发展与社会进步的成果。

城乡发展一体化的核心或本质内容,是财政收入在城乡间的公平合理分配使用。但长期以来我们一直重城市建设轻农村建设,政府财政账户上,列有"城市建设费"专项,却从未设立"农村建设费"的户头,便是最好的注脚。结果,无论在居民饮水安全、民用电力设施、交通条件方面,还是在教育、医疗、文化社会事业发展方面,城乡之间都存在巨大的差距,因此才有"城市像欧洲,农村像非洲"一说。

2004 年中央一号文件的发布,令九亿农民欢欣鼓舞。城乡统筹发展的重要理念在文件中得到高度体现,文件"含金量"之高是空前的,并对传统的基础设施建设投资的城乡二元分割体制产生了强大冲击。文件强调必须进一步调整国民收入分配结构和财政支出结构,建立健全财政支农资金的稳定增长机制,逐步提高国家固定资产投资用于农业和农村的比例。

如果说统筹城乡发展理念是由 2003 年党的十六大提出的,那么,2006 年中央一号文件,则是对统筹城乡经济社会发展,扎实推进社会主义新农村建设,做出的全面规划和部署。文件首次提出加快建立以工促农、以城带乡的长效机制,顺应经济社会发展阶段性变化和建设社会主义新农村的要求,坚持"多予少取放活"的方针,重点在"多予"上下功夫。文件明确提出要调整国民收入分配格局,国家财政支出、预算内固定资产投资和信贷投放,要按照存量适度调整、增量重点倾斜的原则,不断增加对农业和农村的投入。扩大公共财政覆盖农村的范围,建立健全财政支农资金稳定增长机制。文件还对如何推进现代农业建设、促进农民持续增收、加强农村基础设施建设和加快发展农村社会事业做了全面具体的规划和部署。

2008 年党的十七届三中全会通过的《中共中央关于推进农村改革发展若干重大问题的决定》提出:建立促进城乡经济社会发展一体化制度。文件要求尽快在城乡规划、产业布局、基础设施建设、公共服务一体化等方面取得突破,促进公共资源在城乡之间均衡配置、生产要素在城乡之间自由流动,推动城乡经济社会发展融合。统筹土地利用和城乡规划,合理安排市县域城镇建设、农田保护、产业聚集、村落分布、生态涵养等空间布局。统筹城乡产业发展,优化农村产业结构,发展农村服务业和乡镇企业,引导城市资金、技术、人才、管理等生产要素向农村流动。统筹城乡基础设施建设和公共服务,全面提高农村公共事业水平,逐步建立城乡统一的公共服务制度。统筹城乡劳动就业,加快建立城乡统一的人力资源市场,引导农民有序外出就业,鼓励农民就近转移就业,扶持农民工返乡创业。加强农民工权益保护,逐步实现农民工在劳动报酬、子女就学、公共卫生、住房租购等各方面与城镇居民享有同等待遇,改善农民工劳动条件,保障生产安全,扩大农民工工伤、医疗、养老保险覆盖面,尽快制定和实施《农民工养老保险关系转移接续办法》。统筹城乡社会管理,推进户籍制度改革,放宽中小城市落户条件,使在城镇稳定就业和居住的农民有序转变为城镇居民。

2010年中央一号文件再次以统筹城乡发展为主题,进一步加大统筹城乡发展力度,提高惠农政策含金量,并从健全强农惠农政策体系,推动资源要素向农村配置;提高现代农业装备水平,促进农业发展方式转变;加快改善农村民生,缩小城乡公共事业发展差距;协调推进城乡改革,增强农业、农村发展活力等方面,做出全面具体部署。

中共十八大把推进城镇化作为经济结构战略性调整的重点之一,并进一步明确要求推动城乡发展一体化,促进城乡共同繁荣。

在中央统一部署下,近几年来,江苏一直把促进城乡区域协调发展,作为省委、省政府工作的重要目标。2008年9月省委、省政府正式批准苏州市为江苏省城乡一体化发展综合配套改革试验区。2013年江苏省政府一号文件的主题便是“扎实推进城镇化,促进城乡发展一体化”。2013年江苏省政府工作报告也将促进城乡区域协调发展,作为今后五年江苏经济社会发展的主要目标之一,明确提出要在今后五年内“城乡发展一体化水平明显提高,基本形成功能互补、特色鲜明、优美宜居的现代城乡形态,城市化率提高到67%”①。

总体而言,作为沿海经济发达地区,江苏城乡一体化发展水平和城镇化水平位于全国前列,认真研究与总结江苏在着力提高城镇化质量和城市现代化水平、推进城乡一体化发展过程中的经验和问题,分析研究各地城镇化和城乡发展一体化的重点、难点和对策,无疑将

---

① 引自2013年1月20日李学勇省长在江苏省第十二届人民代表大会第一次会议上的《政府工作报告》。

为省委省政府实施正确的宏观指导提供科学依据和决策参考,对全国其他地区也具有实践借鉴意义。

为了进行更加深入和透彻的调查研究,我们决定选择有代表性的个案进行重点解剖。课题组经过 2011 年秋和 2012 年初的多次实地考察并筛选,最后确定将吴江市震泽镇作为我们进行深入调研、重点解剖的研究样本。我们希望通过镇村级典型案例的深入研究,全面、系统、客观、翔实地描述苏南农村经济和社会发展产生巨变的这段历程,归纳和总结成功的实践经验,分析共同面临的问题及成因并制定应对策略,其决策咨询参考价值和实践指导意义是显而易见的。

三、国内外研究综述

如何顺利地推进城乡关系由分割向一体化转变,始终是理论界致力解决的关键问题。西方学者中,刘易斯最先提出了经济发展中的二元结构问题。发展中国家消除二元结构、摆脱贫困的主要途径是促使农业剩余劳动力向现代工业部门转移。从理论和实践两方面考察发现,推动城乡关系研究的动力主要来自地理学的理论贡献。美国地理学家詹姆斯(Preston E. James)指出,自然界中没有真正界限分明的“区域”存在,因此,不能绝对地将人类的活动空间人为地割裂为城市和乡村,而应该作为“一个以多样性为基础的关系统一体”。这一观点引起了大多数学者的共鸣,并且自 20 世纪八十年代后,随着更多学者日益关注发展问题而影响逐渐扩大。如朗迪勒里(Rondineli)提出的“次级城市发展战略”、昂温(Unwin)构建的“城乡间相互作用、联系”的理论分析框架,都是重新开启城乡一体化研究热潮的重要推动力量。而麦克·道格拉斯(Mike Douglass)的“区域发展网络模型”,更将昂温的理论分析框架进一步具体化为实践操作模型,推动城乡一体化研究走向深入。

在推进城乡发展一体化实践方面,“城乡等值化”是起源于德国巴伐利亚州的一项重要成果,在欧洲有较高的知名度,被称为“巴伐利亚经验"。二战结束后的德国,城乡差距进一步拉大,大量农业人口离开农村涌入城市,城市也因此不堪重负。当时的巴伐利亚州政府推出了"城乡等值化"的理念,旨在不通过耕地变厂房、农村变城市的方式使农村在生产、生活质量而非形态上与城市逐渐消除差异,使在农村居住仅是环境选择、当农民只是职业选择,并通过土地整理、村庄革新等方式,实现"与城市生活不同类但等值"的目的。该理念也成为二战后德国及欧洲许多地区农村发展的普遍模式。①

如前所述,城乡发展一体化概念的提出,是中国经济体制改革发展理念上的重大突破。进入新世纪以后,城乡二元结构日益成为影响中国经济社会健康发展的"瓶颈",严重制约着中国经济转型与发展的顺利推进。城乡一体化是在改革实践中首先提出来的,它的产生与我国改革开放后乡镇企业、小城镇的大量涌现,以及乡村城市化迅速发展密不可分。

近几年来,统筹城乡一体化发展引起了广泛关注,许多学者围绕城乡发展一体化的基本内涵与制度建设、深化农村配套改革等,进行深入研究并取得一批成果。主流观点包括:城乡发展一体化不等于城乡一样化;推进城乡发展一体化的过程中,应坚持以农户家庭为主体的农业经营体制,大力发展农民合作组织;推进城乡发展一体化的过程中,政府应积极转变职能,明确责任范围,强化政府平衡社会利益的功能和作用,形成科学有效的利益协调机制、诉求表达机制、矛盾调解机制、权益保障机制,以维护社会公平正义,促进城乡经济社会协调发展;推进城乡发展一体化,前提是在解决"三农"问题上取得重大进展。

相关研究也提出了一些重大现实问题:(1)农业转移人口市民化问题。不仅仅是要解决进城务工人员户口问题,还要保证其在城市拥有稳定的就业、收入、住房以及解决好其子女教育问题,并使其

---

① 刘汉:《南张楼村的"巴伐利亚试验"》,《中国经济周刊》2005年第37期。

享有与市民无差别的社会保障和政治权利。(2)培育新型农业经营主体问题。要通过城乡发展一体化,引导土地等资源优化配置,大力发展现代农业,防止农业被边缘化。(3)农村基础设施建设问题。政府财政资源配置的重心要向农村延伸,在农村道路交通、文化教育、医疗卫生等方面加大投入,努力实现城乡基本公共服务均等化。(4)农村社会保障问题。虽然农村低标准、广覆盖的社会保障体系业已初步建立,但与城市相比存在巨大差距,缩小城乡差距仍需要付出长期、艰巨的努力。(5)农村环境整治问题。改善农村的公共环境,逐步使住在农村、继续从事农业的人能同样享受现代文明,但在这一过程中应避免大拆大建。

江苏城乡发展一体化方面的许多研究成果,一方面已转化为积极推进城乡发展一体化的工作思路——坚持以工促农、以城带乡,大力推进城乡规划、产业布局、基础设施、公共服务、就业社保、社会管理"六个一体化",完善和创新城乡发展一体化体制机制,促进公共资源均衡配置;另一方面转化为推进城镇化的具体工作思路——进一步提高规划水平,促进大中小城市和小城镇协调发展,推动城镇化数量扩张向质量提升转变。提升中心城市综合功能,发挥中小城市承接外部要素和对内带动作用,重点解决小城镇生活集中和生产集约问题。加快南京都市圈和宁镇扬同城化建设,提高苏锡常都市圈联动发展水平,增强徐州都市圈核心城市辐射带动作用。

总体而言,国内学者所做的研究主要围绕城乡一体化的概念、内容、目标、实质、动力机制、模式等展开,对若干理论问题达成了一些基本共识。在实践上,政府部门和学术界为了推进城乡一体化的发展也做了不少努力和尝试。但无论是在系统性还是在深度方面都有待进一步拓展,有些研究成果正确与否还有待进一步研究和实践检验。

四、苏州改革试验概述

在改革开放进程中,苏州一直是一个积极探索、努力创新的先进地区。作为中国改革开放先锋的苏州市,率先进入以工促农、以城带乡,着力破除城乡二元结构、形成城乡经济社会发展一体化的新时期、新阶段。苏州的实践充分表明,每一次新的跨越,都得益于改革创新。苏州人意识到,只有首先在体制机制层面上进行改革与创新,才能最终彻底打破城乡二元结构,实现经济社会发展的城乡发展一体化。在城乡发展一体化综合配套改革的过程中,苏州市委、市政府提出:只要有利于破除城乡二元结构、促进城乡经济社会发展一体化的改革,有利于工业化、城市化和农业现代化协调推进的创新,有利于构建和谐社会的实践,都鼓励支持,放手放开,先行先试。

2008 年 9 月,江苏省委、省政府批准苏州为全省唯一的城乡发展一体化综合配套改革试验区后,苏州市委、市政府就从领导体制、组织机制、政策措施等方面全面推进改革。当年,苏州市委、市政府就成立了苏州市城乡发展一体化综合配套改革试点工作领导小组及办公室,建立了苏州市城乡发展一体化综合配套改革工作机构与工作网络。2008 年 11 月 14 日,苏州市委、市政府发布了《关于城乡发展一体化综合配套改革的若干意见》的政策文件。2009 年 7 月 15日,苏州市委、市政府制定了《苏州城乡发展一体化综合配套改革三年实施计划》,初步制定了推进全市城乡发展一体化改革政策,明确了目标。进入 2010 年,苏州市委、市政府在一号文件《关于全面推进城乡发展一体化改革发展的决定》中,提出了到 2012 年要基本建立城乡发展一体化体制机制,进一步完善了全市城乡发展一体化改革政策体系与目标任务。三年三个文件,形成了一个系统的推进城乡发展一体化的政策框架。

(一)改革总体目标

苏州提出的城乡发展一体化综合配套改革的总体目标是:使苏州农村既保持鱼米之乡优美的田园风光,又呈现先进和谐的现代文明,将其逐步建设成为基础设施配套、功能区域分明、产业特色鲜明、生态环境优美、经济持续发展、农民生活富裕、农村社会文明、组织坚强有力、镇村管理民主的苏州特色社会主义新农村,加快形成农民持续增收长效机制、农村新型集体经济发展动力机制,构建和协调发展和谐社会制度环境、城乡公共服务均等化运行体系、城乡一体行政管理体制。力争率先实现"六个一体化",即城乡发展规划、资源配置、产业布局、基础设施、公共服务、就业社保和社会管理的一体化。

(二)改革时序进度

围绕改革总体目标,苏州提出了三年改革时序进度:

2009年为"重点突破年"。围绕城乡发展一体化目标,在完善农村劳动和社会保障制度、推进宅基地换商品房与承包地换社保工作、加快城乡户籍管理一体化等方面,制定专项政策意见,着力推进23个先导区的先行先试工作。

2010年为"整体推进年"。整体推进"三形态"、"三集中"、"三置换"工作。"三形态"工作:地处工业和城镇规划区的行政村,以现代服务业为主要发展产业,加快融入城市化进程;工业基础较强、人口较多的行政村,以新型工业化为主要发展方向,加快就地城镇化步伐;地处农业规划区、保护区的行政村,以现代农业为主要发展产业,推动一次产业与二、三次产业融合发展,加快农业现代化步伐。"三集中"工作:工业企业向规划区集中,因地制宜地推进"退二进三"、"腾笼换鸟"或"退二还一"、异地置换工作;农业用地向规模经营集中,鼓励农户间规范自由地流转,加强土地股份合作社建设,发展规模化的现代农业;农民居住向新型社区集中,换房进城进镇或就地集中居住。"三置换"工作:集体资产所有权、分配权置换社区股份合作社股权;土地承包权、经营权通过征地置换基本社会保障,或入股换股权;宅基地使用权可参照拆迁或预拆迁办法置换城镇住房,或进行货币化置换,或置换二三产业用房,或置换置业股份合作社股权。

2011年为"全面提升年"。建立较为完善的城乡发展一体化推进机制,全面提升"三形态"、"三集中"、"三置换"工作水平。

(三) 改革之初遇到的难题

苏州各地的试验先导区在推进城乡发展一体化试验改革之初，便遇到了一系列矛盾和亟须化解的难题，这些矛盾和难题需要从体制机制方面取得突破。

1. 资金"瓶颈"问题。推进城乡经济社会一体化的发展，需要地方财力和农村金融服务体系的强力支撑。苏州改革先导区试点开发贷款是由市政府担保的，而非先导区的启动资金获得很难。有不少人认为，当前苏南农村金融服务整体环境还不如上世纪八九十年代，(贷款)"难"、(手续)"烦"、(财务成本)"贵"是人们对当前农村金融服务状况的高度概括。就目前而言，一方面试点地区农民集中居住所需建设资金平衡仍有问题，整理出来的三产用地出让收益，少则每亩100万元以上，多则要达到200万以上，资金才能平衡。另一方面，虽然试点先导区整理出来的非农建设用地能拍卖到100万元以上，但农民集中居住全面推广后，面上整理出的土地都去作三产用地可行吗？届时还能拍卖到那么高的价格吗？因此，一些基层干部认为，农村居民集中居住的整体推进难度较大，具体要做成什么样、靠谁做、怎样做，已不仅仅是资金平衡的问题，也是发展的问题。

2. 集中居住周转用地指标问题。推进农村居民的集中居住，是各地推进城乡一体化建设的重要抓手。但宅基地置换与集中居住，通常先需要一定比例的周转用地进行安置房的建设，再置换、拆迁和平整土地，实行增减挂钩和占补平衡。基层政府认为，推进农村居民集中居住，至少需要有30%的周转用地，最好有50%的周转用地，其中20%先用于商业开发，为集中居住提供资金支撑。但国土部门坚持要求：先验收新增加(整理出来)的农用地面积，然后才能相应补充建设用地，这显然不符合运作逻辑。国土部门主要怕基层政府占后不补，但是这给实际操作带来了极大的困难。

3. 新农村建设规划对接问题。推进城乡一体化发展的另一重要抓手，是城乡发展规划一体化。但最新制定的城乡建设规划与前不久制定的新农村建设规划产生不小的冲突。以苏南某县级市为例：该市 2006 年花很大力气、请正规规划部门制定了一部高水平新农村建设规划，该规划综合考虑农村居民生产、生活半径等多项因素，确定全市共设 80 个农村居民点，并经市委市政府正式批准实施。但该规划却与当前城乡一体化发展规划要求产生明显冲突，并被要求重新缩编农村居住点。这正应了那句"规划不如变化快"的老话。

4. 农业的重新定位问题。发达地区的农业究竟如何定位，也是苏南基层农村工作部门同志常提及的问题。是稳定家庭联产承包？还是大规模集中经营？推进大规模的土地流转，集中的土地如何经营？现在的问题是，一方面农业招商难；另一方面即便能引进工商资本，可是内行者资金不足，资金充足者对农业外行。还有，现在大力推进观光旅游农业有无后顾之忧？当地农民进城没法种地了，土地承包给外来农民经营对当地农民收入有何影响？苏州提出生态、高效农业到底如何运作？如何与现行家庭经营体制接轨？……基层农村工作同志面临一大堆需要破解的现实问题。

5. 农村产权确认、流动与权益保护问题。当前城乡二元经济结构的一个重要特征，是城乡居民不动产产权的明晰度和市场化程度有巨大的差别。城市居民的不动产主要是住房，土地证和房产证齐备，产权流转方便，交易顺畅。而农村居民的不动产，包括承包土地、宅基地及住房，产权不明晰，更无法自由流转。另一方面，虽然苏南大多数地区的农村集体经营性资产已量化到社区内所有成员，并以社区股份合作社方式进行运作与管理，但这种量化到社区居民头上的集体经营性资产产权通常只享有分红权，不可转让，不可继承，不能变现，不可流动。在当前打破行政界线、大规模推进集中居住的背景下，农村产权的不明晰和不可流动，将使农村集体资产保值增值、运行安全和社员股东权益的保障面临严峻挑战。目前已出现的情况是，有的社区股份合作社仅以 2%、3% 的年息作为分红，还有的社区股份合作社已解体。

6. 集中居住区配套基础设施高收费问题。在推进农村居民集中居住过程中,基层地方政府遇到的一个烦心事,是新建集中居住区基础设施建设配套收费标准太高。以电力为例:过去农民散居建房,每户仅需交纳电力设施配套费 2 000 元,而现在的集中居住小区则按建筑面积收费,每平方米收取电力设施配套费 230 元,若以每个农户平均住房面积 200 平方米计算,每户平均交纳的电力设施配套费高达 46 000 元,是过去农民散居建房交纳费用的 23 倍。如此高的收费标准,十分不合理。由于居民集中居住的规模效益,平均每户的电力设施配套成本应该比农户散居建房时低,何以收费标准却反而如此的高? 虽说电力设施配套费用是由乡镇政府统一支付,但收费标准太高,乡镇财力也不堪负荷。

7. 村集体非农建设留用地指标落实问题。一些地方基层干部感到很无奈:"农民为城市化、工业化做出了巨大贡献,现在还在继续做贡献。"在农村集体土地征用过程中,许多村集体通过村民集中居住而整理出来的非农建设留用地指标,要么被县市、乡镇占用,要么因留用地指标不能落实到具体地块而无法开发利用。部分地区村集体非农建设留用地指标被占用或不能落实开发,这不仅严重挫伤村组干部的工作积极性,也制约了村组集体经济的发展,不利于农村基层的稳定。

8. 基层主观能动性发挥问题。当前促进城乡一体化发展,主要靠自上而下的行政推动力,那如何发挥基层的主观能动性? 一方面,现在苏南地区集中一户居住的基础设施建设配套费是十多万,拆迁补贴更是一个庞大的数目,完全依靠政府难度大。另一方面,现在村集体经济组织承担了大量的社会职能,农村的许多社会事业建设靠村委会。但现行的政府财政补贴,除了直接补给农民,就是扶持专业合作经济组织,而其他方面,如农村基层公共服务和社会管理的财政补贴则很少。

（四）改革取得的成效

2012 年 5 月 11 日,苏州城乡发展一体化综合配套改革联席会议在苏州召开。会议主要总结苏州试点改革经验,研究如何在新的起点上更大范围、更大力度推进城乡发展一体化。会议总结了 3 年多来苏州城乡发展一体化综合配套改革取得的重要进展:城乡空间布局不断优化,截至目前,48％的农民实现集中居住,90％的工业企业进入园区;现代农业发展步伐加快,农业规模经营比重达 80％,高效农业占比 55％;①富民强村活力明显增强,农民人均纯收入连续九年实现两位数增长,城乡居民收入比例为 1.93∶1,苏州是全国城乡收入差距最小的地区之一,收入结构发生根本变化;公共服务机制基本建立,近九成农村劳动力实现稳定非农就业,农村基本养老、基本医疗保险参保率均在 97％以上,2011 年在全省率先实现城乡低保并轨,2012 年城乡养老保险、城乡居民医疗保险实现全面并轨。

五、研究方法与步骤

我们开展本项研究的主要目的,是试图通过镇村级典型案例的深入研究,全面、系统、客观、翔实地描述苏南农村经济和社会发展产生巨变的这段历程,归纳和总结成功的实践经验,分析共同面临的问题及成因并制定应对策略。我们之所以选择震泽镇及其新乐村、齐心村作为研究样本,是充分考虑到研究对象在苏南地区的一般意义上的代表性。在苏南地区,尽管有华西村这样全国闻名的先进典型,也有像常熟的蒋巷村、张家港的永联村这类社会知名度很高的先进典型,其集体经济实力,社区基础设施、公共服务、文教卫生建设水平,居民的社会保障水平等,均远在震泽镇新乐村、齐心村之上,但正是由于他们是太耀眼的明星,反而缺少了一般意义上的代表性。

2006 年,中国社会科学院组织实施大型"国情调研",该项目第

———————

① 宋晓华:《把苏州建成城乡一体化先行区》,《新华日报》2012－5－12(A01)。

一期(2006—2009年)的"中国村庄调研",选择30个村庄作为调研对象,对每个调查村庄撰写一部独立的书稿。我们承担了其中的一项,最终成果《发达地区贫困村的艰难起飞——江苏泗洪李庄村》,被中国社会科学院作为"中国国情调研丛书·村庄卷",由中国社会科学出版社统一出版发行。《李庄村》以经济发达地区农村扶贫为主线,对李庄村的基本情况、农业生产方式与水平、土地流转纠纷与化解、农村劳动力转移、村民生活、民风民俗、生态环境、村民自治等方面,以及当前新农村建设中出现的新情况和新问题进行了全面、深入、细致的分析和研究。通过该项目调查研究,我们发表一大批中间研究成果,部分阶段性成果曾引起江苏省政府领导的高度重视并批示。

我们在确定以"城乡发展一体化进程中的苏南样本"为主题,开展一项深度调查研究之初,也曾打算选择一个村庄作为调研对象。进行解剖样本的筛选调研时,在与苏州相关部门同志的探讨过程中,我们意识到,由于城乡发展一体化的内容相对比较宽广,村庄层级的调研,不足以将城乡发展一体化方方面面的内容涵盖进去,所以逐步形成以"乡镇+重点村庄"为调研对象的调研思路。最终方案选定了震泽镇及该镇的新乐村和齐心村为重点解剖对象。这样使研究内容能够尽可能全面地反映苏南城乡发展一体化的进程。所选择的两个重点调研的村庄中,新乐村实行了新社区集中居住并紧邻震泽镇,齐心村是离镇较远的农业生产重点村,选择两个不同类型村庄更方便于进行较深入的统筹城乡发展利弊得失的比较分析。

调研对象确定后,课题组成员先后进行四次实地调研。

首次调研。时间在2012年2月下旬,农村发展所所长包宗顺研究员带领金高峰和张立冬助理研究员赴吴江震泽镇,开展该项研究的前期调研准备工作,了解震泽镇推进城乡发展一体化的基本情况。

在首次调研后的约一个月时间里,课题组全体成员全力投入调研的准备工作。包括:① 行文吴江市和震泽镇政府,办理课题调研正式手续,以期名正言顺地获得地方政府的支持与配合;② 向全体课题组成员通报震泽镇城乡一体化发展的前期调研情况;③ 结合前期调研情况设计研究框架;④ 明确课题组成员调研和撰写的任务分工;⑤ 课题组成员根据各自分工拟定调查提纲,提出需要搜集的资料,并由课题组按"规划类"、"工作报告"、"政策文件"、"统计资料"等分类汇总为一份需要搜集的资料清单;⑥ 课题组成员根据各自承担内容的研究需要,设计调查项,并通过数次集体讨论,汇总形成农户问卷调查表。

第二次调研。时间为 2012 年 3 月中下旬,课题组全体人员参加。该次调研活动的主要内容有三:

一是组织召开一次座谈会。出席座谈会的有吴江市委办、市委农工办、震泽镇党委有关负责同志;有镇农业服务公司,镇工业公司,镇经管办,镇财政所,震泽镇统计、交通、教育、科技、医疗卫生、社保、民政、供电、供水、文化、体育等相关部门,以及盛泽镇建设和环境保护、政法和社会管理办公室等部门的负责人;还有拟重点调研的新乐村和齐心村村支书等。座谈会上,市委农工办负责同志系统地介绍了震泽镇推进城乡统筹发展的整体情况,镇各职能部门也结合各自工作,重点介绍了近年来统筹城乡发展方面所做的工作。召开此次座谈会的一个更重要的目的,是让课题组成员根据各自承担的任务,与震泽镇相关部门建立联系,便于后续进一步深入地访问调查。

二是访问调查,搜集资料。座谈会后,课题组成员根据各自研究内容的需要,或独自,或联合去相关镇政府部门和两个行政村,开展进一步深入的访问调查,搜集各自需要的研究资料。搜集的材料各自保管的同时,由课题组整理出一份完整的资料目录,供内部交流使用。

三是进行农户问卷试调查。课题组分为两组,一组去震泽镇龙降桥村,一组到齐心村,分别随机访问了 5、6 个农户,两个村的样本农户分别代表了集中居住和非集中居住两种类型。课题组白天进行农户问卷试调查,晚上回到旅馆便集中交流试调查情况,提出问卷设计中存在的问题,讨论具体修改意见。

第三次调研。时间为2012年3月末,课题组全体研究人员参加。本次调查的主要任务是进行农户问卷调查。问卷调查为开展本课题研究、获取第一手基础研究数据的重要手段。问卷调查在新乐村和齐心村两个不同类型村庄农户中随机抽样进行。问卷调查表设计的调查内容涉及八个方面:家庭成员基本情况、居民生活、产业发展、户籍制度、资源利用、社会保障、环境保护和村民自治。

农户问卷调查共获得106个农户样本数据资料,其中新乐村和齐心村各有53户。问卷共设计指标366项(不计缺省项),包括444个被调查农户家庭成员的基础信息在内,共获得4.89万个第一手农户调查数据。

第四次调研。时间为2013年5月。此次调研为全书初稿已完成情况下进行的。各章初稿完成后,首先按照课题主持人包宗顺研究员提出的要求,在行文和图表格式、编排体例等方面进行了第一轮修改统稿。此次调研的目的有两个:一是听取调研对象——震泽镇政府及相关部门对最终研究成果的修改意见;二是进行补充调查,探讨研究过程中存疑的地方,补充撰稿中发现短缺的资料。

六、各章内容提要

《城乡发展一体化进程中的苏南样本——苏州震泽镇案例研究》以农户问卷调查获得的第一手数据和大量实地访问调查资料为基础,以城乡发展一体化为主线,对震泽镇的镇村概况、新社区建设、户籍制度改革、农村资源利用、产业发展、居民生活、社会保障、环境保护、基础设施和村民自治等不同视角,进行了全面、深入、系统的分析研究。我们自认为是一份十分难得的、全面反映当前苏南地区统筹城乡发展情况的重要研究成果。

本书各章节虽然分别由课题组成员各自执笔,但所用的信息资料和统计数据均为整个课题组全体成员共同参与筹划、实地调查、搜集和整理而获得的,凝聚了课题组全体成员的艰辛劳动和集体智慧。全书共分为十一章。章节之间既相互关联,又自成体系。因此,读者既可以按顺序阅览,亦可以直接翻阅自己最感兴趣的章节。为方便读者阅读起见,现将各章要点简述如下:

第二章对震泽镇的自然、地理、历史沿革及其经济社会发展状况和地位进行了全面考察。整体上看,震泽镇作为吴江市西南部的重要水陆节点型城镇,气候宜人、土地肥沃、农副产业发达、自然资源丰富、历史悠久。近年来,震泽镇全面推进工业化、城镇化、旅游文化和环境建设,打造吴江西大门和城市副中心,全镇经济蓬勃发展、市场日益繁荣、人民生活水平不断提高,城乡一体化步伐加速推进,就业与社保等民生事业得到明显改善,多项经济社会指标位列吴江市中上游。

第三章从震泽镇农村新社区建设入手,力图深刻而全面地反映苏南推进农村新社区建设的现实背景和政策导向;归纳苏南农村新社区建设的一般模式,包括新社区建设主体、建设资金运筹方式,以及合适的建设规模;全面介绍农户拆迁补偿政策,住房安置方式;结合问卷调查汇总资料的分析,客观反映农户对集中居住的评价;最后是对未来农村新社区建设与管理的理性思考与探讨,该节所述内容不局限于震泽镇的情况,反映的是面上较有代表性的问题。

第四章立足于苏州城乡一体化实验区城乡一体化户籍制度改革的实践与探索,对吴江市震泽镇户籍制度改革的进程及现状,外来人口管理和城乡居民、本地和外地居民户籍的福利差异性进行了全面系统的分析。经过三个阶段的户籍制度改革,以及在外来流动人口服务管理上的不断创新,震泽镇在户籍制度改革上不断突破。但是本地和外地居民户籍的福利仍存在不小差异,外来务工人员在子女教育、就业和社会保障等很多方面,还不能完全享受与本地居民同等待遇。在对户籍制度改革可选模式进行归纳总结的基础上,作者认为除了推动土地与户籍制度的联动改革外,应结合十八届三中全会决定的政策红利,通过赋予农民更多财产权,建立城乡统一的建设用地市场以及完善城镇化健康发展体制机制等措施深化户籍制度改革,有序推动农业转移人口市民化。

第五章首先,在对震泽镇农村人力资源综合开发及利用情况进行简要概括的基础上,对农村人力资源的配置及非农就业情况进行了分析,提出推进农村人力资源开发利用的建议。其次,对吴江市和震泽镇的土地综合开发利用情况进行了简要的介绍,并结合调查数据,分析了震泽镇土地资源利用情况,提出推进农户土地资源可持续利用的政策建议。最后,利用统计资料,介绍了震泽镇的财政与金融情况,结合调查数据,对震泽镇农户的借贷行为进行了深入分析,总结了苏南发达地区农民的金融需求,并结合该地区农村金融供给的特点,提出发达地区农村金融改革的路径与建议。

第六章分析认为,震泽经济不断发展的过程,也是产业结构不断高度化的过程,主要表现为农业比重不断下降,工业、服务业的比重不断上升。虽然农业在全镇经济中的比重不断下降,但通过不断提高农业的产业化、组织化、规模化水平,现代农业得到了充分发展。震泽坚持走新型工业化道路,工业异军突起带动了小城镇建设,推动了区域社会经济的全面发展,成为使农民富裕、农村集体经济繁荣的重要途径。工业化的推进、居民收入的增长和城镇化率的提高,推动了震泽镇现代服务业的快速发展。震泽镇鼓励村集体大力发展物业型、服务型、股份型等新型集体经济,村级集体经济的发展为富民强村、推进城乡一体化发展提供了坚实的物质基础。

第七章对震泽镇农村居民的收入水平、消费水平和消费结构进行了描述性分析,并对统筹城乡发展过程中该镇在教育、医疗卫生等公共服务方面的做法、成效和经验进行了总结。通过分析发现,震泽镇农民近年来的收入水平一直处于苏南农村平均水平之上,逐渐从生存型消费向发展型消费转变,各项社会公共服务已基本实现城乡并轨、共同发展,震泽镇的许多举措值得推广和学习。

第八章系统回顾了震泽镇农村居民养老保险、被征地农民基本生活保障制度、企业职工养老制度及医疗与社会救助制度的发展历程,总结了该镇推进城乡社会保障一体化的主要做法,并分析了调查样本农户参加养老、医疗保险情况和对待社会保障的态度,以客观反映城乡一体化保障制度的成效。通过对这一制度发展脉络的梳理,概括出如下经验:统一社保制度、兼顾不同需求、逐步完善、网络化管理、组织化保障等。最后针对发展中的障碍因素,提出建立多元化筹资渠道、增强农民参保意识、推进户籍制度改革等政策建议。

第九章从震泽镇环保工作的综合述评入手,剖析了该镇的生产环境和生活环境,包括用水、卫生、污染、绿化、生态等方方面面,并总结了该镇在城乡统筹过程中环保工作的主要做法及成效,较为系统地概述了震泽镇城乡一体化的环保建设状况。震泽镇一贯重视城乡环境保护,为推进生态文明建设,针对自身实际,依托重点工程,切实开展了水环境和工农业污染整治工作,实施了卫生保洁和景观修复等措施,采取了管理体系规范运作、激励机制科学有效、地区政策配套完善、宣传教育常抓不懈等经验做法,逐步摸索出一条适合生态环境与经济发展的和谐之路。结合农户问卷调查及未来发展要求,全镇仍然存在环保队伍缺乏、环保任务繁重、环保意识不高等问题。为在生态文明制度建设方面取得更大成绩,有必要进一步从源头上彻底转变粗放式经济增长方式、加大政府投入监管力度、修正考评体系、畅通公众环保参与渠道,以及加强舆论宣传监督等。

第十章全面介绍了震泽镇基础设施建设的基本情况,客观地分析了基础设施建管过程中存在的问题,对进一步加强城乡基础设施一体化发展提出了政策建议。随着工业化进程的加快和城市副中心的拓展打造,全镇基础设施建设做到了统筹规划、突出重点、分步实施、逐渐延伸。震泽镇基础设施建设资金的投入主要以市、镇、村三级财政分担机制为主,采用的是"谁建设谁管理"的运营管理模式。

全镇邮政、通讯、客运站场等基础设施布局基本合理。但从震泽构建区域性城市副中心的发展战略来看,基础设施还显得相对薄弱和落后,制约着全镇农业农村经济的持续快速发展。主要问题是原有的建管机制与统筹城乡基础设施一体化发展的要求相违背:一是规划布局与发展要求矛盾突出;二是建设需求与资金匮乏矛盾突出;三是建管养护与实际效用矛盾突出。因此,需要不断探索创新城乡统筹规划体制机制,增加基础设施建设的资金投入和继续强化公共基础设施的有效管护机制。

第十一章反映震泽镇村民自治情况。震泽镇紧紧抓住民主选举、民主决策、民主管理和民主监督各关键环节,积极推动村民自治。2009—2010 年,采用"公推直选"和"一票直选"方式,先后完成了村党组织、第九届村委会以及第四届居委会的换届选举与建章立制。震泽镇以吴江市"三规范"为标准,规范村级工作运行程序,积极推动村务公开民主管理,不断完善民主监督制度。以每年两次"民主决策日"为抓手,完善村民直接参与民主决策的机制,确保广大村民的知情权、参与权、监督权。各项创建活动如"民主法治示范村"、"村务公开民主管理示范市"等,在吴江市名列前茅,成效显著。2008 年以来,先后选聘 50 名优秀大学生村官参与村(社区)工作,为村民自治注入了新的活力。

最后,需要补充说明的是,在本书撰写过程中我们统一做出如下约定:书中的图表或分析论述过程中使用的数据,只要是来自本课题组成员(问卷)调查搜集和整理的数据,一律不必交代来源。而当引用本课题(问卷)调查数据以外来源的数据,则用标下注或脚注的方式注明出处。

第二章　镇村概况

　　一个地区城乡一体化的推进是与经济社会发展状况分不开的。本章在考察震泽镇的自然、地理与历史沿革的基础上，重点介绍震泽镇的经济社会发展状况，并分析其在吴江乃至苏南地区的相对地位，最后进一步介绍了齐心村、新乐村两个调查点的情况。

第一节　自然、地理与历史沿革

　　震泽镇是江苏省历史文化名镇、江苏省新农村建设试点镇、苏州市城乡一体化综合配套改革先导区、吴江区城市副中心和西大门，与浙江省湖州市南浔区毗邻，古称"吴头越尾"。柳亚子曾作诗云："太湖湖水连天阔，中有灵区号震泽"。震泽全镇总面积 96 平方公里，总人口约 12 万人。2011 年末全镇 20 769 户，户籍人口 67 374 人，占吴江区（801 784 人）的 8.4%，其中男性人口 33 344 人，女性人口 34 030 人。非农业人口 49 072 人，占吴江区的 14.85%。①

　　震泽气候宜人，土地肥沃，农副产业发达，栽桑养蚕。震泽镇栽桑的历史十分悠久，为江南五大桑镇之一，自古以"鱼米之乡，丝绸之府"闻名。镇内慈云寺塔高耸，遗"三国孙吴流风；禹迹桥拱伏，传上

---

　　① 除特别说明，本章数据均来源于《吴江统计年鉴 2011》和《2011 年震泽镇政府工作报告》。

古圣贤伟业；小巷悠长，古韵犹存；师检堂、思范桥，诉说百年沉浮"。
震泽自古历代名人辈出，有清代天文学家王锡阐、中国红十字会创始
人施则敬、两弹一星功勋杨嘉墀、篮球巨人姚明。

一、地理区位

震泽镇位于江苏省吴江市西南部，江浙交界处，北纬 30°52′～
30°57′、东经 120°26′～120°33′之间，距松陵城区 30.5 公里；东邻平
望镇，南接盛泽镇与桃源镇，西连浙江省湖州市南浔区，北濒七都镇。
318 国道、沪苏浙高速公路和京杭大运河支流頔塘河横贯东西 13 公
里，水陆交通十分便利，东距上海市 117 公里，北至苏州市 54 公里，
西达浙江省湖州市 45 公里，南到杭州市 90 公里，是吴江市西南部重
要的水陆节点型城镇。

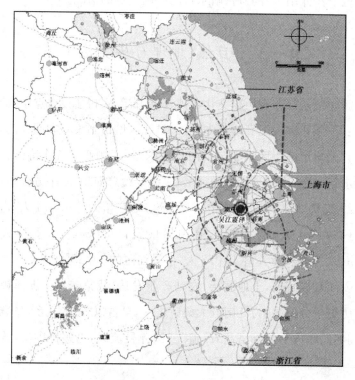

图 2-1　震泽镇区位图

二、自然特征

1. 地形地貌：震泽镇地势平坦，水网密布，具有典型的江南水乡风貌特色。震泽地貌类型属新四纪湖泊相沉积平原、太湖流域的湖荡平原，镇郊田面高程在吴淞基面 3.1～3.4 米左右，镇区高程在 4.2～5.6 米之间，高差 1.1～1.2 米。地势自东北向西南缓慢倾斜，沿頔塘河的西南隅部分属低洼圩田平原类型。境内河巷纵横，漾荡较多，水面积占全境 23.5%，素有"水乡泽国"之称。

2. 地质：震泽地处太湖低平原区，形成土壤的成土母质是淤积物和源积物，全镇土壤以水稻土为主。5 个土属为乌黄泥、小粉土、白土、青紫泥和青泥土。镇区内土壤主要是灰黄黏土、灰细砂土和黄黏土。据建筑工程地质勘察报告：全镇区地耐力每平方米 7 吨至 21 吨，镇南新区地耐力每平方米西段为 7～16 吨，东段 9～21 吨。

3. 河流水系：震泽属太湖南境，頔塘运河中段，江浙交界要冲，流经镇内的主要河道有頔塘河、西塘港等。境内主要漾荡有北麻漾、长漾、徐家漾、钵头漾、荡白漾、迮家漾、汪鸭潭、桥下水漾等。頔塘河，本名荻塘，旧称震泽运河，震泽镜内长 13 公里，河宽 40～60 米，北通苏州，东达上海。新开河，全长 2 公里，河面宽 40～50 米，通行轮船和来往货船。西塘港，原名普安港，北至頔塘，南接后练塘，全长 4.5 公里，河宽 30 米。震泽至铜罗、青云、桃源、乌镇、嘉兴间航线皆已开通。此处还有快鸭港、仁安港、三里塘等小河港。

4. 气候气象：震泽气候属北亚热带季风气候，四季分明，气候温和湿润，雨量充沛，无霜期长。震泽春秋两季冷暖气流交替支配，夏季受副热带高压影响，冬季受北方冷空气控制，所以春秋两季盛行东南风，秋冬季节多偏北风，气象要素的年际、季际变化较大。震泽镇的平均气温为 15.7℃，最高年平均气温为 17℃(1953)，最低年平均气温为 15℃(1980)。极端最高气温为 39.8℃(1953.8.26)，极端最低气温为 -10.6℃(1977.1.31)。春季气温回升比较快的是 4 月，夏季气温最高的是7—8月,秋季降温速度以10—11月最明显,初冬12月降温最快。

5. 自然资源:震泽镇主要农产品有稻、麦、大豆、蚕豆、青菜、香青菜、西瓜、香瓜等,植物有桑、柏、松、杜园竹、淡竹、月季、紫云英等,药材有益母草、野菊、忍冬、僵蚕、蚕沙等。水产主要有鲭鱼、草鱼、鲤鱼等。野生动物有野猪、野猫、雉、野鸭等。震泽著名特产有黑豆腐干(茶干)、熏青豆、香大头菜等。

图 2-2　震泽镇中心河流

三、历史沿革

震泽镇是吴江市西南部的一个重镇,因濒临太湖而得名,历史悠久。早在5 000年前的原始社会晚期,震泽已有原始人群聚居。人们从事农业、渔猎,在此生息繁衍。[①]

"震泽"原是太湖的古称,因镇近太湖遂以震泽名之,别号

---

① 1982年,塔水桥农民庚利荣在蠡泽湖底摸得了3件破损圣水牛头骨,经其时吴江县文化馆吴国良送往上海自然博物馆鉴定,认为是殷商以前标本,系古居落遗址局部坍陷,沉入水中,由此推断远古时期震泽先祖已驯化并饲养圣水牛为家畜,原始农耕文化萌始。

颐塘。①

清道光《震泽镇志》谓:"唐开元二十九年(公元前741年)湖州刺史张景遵在此设震泽馆,震泽之名,始见于方志"。

春秋时期(公元前770年—公元前476年),震泽地处吴、越两国交界处,古称"吴头越尾"。

秦代(公元前221年—公元前207年)震泽属乌程县隶会稽郡。

东汉永建四年(129年)震泽地区属吴郡乌程县。

三国,吴宝鼎元年(266年),改吴郡为吴兴郡,领乌程县,震泽属之。

西晋太康三年(282年),分乌程东乡,置东迁县,受吴兴郡辖,震泽属东迁县。

隋开皇九年(589年),东迁县并入乌程县,隶苏州。

唐武德四年(621年),改吴兴郡为湖州,治乌程县,辖震泽。

唐开元二十八年(740年),震泽属吴县,隶苏州。

后梁开平三年(909年),置吴江县,震泽始属吴江县。

南宋绍兴初(1131—1145年),震泽为皇畿近地,朝廷设巡检一员以镇之,震泽镇之名始自此时。其时,纯为拱卫京城临安,因军事功能而设镇。

清雍正四年(1726年),因吴江粮重狱繁,奉旨分县,分吴江县偏西之地置震泽县,震泽镇乃属震泽县。宣统元年(1909年)奉令筹备自治,震泽县设七镇,震泽为自治镇,至宣统三年(1911年)辛亥光复。

民国元年(1912年)中华民国成立,震泽县并入吴江县。吴江全

---

① 《国语》"太湖",韦昭注:"即五湖也,《书》谓之震泽,《尔雅》谓之具区"。《周官·职方》:"扬州薮曰具区,浸曰五湖",又似与之不同。《吴越春秋》又名笠泽。《吴地记》云:"五湖者,菱湖、游湖、莫湖、贡湖、置湖"。《汉·货殖传》:"吴有三江五湖之利"。《太史公自序》亦云:"登姑苏,望五湖"。愚意震泽以其震荡不定而名;具区以其既定而草木薮聚为义;而五湖者,又太湖东岸五湾潴水之澳,今已连属已,春秋时以为笠泽,《汉》传、《吴》志指为五湖,都是指今日的太湖。(摘自:王稼句编选,《苏州山水名胜历代文钞》)。

县分6市12乡,震泽称市,复属吴江县,仅次于盛泽仍为吴江县内第二大镇,1929年8月,全县18个市乡划并为10个区,震泽为第五区,镇属区辖。1937年,日军侵华,11月17日(农历十月十五)震泽沦陷。1940年,汪伪政府仍设震泽为第五区。1943年改称第八区。1945年8月,抗日战争胜利,国民政府接管政权,设震泽区,镇属区辖。

　　1949年5月3日震泽解放,建立震泽区人民政府,镇属区辖。1952年7月震泽镇升为县属镇,直属吴江县。1957年11月撤震泽区,镇仍为县属镇。1958年撤乡建社,成立震泽人民公社。1959年2月乡镇合一,镇属公社所辖。1962年8月乡镇分开,震泽镇恢复县属镇。1985年10月镇乡合并,实行镇管村体制。于2001年2月评为江苏省历史文化名镇。2003年11月八都镇及所辖区域并入震泽镇。

第二节　经济发展概况

　　震泽镇丝市在历史上颇为兴盛,震泽也成为我国资本主义工商业萌芽最早的地区之一。丝市的形成和发展,推动了其他商业的发展,使得震泽镇不仅成为邑中西南部商业巨镇,而且商业辐射远至浙江近邻地区。[①]

　　震泽滨临太湖,气候温暖湿润,适宜植桑育蚕。清乾隆《震泽县志》载:"邑多栽桑以畜蚕,故西南境之农家颇善治桑"。震泽自古"民以农桑为业",故商业以丝、米二业为最,丝业因出口外贸而称雄;米业收购稻米外运规模不小,略逊于丝市,四乡盛产稻米。唐代特产"近炊香稻识红莲"。清康熙间盛产"白稻,粒大而圆,味甘美,出震泽

----

　　① 20世纪80年代,费孝通先生把吴江县内的小城镇做了分类,界定震泽镇是农副产品集散地,是闻名的"商贾中心"。"因水成市、枕河而居",古镇区依托頔塘河形成"一河两街、一街两岸"的典型江南商业街区格局。

者尤佳"。可见良种稻米早载史册。①

桑、种、茧、丝、经五业构成的蚕丝业主宰并推动震泽镇的经济活动。自清代中叶起,丝经业鼎盛,"辑里蚕丝"远销海外,光绪年间产量占全国十五分之一。近代,震泽镇上几乎所有行业都受惠于蚕桑缫丝业。

改革开放以来,震泽人民刻苦耐劳,充分发掘自身的潜力,因地制宜地大力发展工业生产,基本形成亚麻绢纺、光电缆、新型建材和有色金属加工四大支柱产业,以及电梯、电机、电器等新兴产业。震泽镇形成以骨干企业为主体的"四条龙",即"绢纺丝绸行业一条龙;彩钢板、活动房行业一条龙;有色金属和铸造行业一条龙;汽车摩托车维修、整车配件销售一条龙"。民营经济的发展使震泽崛起成为江苏省小城镇建设示范镇、经济发展百强镇。

近年来,震泽镇按照建设"经济强镇、商贸重镇、文化大镇、旅游名镇、中心城镇"的目标,全面推进工业化、城市化,注重旅游文化和环境建设,打造吴江西大门和城市副中心,使得全镇经济蓬勃发展、市场日益繁荣、人民生活水平不断提高。

一、综合实力

2011 年,震泽镇地区生产总值超 84.2 亿元(当年价),位列吴江区中游水平,高于平望、七都、桃源和同里四镇②,低于滨湖新城(松陵镇)、盛泽镇、吴江经济技术开发区和汾湖经济开发区。从地区生产总值的贡献情况看,第一产业贡献 3.419 亿元,在吴江各镇区中仅略低于汾湖经济开发区,排名第二;第二产业和第三产业分别贡献50.928 亿元(高于平望、七都、桃源、同里)和 29.853 亿元(高于七

---

① 政协江苏省吴江县委文史资料委员会,《吴江文史资料 第十辑 工商史料选辑》1990.12。

② 吴江区下辖太湖新城、吴江经济开发区、汾湖经济开发区及平望、盛泽、七都、震泽、桃源、同里六个镇。

都、桃源、同里)。按户籍人口计算的人均 GDP 约 12.49 万元,略高于苏南地区平均水平(12.48 万元),在吴江区位列吴江经济开发区(32.14 万元)、盛泽镇(20.40 万元)后的第三位。

2011 年,震泽镇财政总收入达 7.88 亿元,预算内收入达 7.3 亿元,其中:地方一般预算收入 3.76 亿元,同比增 16.3%,占吴江全区一般预算收入的 4.17%,在吴江区位居中游水平,略高于七都镇、桃源镇、同里镇;年末金融机构存款余额 54.83 亿元,占吴江区的 3.54%;全社会固定资产投资 27.8 亿元,其中农业投资完成额 3 044 万元。工业经济总量持续放大,工业开票销售收入超 145 亿元;全社会用电量突破 7.7 亿度,年销售收入超亿元工业企业 35 家。①

表 2-1　2011 年震泽镇主要经济指标与吴江及苏南地区比较

	地区生产总值/亿元	人均地区生产总值(户籍人口)/万元	一般预算收入/亿元	年末金融机构存款余额/亿元	城镇居民人均可支配收入/元	农民人均纯收入/元
震泽镇	84.20	12.50	3.76	54.83	33 240	18 311
吴江区	1 192.00	15.00	90.24	1 550.66	35 212	17 150
苏南地区	29 635.09	12.48	2 883.66	45 833.39	31 762	15 213

二、工业及对外贸易

通过以商引商、产业招商和专业招商,全镇利用外资水平不断创新高。震泽的民营经济发展迅猛,基本建成占地面积 2 000 亩的民营经济开发区 1 个;大量外商来震泽投资办厂,形成外商投资开发区 1 个。据统计,震泽镇共有企业 1 258 家,其中工业企业 1 065 家,企业从业人员 37 690 人,2011 年营业收入总额 283.6 亿元,年净利润 7.508 亿元。全镇当年共有规模以上工业企业 88 家,占吴江市的

---

① 数据来源于 2011 年乡镇经济卡片及 2012 年 3 月 14 日震泽镇第十六届人民代表大会第一次会议政府工作报告,下同。

5.73%,实现工业总产值 198.52 亿元,占吴江市的 6.63%。2011
年,全镇新增注册外资 2.7 亿美元(汇率换算可采用 2011 年 1 月 12
日央行公布的标准,即 1 美元=6.618 5 元人民币),到账外资 1.2 亿
美元;新增内资注册资本 81.4 亿元。全镇已初步形成"产业集群、工
业集中、土地集约、人才集聚"的发展格局,亚麻纺织、服装、光电缆、
电梯电机、蚕丝被、阿拉伯头巾等行业出口贸易势头良好,开放型经
济水平不断提高。2011 年,进出口总额 21 937 万美元,同比增长
38%,其中出口、进口额分别为 14 279 万美元、7 659 万美元,同比分
别增长 15.6%、116.2%。

三、品牌创建

截至 2011 年末,全镇有上市公司(通鼎光电股份)1 家,中国驰
名商标 9 件,中国名牌产品 3 个,国家免检产品 7 个,新增和复审省
名牌产品 7 个,此外"七宝"商标的质押贷款成为全省首例。有 10 余
家企业分别与高校建立合作关系,通鼎集团已成功搭建院士工作站、
博士后工作站、技术中心、光纤技术联合实验室和企业科协 5 大创新
研发平台。有 10 余家企业主导或参与制定行业、国家标准,发布全
国首个蚕丝被联盟标准。震泽镇相继被命名为中国亚麻名镇、中国
蚕丝被家纺名镇、中国蚕丝被之乡、中国麻纺集群产业基地、中国(震
泽)麻纺产业科技创新示范园、中国阿拉伯头巾之乡、中国纺织服装
商业 20 年杰出集群、江苏省蚕丝被产业集聚标准化示范区、苏州市
商标战略实施示范乡镇。有国家火炬计划重点高新技术企业 1 家、
国家火炬计划项目 1 项、国家星火计划 2 项;有省高新技术企业 5
家、省高新技术产品 19 项、省民营科技企业 21 家;有各级各类农业
科技项目 40 多项;专利申报共 7 000 多件。

附 2-1　震泽镇近年来被授予的荣誉称号

中国亚麻蚕丝被家纺名镇	中国麻纺集群产业基地
中国(震泽)麻纺产业科技创新示范园	中国蚕丝被之乡

中国阿拉伯头巾之乡　　　　　中国太湖美食之乡

中国太湖农家菜美食之乡　　　中国纺织服装商业 20 年杰出集群

国家卫生镇　　　　　　　　　全国环境优美镇

江苏省历史文化名镇　　　　　江苏省新农村建设试点镇

江苏省重点中心镇　　　　　　江苏震泽省级湿地公园

江苏省平安创建先进集体　　　苏州市平安镇

《文学报》·震泽全国作家创作基地

苏州作家协会·震泽创作基地

苏州戏剧家协会·震泽创作基地

长三角世博主题体验之旅示范点

苏州城乡一体化综合配套改革先导区

四、产业结构

2011 年,全镇三产比为 4.1∶60.5∶35.4(当年吴江市三次产业比为 2.6∶58.7∶38.7,苏南地区为 2.3∶52.9∶44.8),已经呈现出了"二、三、一"产业结构格局,属于典型的工业化中后期的特征。三产服务业投资逐年加大,2011 年达 11.9 亿元,是 2007 年的 2.6 倍;通鼎和明港这 2 家企业被认定为吴江市首批总部经济企业。4 家企业已完成制造业企业分离,发展现代服务业。震泽旅游文化产业发展迅速,被授予"中国太湖美食之乡"、"中国农家菜研发基地"。宝塔古街修复改造,文昌阁景区和慈云禅寺扩建,江苏省级湿地公园、省农机具博物馆、麻立坊等一批重点旅游项目也顺利建设,以宝塔街景区为重点古镇游深入推进,以湿地公园为重点生态游加快开发,以麻立坊为重点工业游成功起步,2011 年隆重举办第四届中国太湖农家菜美食节暨中国吴江震泽旅游文化节和第二届"震泽杯"姚长子俱乐部篮球邀请赛,旅游文化品牌形象得到提升。苏州市唯一覆盖全镇的国家级土地整治项目——吴江市土地整治示范项目等一批国家、省和市级土地整理项目进展顺利。

五、农业经济

震泽镇农业以种植水稻、三麦、油菜籽为主,副业以蚕桑为主,兼养畜禽和种植蔬菜瓜果,是县内粮油、蚕茧、副食等商品的生产基地。2011 年,全镇粮食播种面积合计为 36 658 亩,占吴江区的 11.39%,总产量达 19 628 吨,占吴江区的 11.72%,其中,夏粮播种面积为 10 226 亩,总产量为 3 462 吨,秋粮播种面积为 26 432 亩,总产 16 166 吨。油菜籽播种 8 221 亩,总产 1 477 吨。2011 年生猪年末存栏 1.50 万头,肉猪出栏 1.46 万头,家禽出栏 9.06 万只,禽蛋产量为 148 吨。当年渔业总产量为 10 856 吨,占吴江区的 14.16%,蚕茧总产 168 吨,占吴江区的 30.71%。2011 年实现农林牧渔业总产值(现行价)67 035 万元,占吴江区的 12.61%,其中农、林、牧、渔、服各业产值分别达到 5 890 万元(占吴江 2.64%)、5 465 万元(占吴江 32.05%)、7 350 万元(占吴江 11.04%)、37 330 万元(占吴江 17.87%)和 11 000 万元(占吴江 69.42%)。新组建村社区股份合作社 23 家、土地股份合作社 20 家、专业合作社 32 家。2011 年村集体经济总收入达 6 734 万元。

六、居民收入

2011 年城镇居民人均可支配收入 33 240 元,比吴江市平均水平(35 212 元)低 1 972 元,高于苏南地区的平均水平。

而震泽镇农村居民收入水平遥遥领先于全国和苏南农民平均水平。2000 年,全镇农民人均纯收入 5 308 元,是全国农民平均水平的 2.36 倍,是苏南农民平均水平的 1.48 倍。2005 年,这个倍数分别达到 2.70 和 1.20。到 2011 年,农民人均纯收入达 18 311 元,比吴江市平均水平(17 150 元)高 1 161 元,仅低于盛泽镇(21 502 元)、七都镇(19 007 元)和吴江经济技术开发区(19 422 元)。从增长情况看,

"十一五"期间,震泽镇农村居民人均纯收入年均增长 12.61%,比"十五"期间的 10.61%高 2.00%,2000—2011 年均增长率 11.92%,均分别高于苏南、江苏和全国的同期增长速度(表 2 - 2)。

表 2 - 2　震泽农民人均纯收入增长情况比较 　　　　(单位:%)

农民人均纯收入年均增长率 时间 \ 地区	震泽镇	苏南	江苏省	全国
"十五"时期	10.61	9.35	7.97	7.63
"十一五"时期	12.61	12.09	11.73	12.71
2000—2011 年	11.92	11.07	10.52	10.82

第三节　社会发展与基础设施概况

在加快经济发展的同时,震泽镇坚持协调发展、和谐发展的原则,加快推进城乡一体化建设,着力做好改善就业与社会保障等民生事业,加强基础设施建设。

一、城乡一体化建设

按照常住人口计算,2010 年震泽镇域总人口 96 801 人,城镇人口为 45 998 人,城镇化水平达到 47.5%;按照户籍人口计算,2010 年震泽镇域户籍人口 67 415 人,其中城镇人口 27 933 人,城镇化水平为 41.4%。震泽是吴江唯一的江苏省新农村建设示范镇,按照震泽"城市副中心"的发展定位,应该加强规划的编制、引领和执行。全镇划分为三大功能片区:30.1 平方公里的中心城区、28.3 平方公里的科技工业园区和 36.4 平方公里的农业综合生态开发园区,并制作了空间规划模型。强化城乡一体化的建设、功能和管理,年均投入超 10 亿元,推进 10 大类 30 多项重点项目和实事工程建设,镇区 11 条总长 10.5 公里的道路实现黑色化,农村 21 条总长 59.1 公里的道路拓宽改造;震泽汽车客运站建成并交付使用,公交车基本实现全覆盖,并与盛泽、平望、七都、桃源、南浔实现对接;一批电力设施相继建成或开工;商贸街、新老农贸市场等一批重点项目相继建成。以"三集中"为主的城乡一体化进程加快,全镇共设置农村集中居住点19个,保留点16个;规划区内设新乐、双阳公寓房安置点2个。农村集居点建设稳步推进,截至2011年末,累计完成各类拆迁任务31.2万平方米。

二、就业与社保

2011年,震泽镇成功实现省农村劳动力充分转移乡镇。深入开展社保扩面工作,净增参保1.08万人,累计达2.10万人,镇财政出资2500万元将镇级统筹550人全部纳入市社保,农村基本养老保险、土地换保障总参保及到龄人员达2.3万人。认真实施"农土保"接轨"城保"工作,不断提高农民养老待遇水平。新型合作医疗保险参保率达98%以上。大专学历或中级职称以上人才增加及职称提升列全市前茅。完善最低生活保障制度,实现了城乡低保标准的一体化;2007年至2011年,累计发放救助资金1760万元;接受社会各界慈善募捐2315多万元。镇残疾人托养服务中心和居家养老服务中心被评为省级示范。

三、科教文卫事业

震泽镇深入实施科教兴镇战略,建设创新型城市副中心。2011年,全镇各类科技人员3265人,农技推广服务机构1个,农技推广服务从业人员25人,农业专业合作经济组织达32个,成员总数达3660人。

全镇有学校11所,其中小学9所,中学2所,在校学生总数7457人,其中小学在校学生5861人,中学在校学生1596人;教师总数528人,其中小学教师363人,中学教师165人;初中毕业升学率为 99%。

全镇有影剧院 1 个,幼儿园(托儿所)7 个,图书馆(文化站)2 个,体育活动场馆 3 个,医院(卫生院)25 个,医生 266 人,病床数 199 床。全镇医疗卫生服务体系完善,23 个村全部推行卫生长效管理,村村建成社区卫生服务站,申报"国家卫生镇"已经通过复审。

四、基础设施

震泽境内交通发达,镇内主要交通干道形成"四横(沪苏浙高速、318 国道、盛震公路、长湖申大运河)四纵(震庙公路、震桃公路、七铜公路、苏震桃一级公路)"格局。全镇实现村村通水泥路,基本实现公交车全覆盖。

震泽镇由吴江区域水厂实施区域供水,区域输水干管分别沿震庙公路、八七公路进入震泽、八都自来水公司,管径分别为 DN900 毫米、DN500 毫米,然后由震泽、八都自来水公司分别向震泽、八都镇区及周边农村地区供水,管网成树状网布置,管径 DN100～DN600 毫米。

震泽镇供电区域内拥有 220 kV 变电所 1 座,容量 36 万 kVA;110 kV 变电所 2 座,容量 11.15 万 kVA;35 kV 变电所 1 座,容量 3.2 万 kVA;拥有 10 kV 线路 23 条,268.99 公里,400 V 线路 893 条,689.67 公里;专变用户变压器 417 台,容量 132 525 kVA;综合变 368 台,容量 47 365 kVA;综合变下用户 20 508 户;集镇公变 68 台,容量 19 870 kVA;公变以下用户 8 547 户。

震泽镇有电信母局 1 座,位于镇南路北侧、镇政府西侧,固定电话交换机总容量 3.3 万门,实际装机容量 2.65 万门。吴江移动和联通公司已实现镇域信号的全覆盖。全镇广电用户达 3 万户,有线电视节目已实现与吴江市台的联网,转播电视节目 58 套。

震泽镇的燃气方式主要为瓶装液化石油气,气源主要来自周边城镇的液化气储配站,包括盛泽坛丘的新民液化气站,储罐容量 200 立方米,年供应能力 1 533 吨;七都液化气站,储罐容量 40 立方米,年供应能力 306 吨。

第四节 调查村概况

　　震泽镇辖 23 个行政村,2 个街道办事处(震泽和八都)和 5 个社区居委会。全镇有 379 个自然村,794 个村民小组,14 449 户农户,其中纯农户 2 688 户,共 51 243 人,农村劳动力 27 860 人。现有耕地总面积 55 465 亩,其中:家庭承包耕地流转总面积 31 225 亩,包括入股面积 22 120 亩。23 个行政村成立 20 个土地股份合作社,其中整村入股的有 6 个村,入股面积中种粮面积 13 792 亩。截至 2011 年末,自然村实现电话、公路、有线电视、自来水等村村通。[①] 调查涉及齐心村和新乐村,两个行政村的基本情况如下:

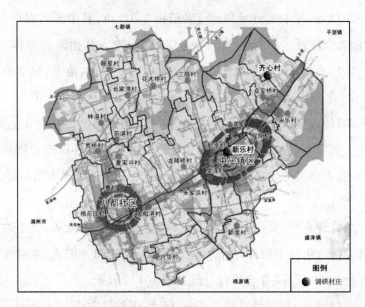

图 2-3　震泽镇村庄布局图

---

① 本节数据来源于震泽统计所提供的《2011 年度村基本情况表》。

一、齐心村

齐心村位于震泽镇的东北部,距镇 4.5 公里,全村村域面积 1.9 平方公里,辖 13 个自然村,22 个村民小组。全村 2011 年末常住户 516 户,年末户籍人口 1 808 人。全村从业人员合计为 1 285 人,其中二、三产业从业人员 1 210 人。2011 年末拥有耕地面积 2 700 亩,其中水田面积 1 462 亩。

全村有卫生室 3 个,有行医资格证书的医生 3 个;有图书室 1 个,藏书 1 100 本;有体育健身场所 2 个。全村自来水、有线电视等通达率达 100%。2011 年末,全村参加新型农村合作医疗人数为 1 186 人,参加农村社会养老保险人数达 730 人,享受最低生活保障的人数有 63 人。

2011 年,全村家庭承包地流转面积 2 700 亩,其中流入农户 522 亩、流入合作社 1 462 亩,流入企业 252 亩,流入其他经营主体 464 亩。2011 年,全村粮食面积 1 462 亩,水产 242 亩,苗木、林业面积 772 亩,花卉、蔬菜面积 3.5 亩,二、三产业经营面积为 220 亩。

2011 年末,齐心村有各类企业 40 个,企业营业收入 5.5 亿元,个体工商户 20 户。第二产业主要是纺织行业中的环保水处理和铸件类,企业类型均为小型民营企业,吸纳职工(包括外来人员)750 人左右。

全村现有"三大合作"组织 3 个,参与人数为 3 626 人,其中农村社区股份合作社 1 808 人、农村土地股份合作社 1 808 人、农民专业合作社 16 人,2011 年合作社分红总额为 125 万元。①

2011 年,全村经济总收入 5.86 亿元,人均纯收入 18 552 元。全年村集体收入 380 万元,其中:农副业发包 58 万元,资产出租使用收入 142 万元,上级补助与规费收入(向企业收取的卫生保洁费与治安

_____

① 有关数据来源于《2011 年齐心村统计年报》。

费)100万元,其他零星收入80万元。2011年总支出262万元,其中:行政管理费用65万元,资产设施性开支141万元,福利性开支6万元,征兵、治安、保洁等日常开支31万元,农户再分配19万元。年末村集体资产总额815万元,负债总额619万元。

二、新乐村

新乐村位于江苏省南端,长湖申线运河穿村而过,震桃公路在此起点。全村与震泽镇区混合坐落,盛震公路东西径入,是震泽镇区的城中村。新乐村是省新农村建设试点村。作为镇村布局规划设立的中心城区住宅群团,采取公寓式住宅组团安置。

2011年,全村年末拥有耕地135.1公顷,其中水田面积36.1公顷,土地流转面积29.5公顷。年末户籍人口3 259人,年末常住户数981户,常住人口5 132人,其中外来人口1 873人,村从业人员3 410人,其中二、三产业从业人员3 121人,离开本乡镇外出打工人数为207人。

全村有卫生室1个,有行医资格证书的医生4人;有图书室1个,藏书2 906本;有体育健身场所1个;在校高中生人数130人。通自来水的户数965户,住楼房户911户,享有卫生厕所的户数929户,拥有家电户数881户,拥有电话户数837户,拥有电脑户数692户,参加农村新型合作医疗人数为2 250人,参加农村社会养老保险人数为992人,享受最低生活保障人数为97人。

2011年末,全村有各类企业26家,企业营业收入1.67亿元,有个体工商户72户。第二产业主要为化工、彩钢板、铸件类,第三产业主要是餐饮与住宿。企业类型均为小型民营企业,2011年吸纳职工(包括外来人员)300人左右。

2011年,全年农民人均纯收入18 057元,村集体收入311.2万元,其中:农副业发包105万元,资产出租使用收入117万元,上级补助72万元,其他零星收入17万元。总支出191万元,其中:行政管理费用 74 万元,资产设施性开支 14 万元,福利性开支 17 万元,征兵、治安、保洁等日常开支 86 万元。年末村集体资产总数 1 536.6 万元,年末村集体负债总额为 831.66 万元。

第三章　农村新社区建设

农村新社区,是苏南工业化、城镇化、区域现代化进程演进的重要载体,是地方各级政府推进城乡发展一体化工作的主要抓手。本章从震泽镇农村新社区建设入手,力图深刻而全面地反映苏南推进农村新社区建设的现实背景和政策导向;归纳苏南农村新社区建设的一般模式,包括新社区建设主体、建设资金运筹方式,以及合适的建设规模;全面介绍农户拆迁补偿政策、住房安置方式;结合对问卷调查汇总资料的分析,客观反映农户对集中居住的评价;最后是对未来农村新社区建设与管理的理性思考与探讨。

第一节　现实背景与政策导向

快速推进的工业化、城镇化和城乡发展一体化,是苏南地区大力推进农村新社区建设的时代背景。而非农建设土地资源的短缺问题、一家一户小农生产的经营体制性矛盾的日益突显,成为苏南地区各级政府积极推进农村新社区建设的主要动因。推进农村新社区建设的基本原则或政策导向是:确保建设用地总量不增加、耕地面积不减少和农民利益得到切实保障。

一、农村新社区建设的现实背景

苏南地区人杰地灵,改革开放三十多年来,始终位列中国改革发展最前沿。20 世纪 80 年代乡镇企业"异军突起",加快了苏南农村工业化进程;90 年代工业园区建设和开放型经济的蓬勃发展,大大加快了苏南城镇化、工业化、国际化步伐;新世纪,苏南又以科学发展观统领经济社会发展全局,按照城乡统筹发展的要求,整体推进新农村建设,农村经济和农民收入结构、农村经济体制和运行机制、农村生产生活条件和环境面貌等方面都发生了积极变化,城乡统筹、城乡一体化发展已成为苏南新的发展阶段的重要特征和战略选择。

但是,在新的发展阶段,苏南也面临着我国经济发达地区存在的一系列共性问题。就苏州市而言,随着外来人口持续增加,陆地常住人口密度超过 2 000 人/平方公里;土地资源紧缺,人均耕地已不到半亩;农户分散居住情况较为突出,农房闲置不断增多;农业规模经营不够,土地资源没有得到充分利用,制约了城乡一体化发展。为此,迫切需要通过综合配套改革,着力破除城乡二元经济和不合理的社会结构,加快转变发展方式,科学合理配置资源,破除发展的资源瓶颈制约,树立科学发展新优势,实现新跨越!

推进"农民集中居住,换房进城进镇或在规划区域集中居住"的方针,正是在这样的社会经济发展背景下,连同"工业企业向规划区集中"、"农业用地向规模经营集中"一道被提出来的。这也被通俗简称为"三集中"。

地方政府并不讳言,推进农民进城进镇居住,首先是为了挖掘农村建设用地的巨大潜力。苏州市有关统计分析认为,"2009 年,苏州农村居民点用地为 89.57 万亩,以农业人口和农户计,人均和户均占地分别为 0.34 亩和 0.90 亩,农村建设用地的合理、科学、高效利用的潜力很大"①。

其次,"目前当地越来越多的农民已不再从事农业生产,80% 以上的农村劳动力已实现非农就业创业并具备进城的条件。同时,农

---

① 参见《苏州市农村住宅置换商品房实施意见》。

民离土不离乡、人户分离现象严重,既浪费资源,又影响城市发展,越来越束缚生产力发展"[1]。为此,各级地方政府决策者普遍认为,必须抓住当前城市文明加速普及、城乡加速融合的关键时机,加大统筹城乡发展力度,推动更多农民向城镇社区集中,加快推进农民市民化进程。

最后,散居加大了城乡公共资源均等化的困难,这对于统筹城乡发展来说是最大的不便。在农民居住分散的情况下,为解决农民出行不便、自来水及燃气供应困难、环境卫生较差,以及群体体育和文化生活较少等问题而支付的费用,将远比农民集中居住所花费的大得多。分散居住不利于减少基础设施建设和公共资源的配套成本,减慢了改善农民居住环境的速度,妨碍实现城乡公共资源均衡化。

推进农民集中居住的方针确立后,主要采取什么方式推进农民进城进镇成为一个现实而具体的问题。根据吴江市委、市政府的统一部署,震泽镇主要采取"一扩二控三引"的方式引导农民进城进镇。"一扩"是指扩大划线控制范围,即在实行预拆迁制度[2]的城镇规划建设控制区的基础上,明确预拆迁拓展区,对区域范围内的农户实行预拆迁制度,逐步落实城镇公寓房补偿安置;扩大动迁范围,即结合"城乡建设用地增减挂钩",采取"定点整体置换"方式,加大对农业用地区域内农村住房的动迁力度。"二控"是指严控动拆迁农户住房安置办法,对被动拆迁户一律实行城镇公寓房安置,不再安排宅基地自建房;严控农村新增宅基地,对符合农村分户条件并需单独立分户的农户统一取消农村宅基地安排,实行城镇公寓房安置。"三引"是指引导拥有农村合法住宅的农户自愿全家离开农村,选择在城镇居住

---

[1]　参见《吴江市城乡一体化改革发展政策与文件问答》,第57页。

[2]　"预拆迁"是指在城镇规划建设控制区和预拆迁拓展区内因城市建设、经济社会发展,需要征用农村居民住宅用地的,在土地征(使)用手续报批过程中,为加快建设进程,提前对农村居民住宅进行拆迁补偿安置的做法。此外,城镇规划建设控制区和预拆迁拓展区内,农村居民房屋经合法鉴定属D级危房、一户中符合宅基地分户条件需新建住宅的,也可申请提前实施动迁,采取预拆迁办法给予补偿安置。

和全家落户城镇的农户主动放弃农村住宅,置换城镇公寓房,进城进镇居住。

二、农村新社区建设的政策引导

早在 2008 年 11 月,苏州市委、市政府便将"建立土地资源增值收益共享机制"①作为推进城乡发展一体化改革的重点任务提上日程,要求基层政府统筹安排城乡土地资源,推动农村建设用地向城镇集中。改革土地征用制度,坚持节约集约用地,探索如何建立宅基地置换机制和土地资源增值收益共享机制。鼓励农户将集体土地承包经营权、宅基地及住房置换成股份合作社股权、社会保障和城镇住房。

推进农户进城进镇、集中居住的主要措施之一便是实施土地置换政策,即在确保建设用地总量不增加、耕地面积不减少和农民利益得到切实保障的前提下,实行城镇建设用地增加与农村建设用地减少相挂钩的政策,"并允许建设用地先占用后平衡。通过土地征用、政府定价、委托代建降低成本,建设集中居住区。置换形成的增量土地,原则上按照 4∶2∶4 比例分配,即 40% 用于农民居住安置,20%用于新型工业化,40% 用于发展服务业,其土地增值收益主要用于农村基础设施、现代农业、农村社会保障和农村公共服务体系建设"②。

为了稳妥地搞好农村住房和宅基地置换商品房工作。2009 年苏州市委市政府提出,要"鼓励农户积极参与农村住宅置换商品房工作,让农民在置换过程中获实利得实惠,确保置换后农民的居住环境变美好、生活品质得提升、长期收益有保证、社会保障更完善。通过建立置换机制,积极探索宅基地退出机制,促进城乡之间土地要素的

---

① 参见《中共苏州市委　苏州市人民政府关于城乡一体化发展综合配套改革的若干意见》,2008 年 11 月 14 日印发。
② 同上。

流动,改善村镇用地结构,优化各类用地布局,提高土地集约利用水平"①。

2009年,苏州市委、市政府专门出台了《苏州市农村住宅置换商品房实施意见》,该意见不仅详细阐述了推进农村住宅置换商品房的基础条件、目的意义和适用范围,还提出了"规划先行,总量平衡;统筹兼顾,分类指导;农民自愿,鼓励创新;先建后拆,先拆后得②"的置换工作四项基本原则。

顺利开展农村住宅置换商品房工作,关键是要做到两个平衡,一是资金平衡;二是用地面积平衡。苏州市农村住宅置换商品房实施意见对如何实现资金平衡和用地平衡提出了具体的指导意见。

关于资金平衡,该意见提出:其一,各级政府要多渠道、多途径筹措置换资金,建立"农村住宅置换商品房基金"专户,实行封闭运行,专款专用。其二,按照城市反哺农村、工业反哺农业的要求和市场化运作机制,各级政府应该安排一部分资金以及银行融资,此外承接置换商品房建设任务的相关公司应先垫支部分资金,以此组成启动资金。其三,取得挂钩指标的镇,将挂钩指标用于工业或经营性项目用地的,一律通过招拍挂方式进行公开交易,在扣除必要的成本后,土地净收益部分用于被置换农户的拆迁安置补偿。其四,用地单位使用挂钩指标的,需按规定缴纳相关规费。各项规费均留县级市、区政府,专项用于置换工作中村庄等用地的复垦整理项目和被置换农户的拆迁安置补偿。其五,安置商品房建设规费,参照城市经济适用房建设规费标准收取,并相应减免相关费用,同时在税收方面给予

---

① 参见《苏州城乡一体化发展综合配套改革三年实施计划》,2009年7月15日印发。

② "先建后拆,先拆后得":先建后拆是指项目实施乡镇必须要在安置商品房建设竣工并达到入住条件后,方能拆除农户原住宅;先拆后得是指除安置商品房用地及其相关基础设施建设用地指标可以先预支后归还外,用于置换的农村住宅等用地必须先复垦形成耕地和其他农用地并取得挂钩指标后,方可安排工业或其他经营性项目,即先拆先复垦,后取得和使用挂钩指标。

优惠。

关于用地面积平衡,该意见提出:"可以选择本镇(街道)辖区范围内若干个拟置换的农村住宅等用地地块(拆旧地块),和拟用于安置等城镇建设的地块(建新地块)组成一个用地面积平衡项目,认真调查和测算项目区内人口和户数、宅基地面积、非宅基地建设用地面积、拟新增耕地面积和农地面积、拟使用挂钩指标的置换商品房用地面积和工业及经营性项目用地面积等……做到建新占用的总用地(其中耕地)面积不超过复垦增加的农用地(其中耕地)面积"。

《苏州市农村住宅置换商品房实施意见》还对拆迁安置补偿、奖励措施、挂钩指标的取得和使用,以及拆迁安置工作程序等,提出了具体指导意见,是一份全面指导基层实施农户集中居住、进城进镇工作的政策和实务的指导性文件。

2010 年,吴江市委、市政府出台文件,明确提出当年城乡一体化改革发展工作的首项目标任务便是"城镇化聚集迈出新步伐"①。文件明确要求加快推进农民进城,促进城镇建设水平有效提升,并提出"全年完成 5 000 户以上农户动拆迁,整理复垦发展用地 2 500 亩,新建农民进城安置公寓房 100 万平方米"的具体指标任务。

第二节　农村新社区建设模式

积极推进农民进城和农村集中居住,是当前苏南各级政府推进城乡发展一体化的工作重点,也是重要的工作抓手。基层政府在推进工作中被明确要求大胆探索、大胆试验、积极推进。与此同时,从苏州市委、市政府,到县级市和乡镇党委、政府均通过及时总结试点经验,不断出台颇具可操作性指导政策文件。因此,震泽镇的新社区

---

① 参见《中共吴江市委、吴江市人民政府关于 2010 年城乡一体化改革发展工作意见》,吴发[2010]21 号。

建设模式,在苏州地区具有广泛的代表性。

一、新社区建设投融资平台

2008 年 11 月,苏州市委出台文件,明确要求:以镇(街道)为单位,组建市场化运作主体,搭建推进改革试点平台,实施资产资本运作,实现"资源资产化、资产资本化、资本股份化"①。

2010 年 8 月,吴江市政府出台文件,对"建立健全市场化运作机制"做出了更加明确具体的部署:"各镇(区)人民政府(管委会)作为推进辖区内农村居民进城入住公寓房的组织实施主体,按属地管理原则,对辖区内农村住宅的动迁实行补偿安置。完善以各镇(区)城投公司或农投公司为投融资主体的城镇公寓房建设运作平台,包括组建具有房产开发资质的运作公司,切实增加融资能力,强化项目管理,实现安置公寓房项目建设的市场化、封闭化运行。市一级组建国有独资性质的吴江市城乡一体化建设投资有限公司,参与城乡建设用地增减挂钩置换项目的整合和实施,加强融资筹措和运作"②。

其实,震泽镇政府组建的市场化运作主体、新社区建设投融资平台——吴江市震泽镇投资发展有限公司(以下按当地人习惯简称为:城投公司)早在 2007 年 3 月便已成立。几年来,震泽镇政府、震泽镇城投公司的实际运作——无论是走过的弯路、经历的挫折,还是成功的经验,以及对相关配套扶持政策的需求、对宏观环境改善的期待等,相信都为后续相关政策文件的出台,提供了丰富的实践经验。

震泽镇城投公司由吴江市震泽镇房产开发公司和吴江市震泽镇集体资产经营公司双方共同出资组建。最初城投公司注册资本1 000 万元,其中吴江市震泽镇房产开发公司出资 600 万元,吴江市

---

① 参见《中共苏州市委 苏州市人民政府关于城乡一体化发展综合配套改革的若干意见》,苏发[2008]52 号。

② 参见《关于加快推进农村居民进城入住公寓房的实施意见》,吴政发[2010]149号。

震泽镇集体资产经营公司出资 400 万元。城投公司经营范围包括城镇建设的投资建设和管理、房产开发与销售。同年 6 月城投公司注册资本变更为 1 亿元,其中吴江市震泽镇房产开发公司出资 600 万元不变,吴江市震泽镇集体资产经营公司出资额由 400 万元变更为 9 400 万元。城投公司地址为"吴江市震泽镇机关大院内"。

城投公司设立的董事会由 5 人组成。震泽镇城建办负责人黄立峰任公司总经理、公司法定代表人。吴江市震泽镇集体资产经营公司派出两位股东代表:李法林和许金龙。吴江市震泽镇集体资产经营公司为 1998 年 5 月注册成立的企业法人,目前注册资金 2 000 万元,主要经营范围为震泽镇镇级集体资产的对外投资收益,注册地为震泽镇政府机关大院。公司派出的股东之一李法林 2009 年底刚刚从副镇长的位置退居二线。吴江市震泽镇房产开发公司也派出两位股东代表:庄志伟和施惠琴,庄志伟同时还兼任震泽镇建设管理服务所所长。

就城投公司的性质而言,当属震泽镇政府直属的全资公司,其建立的主要目的,便是承担推进震泽镇农村居民进城进镇入住公寓房的组织实施任务,并通过建立投融资资金专户,实行封闭运行、专款专用。

2010 年 2 月,城投公司股东会议做出决议:因公司扩大业务需要,增加资金 5 000 万元,注册资本为 15 000 万元。其中:吴江市震泽镇房产开发公司出资额为 5 600 万元,占 37.33％;吴江市震泽镇集体资产经营公司出资额为 9 400 万元,占 62.67％。

2010 年 3 月,股东会议又因公司扩大业务需要做出决议:根据吴江市震泽镇人民政府震政发[2010]字第 8 号决定,公司以资本公积中的 35 000 万元作为吴江市震泽镇房产开发公司和吴江市震泽镇集体资产经营公司对城投公司的追加资金。注册资本增至 5 亿元。公司股份调整后确认:吴江市震泽镇房产开发公司出资额为 18 665.5 万元,占 37.33％;吴江市震泽镇集体资产经营公司出资额为 31 334.5 万元,占 62.67%。

2011 年 6 月,公司股东会议再次决定增资:由吴江市震泽镇集体资产经营公司以土地使用权增资 30 863.23 万元,将公司注册资金增加到 80 863.23 万元。

二、新社区建设资金运筹

根据震泽镇城投公司提供的数据,我们将震泽镇城投公司近几年承建的"新乐新村"和"双阳新村"新社区建设项目,按其建设资金来源和资金投入方向进行了简单分类,具体情况如下:

农村新社区建设资金主要来源于两块:一是转让部分建设用地指标的出让金收入。震泽镇获得的新农村建设指标为 500 亩,作为安置房开发的新社区实际建设用地 240 亩,结余的 260 亩建设用地指标上市出让[①],平均每亩收益 83 万元,此项收入 21 580 万元。二是农户拆迁集约非农建设用地指标的转让收入。已拆迁的 625 户,户均集约建设用地约 0.7 亩,合计集约建设用地 437.5 亩,亩均转让价按 100 万元计,预期收益 43 750 万元。两项合计概算收入 65 330 万元。

农村新社区建设投入主要分五大块:一是土建工程及小区配套建设;二是拆迁补偿投入;三是土地及办证费用;四是小区外围市政道路、地块三线(电力线、广电线、通信线)迁移费;五是银行贷款利息支出。五项支出合计 65 993.6 万元。(详见表 3-1)

---

① 建设用地指标出让收益的 27% 上交国家,其余 73% 全额返还镇城投公司用于安置房项目建设。

表 3-1　震泽镇安置房建设概算

预算项目	金额/万元	备注
一、建设总收入	65 330	
（一）建设土地指标出让金[a]	21 580	a. 省批用于新农村建设指标 500 亩，建设用 240 亩。余 260 亩指标上市出让收益。
（二）农户拆迁集约土地置换[b]	43 750	b. 按每户集约 0.7 亩计，总可置换面积 437.5 亩，亩均指标出让价 100 万元计。
二、建设总支出	65 993.6	
（一）土建及小区配套建设小计	38 100	建筑面积 211 059 平方米
新乐一期	8 600	建筑面积 55 209 平方米
新乐二期	10 000	建筑面积 52 000 平方米
双阳一期	10 500	建筑面积 60 350 平方米
双阳二期	9 000	建筑面积 43 500 平方米
（二）拆迁补偿投入小计[c]	15 600	c. 按 2007 年以来共拆迁 625 户、平均每户补偿差价 25 万元测算。
（三）土地及办证费用小计	3 113.6	
农户征地费 240 亩 * 4 万元	960	
协议出让 240 亩 * 2 400 元	57.6	
办证费用[d]	2 096	d. 办证费用（含设计、勘探、检测费）按平方米建筑面积 100 元计，总建筑面积 209 559 平方米，合计 2 096 万元。
（四）外围市政道路、地块三线迁移	1 500	
（五）贷款利息[e]	7 680	e. 从新乐新村一期建设开始贷款，总贷款 3.2 亿元，2014 年还清，年息 0.8%，平均按每笔贷款 3 年计，利息总支付：32 000×0.8%×3 年＝7 680 万元。
三、资金平衡（总收入－总支出）	－663.6	

资料来源：吴江市震泽镇投资发展有限公司。

从表面上看,震泽镇安置房建设概算表中所反映的新社区建设资金来源和资金使用情况比较简单,建设资金缺口似乎也不算大。但建设资金运筹的现实情况远比表上显示的复杂和艰难得多。建设资金来源和资金使用,在时间上并不同步和匹配,尤其是主要资金来源——农户拆迁集约土地置换收入,远滞后于建设投入。在推进拆旧建新过程中,需要大量的资金支持,而就震泽镇自身的财力,基本不可能满足动辄上千万、上亿的资金投入需求。为解决建设资金筹措的难题,震泽镇政府和城投公司,着重围绕"拓展融资渠道"和"用足土地优惠政策"两个方面做了很多努力。

（一）多方拓展融资渠道

其一,新乐新村一期工程建设,主要通过做大城投公司融资平台,以资产和土地抵押方式向金融机构贷款来保障项目建设资金。这就不难理解城投公司注册成立后,在短时间内连续增资的目的所在。其二,新乐新村二期及双阳新村一期工程建设,则充分借助于吴江市城乡一体化建设投资有限公司这一资本运作平台,由吴江市城投公司出面,以置换建设用地指标作抵押,以吴江市财政、市人大正式行文做担保,争取到国家开发银行 5 亿元授信贷款的支持。至2012 年一季度,贷款按项目进展已下达 3 个亿。其三,通过工程建筑单位垫资建设方式打时间差,缓解资金压力。在双阳新村一期安置公寓房建设中,便由两个承建的建筑公司通过带资建设的方法,从工程开工至结顶全程垫资,工程结顶后,按照工程总造价以第一年30％、第二年 30％、第三年 40％的方式支付工程款。工程建设期间,遇到原材料价格上涨等特殊原因,则根据施工进度,适当进行资金拨付。其四,积极争取国家项目资金扶持。震泽镇累积争取到苏州市城乡发展一体化办公室、吴江市新农村及城乡一体化发展项目扶持资金 842 万元。震泽镇政府和城投公司通过多渠道融资举措,有力保障了震泽镇新社区建设项目顺利进行。

（二）用足土地优惠政策

无论是多方拓展融资渠道融资，还是强化资金使用管理，都不能从根本上解决建设资金来源和资金平衡的问题。震泽镇党委、政府在认真调查研究的基础上，充分利用"城乡建设用地增减挂钩周转指标可提前使用"的优惠政策，在安排好用于拆迁安置的新社区建设用地的前提下，将结余用地指标通过"招拍挂"方式，作为商业和房产开发项目出让，以此获得较高的土地出让收益。"吴江市新兴房产开发"、"吴江市众业房产开发"、"吴江百盛实业投资有限公司"等开发项目的建设用地，都是通过"新乐新村"和"双阳新村"增减挂钩项目结余指标转让获得的。获得的土地拍卖收益，主要用于拆旧区的动迁及安置公寓房的土建工程投入。2007—2011 年的四年间，通过城乡建设用地增减挂钩项目实施，共增加建设用地指标 380 亩。"经测算，如将 380 亩土地全部出让后，出让资金基本能平衡置换土地所需安置的 300 户农户、16 家企业补偿的资金，少量的资金缺口可通过融资渠道解决，基本实现土地置换中'政府、集体、个人'三个不出钱。"①

三、新社区建设关键环节

人们常说的一句名言："细节决定成败！"毫无疑问，新社区建设的最核心问题是建设资金的运筹，但除此而外，包括安置区和拆旧区的选址、建筑工程的管理、安置房套型设计及配套设施建设等在内的一系列关键环节能够把握好，也十分重要。

（一）安置区和拆旧区选址

安置区和拆旧区的选址是否科学合理，是农村新社区建设项目实施成败的关键环节之一。

---

① 引自会议材料《推进置换集中　优化资源配置——震泽镇加快建设城镇公寓房引导动迁农民置换进城》2011.6.29。

先说"安置区"的选择。要让过去有地有房、居住宽敞宁静的被拆迁农户，愿意搬迁到镇上安置公寓房集中居住，并非易事。为了吸引农户到新社区安家落户，必须打造一个优良的居住环境，既要具备城镇化生活的便捷，又要享有舒适安静的生活环境。为此，震泽镇政府将城市规划中确定为居民社区建设的核心区域地块，规划为农民拆迁安置小区。这些地块基础设施配套，交通路网发达，周边环境优美。如新乐新村布局于镇区中心南侧，紧邻农贸市场、城市购物中心和文体中心；双阳新村位于镇区东侧，紧靠第二中心小学和规划中的行政服务中心。

再说"拆旧区"的选择，也是非常有讲究的。如果选点科学合理，那么不仅拆迁阻力小，而且拆迁成本低、预期收益大，有利于项目整体实施的资金平衡。震泽镇政府为新乐新村和双阳新村安置工程选择相应"拆旧区"时，充分考虑了如下几方面因素：一是要完全符合震泽镇远期规划目标要求；二是选择远离镇区、位于长远保留的农业用地区域内；三是结合该镇的省级"长漾生态湿地公园"建设项目；四是选择八十万伏锦苏特高压线通道下面的小规模村庄和自然村；五是以自然村为单位实施整体拆除。此外，震泽镇政府还下决心将在上述目标范围内的相关企业列入拆旧区，实施退二进一。仅水产设施养殖场等 16 家企业就涉及折旧土地面积 175.2 亩。

（二）建设工程管理

新社区建设，涉及众多企业、农户住房的拆迁、补偿，安置房的建设、分配，拆旧区土地的复垦，建设资金的运筹，等等。新社区建设是一项非常复杂的系统工程，建设工程的科学、规范管理尤其重要。而建设工程管理最关键的是两点：一是建设资金管理；二是工程质量管理。

为了强化建设资金的有效使用和严格管理，震泽镇政府专门开设了"城乡发展一体化"专项账户，实行镇分管领导"一支笔"的审批制度，严格资金拨付手续，确保建设资金专款专用。同时，委托审计机构派人对工程全过程参与审计,市纪委震泽纪检监察工作室派人驻基建现场,强化廉政监督。

为确保安置房建设质量,首先是要选择可靠而有实力的工程建设单位。震泽镇通过公开招标的方式,最后选择了有资质、有良好口碑的八都建筑公司和腾龙建筑公司,这两家知根知底的本地建筑公司负责建设。与此同时,震泽镇政府专门成立镇基建办公室,加强工程建设质量、安全和进度工作的日常管理,并定期组织召开工程建设例会,检查督促工程实施情况和监理监管情况。此外,还组织安置农户代表开展工程现场的督查活动,让农户亲自参与安置房建设管理,化解他们对住房建设质量的担忧。

(三)安置房套型设计

安置房规划建设,从一开始就坚持高标准、严要求。震泽镇政府专门聘请专业规划设计单位,设计单位按照同期城市商品房标准进行设计。以新乐新村一期工程为例,容积率只有1∶1.4,小区规划设计既注重空间布局和房屋立面设计,又考虑照顾被安置农户的生活习惯。为了尽可能满足农户多样化的居住需求,在套型设计过程中,一家一户调查采样,最终根据农户意愿筛选出多种住房结构、十几种户型。但事与愿违,房屋建成后,部分农户改变了主意,导致近50套南北向中间走道的房屋套型没人选。最后没办法,这批房源安置了非拆迁区居民,整个过程历时两三年时间。在建设新乐新村二期时,便吸取了一期建设的教训,只保留了3、4种广泛受欢迎的通用套型,再没出现无人选的情况。

(四)小区配套设施建设

农户从自然村庄的别墅式住房,被拆迁安置到集镇公寓房,自然从心理上已感觉"利益"损失了许多。必须让农户感受到城镇居住比农村居住拥有更加方便完善的生活条件,才能弥补农户由于拆迁而形成的心理上的"利益"损失。为此,震泽镇政府加快完善安置公寓房的配套设施建设,即按照城镇建设规划,优先为农民安置公寓小区配套建设各项社会服务,增强路、电、水、气、地下管网、绿化景观、消防安保等基础设施配套功能。建成的新乐新村一期,在小区内安置了一定数量的健身设施,小区西侧沿街布置了18间商用门面房。建设中的双阳新村一期,专门增设幼儿园,就近解决小区居民子女上学问题。

四、新社区建设流程及经验

(一)震泽镇新社区建设成果

2007年起,震泽镇被列为江苏省新农村建设试点镇。自那以来,农村新社区建设投资建设情况如下:震泽镇拆迁安置房建设总占地面积240亩,总建筑面积209 559平方米,合计建设住宅1 250套。其中:

新乐新村650套,新乐一期(2007—2009年),建筑面积55 209平方米,建成住宅330套;新乐二期(2010—2011年),建成面积30 500平方米,建成住宅170套;新乐二期,在建面积21 500平方米,在建住宅150套,2012年5月交付使用。

双阳新村600套,双阳一期于2010年底开工,建筑面积60 350平方米,住宅350套,土建已竣工;双阳二期于2012年1月开工,建筑面积43 500平方米,住宅250套,计划2013年3月竣工。

(二)新社区建设基本流程

农村新社区建设与一般的工程建设项目相比,要复杂得多,难度要大得多。依据震泽镇拆迁安置项目建设经历,工程从正式立项之日起,按时序进度大致可分为以下若干个步骤:

第一步,发动广泛宣传。做深入细致的群众工作,竭尽全力争取项目区广大农户的积极支持。

第二步,确立建设区和拆旧区(整理农田还指标区)。这需要做大量的、具体的、深入的调查研究和测算工作。选址科学合理与否,不仅事关项目土地占补能否平衡,更与项目拆迁成本和项目资金能否平衡相关。

第三步,筹措建设资金。关键是在镇政府主导下建立一个具有相当规模的融资平台(城投公司)。成功融资,不仅要依靠本级政府的全力支持,还需努力求得上级政府,包括上级财政、人大等部门的大力协助和支持。

第四步,征地。关键在于如何充分保护农民和集体土地收益权。

第五步,拆迁。必须有一个详细的拆迁补偿政策进行规范运作,必须最大限度地保护农民利益,使其获得合理补偿。尤其是征地和拆迁补偿政策公平性、连续性至关重要。

第六步,工程建设。严格资金管理,严把工程质量关。

第七步,整地归还用地指标。确保按计划及时整理、验收和归还用地指标。

可以说,上述每个步骤都是十分艰巨的任务,每个步骤都要付出艰苦的努力。一个项目从立项到完成,往往需要经历数年时间。尤其是建设期间市场、宏观经济环境的变化对项目的影响,更是难以预测和控制的。说农村新社区建设是一个极其复杂的系统工程,一点都不过分。

(三)建设者经验总结与借鉴

震泽镇拆迁安置项目建设实施者回顾几年来走过的艰难历程,颇有心得,这些工作经验、经历的思考与总结,是一笔宝贵的精神财富,值得后来者共享与借鉴:

1. 农村新社区建设起点要高,切入点要准,要能够得到项目区广大农户的充分认可与积极支持。

2. 新社区建设与否、建设规模大小要与当地经济发展总体需求的大小相适应,与城镇发展功能如何定位相协调。

3. 新社区建设要注重规模效益。不同经济发展水平地区,盈亏平衡点规模也许不同。但可以肯定的是,建设规模越小,资金运筹的空间越小,单位面积投资成本越大。震泽镇拆迁安置新社区投资建设的盈亏平衡点规模在30万平方米左右,达此规模后的建设效益将会逐步提高。

4. 征地、补偿、工程建设款要及时到位。

5. 必须充分权衡地方政府财力。昆山、张家港等市每启动一个拆迁安置项目点(建设规模4万平方米~5万平方米),财政补助3000万元启动资金的同时,还按户计算另补每户1万元~2万元资金给建设方。目前震泽镇建设20万平方米的项目,镇财政总计补贴1000万元,加之基建投资市场价格的变动因素,致使项目资金有一定缺口。从另一角度来说,实施这类拆迁安置项目,对基层政府资金链保障要求较高,必须充分权衡地方基层政府财力。

6. 拆迁安置项目建设对当地房地产市场有一定冲击。2011年震泽镇商品房价格已达5800元/平方米的水平,而当年安置商品房的基准价仅为1650元/平方米,房价差高达3000元/平方米元左右,这无疑会打击房产投资商的投资积极性,对当地土地市场价格会有一定影响。但房价差大也有大的好处,农户从商品房差价中得到(见到)了实实在在的好处,拆迁工作阻力大大减少,一些村组农户甚至集体要求拆迁。反之,若拆迁安置商品房与普通商品房差价小,又会产生另外更多的矛盾。

7. 拆迁过程中一定不留钉子户,包括归还指标区,一户也不能留,整体拆除,整体整理验收归还指标。同时,拆迁又一定要人性化,可通过钉子户在政府机关、企事业单位工作的家属、企业家亲戚等联合对其做深入细致的思想转化工作。

8. 新社区建设项目不能遍地开花。要有条件地推进,要在条件成熟时推进。

9. 建设资金融资日益困难。2012年一季度末,震泽镇还有约7亿元贷款余额,城投公司可变现资产约有20亿元,资产负债率30%。关键问题是当前宏观调控过程中,政府融资平台统一被关闭,今后需要重新组建新的融资平台,可行的选择之一是组建一个企业融资平台,如将乡镇范围内的自来水公司、休闲农庄、几个村办公司组合包装成一个融资平台(公司)。

10. 慎重确定拆迁安置房的安置基价。根据相关政策要求,原则上按成本价确定安置商品房价格及楼层差价。震泽镇的第一个农村新社区——新乐新村,在与农户签订合同时,测算的安置房基准价为 1 650 元/平方米,而且该基准价写进了《震泽镇农村居民房屋拆迁补偿安置实施办法》正式文件。但由于建设期间,土建成本出乎预料的大幅度增加,最终实际成本价为 2 800 元/平方米,这还不算土地成本。当然,由于安置房实际成本的上升,安置房市场价也随之相应上升,被安置农户得到大大的实惠,但城投公司却遭受巨大损失:项目可行性论证时,按拆迁安置农户数测算,原预期每户可盈余 25 万元,但最终实际结果是平均每户倒贴 25 万元。

第三节　农户拆迁与安置政策

农户拆迁工作,当属现今农村工作第一难事。农村新社区建设涉及的农户面广量大,在推进农户拆迁工作的过程中,不仅要做深入细致的宣传、动员工作,更要做到拆迁补偿的公开、公平、公正。为此,必须有统一的行为标准,规范化运作。震泽镇政府依据国家和省市相关土地管理法规条例,结合震泽镇实际情况,于 2008 年 10 月,制定出台了详细的《震泽镇农村居民房屋拆迁补偿安置实施办法》,为震泽镇城乡土地增减挂钩项目中农户拆迁及安置工作的顺利开展,奠定了良好的基础。

一、农户拆迁补偿政策

《震泽镇农村居民房屋拆迁补偿安置实施办法》明确规定:"被拆迁房屋按有效批准文件确定合法建筑面积",换句话说,未经正式有效文件批准或超批准面积部分的建筑,属于违章建筑,将一概不做补偿。这一条既从制度层面上扼制违规者,又不使遵纪守法者感到"老实人吃亏"。

拆迁补偿内容主要包括:房屋重置评估值、装修评估值、附属物残值、辅助补贴、区位补偿、按时拆迁奖励补贴。

- 房屋重置评估值。其计算方法为:房屋重置价格结合成新的评估单价乘以合法的建筑面积。
- 附属物残值。宅基地范围内附属物残值补偿标准详见表 3-2。

表 3-2 宅基地范围内附属物补偿标准

分类项目	补偿标准				
	苗	小	中	大	特大
零星果树(30棵以内)	5~10	10~25	25~50	60~80	100
葡萄		20	40	60	80
零星杂树(30棵以内)	1	5	10	20	30
坟(棺材)	200元/穴				
骨灰盒	100元/只				
竹林	5元/平方米				
砖头搬运费	400元/万块				
砂、石、石灰搬运费	40元/吨				
楼板搬运费	20元/块				
青苗 菜地	1 260元/亩				
青苗 稻田	900元/亩				
鱼塘	1 200元/亩				
鱼塘开挖费	1 000元/亩				

注:(1)果树、葡萄、树木补偿标准以"元/棵"为单位;(2)花木原则上不予补偿;(3)成片苗木5公分以下每亩1 800元,5厘米以上每亩3 000元;(4)征地赔青补偿按另外相关文件执行。

资料来源:《震泽镇农村居民房屋拆迁补偿安置实施办法》

- 辅助补贴项目及补贴标准详见表 3-3。

表3-3　震泽镇房屋拆迁辅助补偿标准

项目	补偿标准	备注
搬家费	40平方米以下300元/户,每增加20平方米另增加100元,最高1 000元/户	期房安置:按实际搬迁数补偿
误工费	按户计算,每户300元	期房安置:按实际搬迁数补偿
电话移机费	每台208元	期房安置:按实际搬迁数补偿
宽带	每台208元	期房安置:按实际搬迁数补偿
空调移机费	挂壁式150元/台,柜机200元/台	期房安置:按实际搬迁数补偿
闭路电视	一头900元,二头1 100元	
管道煤气	每户2 400元	
太阳能热水器	350元	
过渡费	每平方米6元	现房安置补2个月,期房安置按实计算;货币安置补6个月
水电初装费	每户1 270元	

- 区位补偿。区位补偿实际上近似于宅基地转让的补偿,由于被拆迁农户宅基地所处区位不同,补偿时也存在级差收益。经有关部门批准的震泽镇区域范围内宅基地区位价分为三类:一类指镇中心规划建设区,区位补偿价为1 150元/平方米;二类为公布划定的镇区控制区,区位补偿价为900元/平方米;其他区域为三类,区位补偿价为650元/平方米。区位价补偿的计算方法为:宅基地区位补偿单价×宅基地面积(原被拆迁房屋宅基地合法批准面积或当地土地管理部门按拆迁时核定的新宅基地面积)。

- 按时拆迁奖励补贴。震泽镇农村居民房屋拆迁补偿安置实施办法中并没有"按时拆迁奖励补贴"这一项,属于后增加的补偿项目,主要是为了鼓励农户主动及时搬迁,对按时签订搬迁协议并在规定时间内交钥匙、搬出住宅的,给予合法建筑面积每平方米120元的奖励。

表3-4 震泽镇新乐新村二期拆迁补偿结算表

户主姓名	旧宅基地补偿		旧宅基地附属屋补偿		其他补偿/元	合计补偿款/元	拆迁公司
	面积/m²	补偿款/元	面积/m²	补偿款/元			
沈卫忠	170	195 500	77.62	52 917	4 506	252 923	安达
周杏宝	220	253 000	301.80	312 033	6 786	571 819	安达
周玲凤	200	230 000	25.03	9 097	5 596	244 693	盛源
倪金泉	220	253 000	254.45	151 860	5 546	410 406	盛源
沈永泉	271	243 531	276.02	158 378	10 946	412 855	鼎通
张新荣	180	207 000	247.44	121 359	8 946	337 305	鼎通
范菊芳	180	207 000	223.05	189 791	5 966	402 757	安达
陈海明	260	299 000	257.06	212 868	6 245	518 113	安达
朱福其	220	253 000	326.73	298 246	7 667	558 914	建安
洪福奎	260	299 000	106.82	65 527	7 930	372 457	建安

注:本表是从镇政府提供的新乐二期73个拆迁补偿结算表中随机抽取的10组资料。

二、农户拆迁安置政策

在震泽镇实施的城乡土地增减挂钩项目区,农户对拆迁安置有三种选择:一是自建房安置;二是货币补偿安置;三是政府定销公寓房安置。《震泽镇农村居民房屋拆迁补偿安置实施办法》中规定,在公布的城镇规划建设区内不再安排宅基地,涉及房屋拆迁由拆迁人给予货币安置或定销公寓房安置,城镇规划建设区域外允许安置自建房。

对符合要求选择自建房安置者,除必须按建设规划要求在指定位置按图施工外,也要严格控制自建房安置宅基地面积:大户200平方米、中户170平方米、小户120平方米。现在册5口人以上或原合法宅基地200平方米以上者为大户;在册3~4口人或原宅基地面积在 170～200 平方米之间者为中户;现在册 2 口人及以下或原宅基地面积在 170 平方米以下者为小户。如原合法宅基地面积大于自建房安置面积的,超过面积做货币补偿。应该说,对自建房安置面积的实施规定,是比较科学和人性化的,既保持了农民建房政策的延续性,也承认了拆迁农户对原有合法宅基地的用益物权,同时又考虑到了农户家庭人口状况和现实需求。

选择货币补偿安置方式的,拆迁人以现金方式支付给被拆迁人。补偿内容除前述房屋重置评估值、装修评估值、附属物残值、辅助补贴、区位补偿、按时拆迁奖励补贴外,还包括定销公寓房差价补贴,相当于震泽镇政府对拆迁农户购买公寓房的政策性补贴。定销公寓房差价计算方法:(定销公寓房市场单价－定销公寓房安置基价)×基准面积①。如新乐新村和双阳新村一、二期拆迁安置的震泽镇镇区定销公寓房基价为 1 650 元,市场价为 2 450 元,每平方米差价 800元(详见表 3－5)。选择货币补偿安置者,可按本应获得而自愿放弃的安置公寓房基准面积计算,每平方米享有 800 元的补贴。

表 3－5　震泽镇镇区定销公寓房安置价格表

(单元:元/平方米)

层次	一层	二层	三层	四层	五层
层次调节系数	+2%	+8%	+10%	—	－20%
基价	1 683	1 782	1 815	1 650	1 320
优惠价	2 091	2 214	2 255	2 050	1 640
市场价	2 499	2 646	2 695	2 450	1 960

附车库价格:自行车库 800 元/平方米;小汽车库 2 000 元/平方米;每户安置其中 1 个。

资料来源:《震泽镇农村居民房屋拆迁补偿安置实施办法》,2008 年 10 月 14 日公布执行。

---

①　基准面积是指作为拆迁安置面积大小依据的面积。震泽镇农村居民房屋拆迁补偿安置实施办法中规定,基准面积＝原合法建筑面积或拆迁时土地管理部门认定的新宅基地面积×70%×2。

货币化安置条件

为保障转换进城农户"居者有其屋",原则上要求农户选择产权调换安置方式,即实行城镇公寓房实施安置。同时,针对部分在城镇已有住房,或急需资金到异地购房的转换进城农民,为避免他们市场化转让安置公寓房的麻烦,经其申请,由政府通过补偿定销公寓房差价的方式直接将补偿安置资金支付给他们,以便他们及早获得现金。因此,政府同意符合条件的置换进城农户可以选择货币化安置。

货币化安置的补偿包括农村房屋拆迁补偿和城镇定销公寓房的差价补偿两部分。定销公寓房差价计算公式为:(定销公寓房市场单价—定销公寓房安置基价)×安置基准面积。

选择货币化安置是有条件的。实行城乡住房置换的农户,如需申请货币化补偿申请的,申请人必须提供另有其他住房的相关证明,做出按当时镇政府批准的定销公寓房市场价格结算及放弃相关权利的书面承诺。

——引自《吴江市城乡一体化改革发展政策文件与问答》

选择政府定销公寓房[①]安置方式的,以补偿的房屋重置评估值、装修评估值、附属物残值、辅助补贴、区位补偿、按时拆迁奖励补贴的总额和所购买的定销公寓房价值的总额,结算差价,多退少补。选择定销公寓房安置方式的,以基准面积,即原合法建筑面积作为安置面积的依据。安置面积在基准面积内的,按安置基价结算;超过基准面积20平方米以内按优惠价结算,超过20平方米以上的部分按市场价结算。安置面积不足基准面积的部分,给予拆迁人800元/平方米的定销公寓房差价补贴。

---

① 政府定销公寓房是指政府将集体建设的城镇安置公寓房定向销售给动拆迁农户或申请城乡住房置换的农户。定销公寓房的基价为拆迁时安置房屋的重置等级单价加上区位补偿单价。

　　除上述一般安置政策外,《震泽镇农村居民房屋拆迁补偿安置实施办法》还对困难和弱势群体另有专门安置条款。如:"安置时基准面积少于75平方米且仅有一处住房的,被拆迁人选择定销公寓房安置的,可享受75平方米安置基价购房";"被拆迁人仅有一处住房且获得住房补偿款低于最小户定销公寓房(55平方米)总基价的,拆迁人应按照该总基价对被拆迁人予以补偿";"户口在拆迁区域,60周岁以上无子女老人,经民政部门确认具备'五保户'条件,无能力购房的,经本人申请,原房屋补偿重置评估价后,由政府给予妥善安置或由拆迁人提供不大于60平方米公寓供其居住使用,居住人去世后由拆迁人收回"。

　　此外,对全镇范围内符合相关宅基地管理规定的分户条件,并需出宅单独立户的农户,即"分户出宅户",采取"以权换房"的办法进行安置,即以分出农户的农村宅基地安置权置换政府的定销公寓房安置权。安置面积按人均40平方米计算,独生子女按2人计算,但安置基准面积最大不超过160平方米。

　　对"自愿进城户",即在本镇范围内拥有农村合法住宅又自愿全家离开农村在镇区居住的农户,经申请批准可采取"以房换房"的办法进行置换。享受政府公寓房安置,按政府定销价购买。但只补偿房屋重置评估值、装修评估值、附属物残值和辅助补贴四项,不做房屋的区位补偿和按时签协搬迁奖励。

城乡住房置换程序

　　城乡住房置换实行属地运作管理制度,农户只能在其所在镇(区)申请城乡住房置换。其具体程序如下:

　　(1)申请。村民向村民委员会提出自愿永久放弃农村宅基地、置换城镇安置公寓房或货币的申请。

　　(2)审批。经村民委员会审核,报镇级政府统一审批。

　　(3)评估。经审批同意后,由镇(区)政府组建的负责城乡一体化建设的公司委托具有法律资质的评估单位,对提出申请的村民的农村住房、非住宅房屋和附属物实行统一评估。评估后经村民签字确认。

(4) 公示。村民住房经评估确认后,进行张榜公示。

(5) 签约。由村民与负责城乡一体化建设的公司签订置换协议,签约后同时由负责城乡一体化建设的公司代为收回原宅基地土地使用证等相关证件。

(6) 选房或资金兑现。由镇负责城乡一体化建设的公司组织已签约村民进行统一选房。对选择货币化安置的农户按签约确定的置换标准进行现金兑付。

(7) 腾房。村民在拿到安置公寓房钥匙后或货币置换资金后,必须按确定的时限腾空旧房、交出钥匙。

(8) 注销。由村民委员会根据镇负责城乡一体化建设的公司签订的置换协议,统一向镇级政府申报,经审核上报市政府批准收回原宅基地使用权证,并依法注销其原集体土地使用证。

——引自《吴江市城乡一体化改革发展政策文件与问答》

三、征地补偿款的分配

征地补偿款分为两块计算:一是按征地面积进行现金补偿。现金补偿标准为按征地面积计算每亩 18 000 元(不含赔青),其中的70%,即每亩 12 600 元直接发放给被征地农户;30%(每亩 5 400 元)作为村集体公益事业配套发展资金留村集体使用。二是按人口计算。由市级土地换保障基金,以每人 20 000 元划入城保基金,折算相应"城保"缴费年限(8.5 年),并按规定建立"城保"个人账户。此外,对于放弃农村宅基地入住城镇公寓房的农户,再由动迁地政府按每人 15 000 元划入城保基金,折算相应"城保"缴费年限(6.5 年)。换言之,放弃农村承包地和宅基地的"双失型"农民,由地方财政配套每人35 000元城镇职工保险金,折算为15年"城保"缴费年限,达到退休年龄便可按月领取最基本档次的城镇职工退休金,按2012年的标准每月不低于600元(详见第8章"社会保障"相关内容)。

在新乐新村进行拆迁样本农户问卷调查的过程中我们了解到,新乐新村的居民在被拆迁的同时,原家庭承包的集体土地也同时被征用。承包土地为村民小组集体所有,征地补偿款也以村民小组为单位自行分配。由于各村民小组人均拥有耕地面积不同,征地补偿款人均分配额也不一样。新乐20组的一位样本农户表示:"征地补偿款不按实际家庭承包面积分,而是按人口分,户口不在本组者没有";另一位样本农户表示,他们村民小组"征地补偿款按户籍人口、和家庭承包土地两项因素各半计算,每亩补偿了1.2万元";双阳11组的一位样本农户表述最为详细,该村"征地补偿款的分配方式主要有三种:一是按人头分,某村民小组不论年龄大小,只要是户口在本组的,人均3万元;二是按土地承包证(俗称'绿卡')上的面积分,每亩1.26万元;三是50%按承包面积分,50%按人头分",该农户所在双阳11组"征地补偿费按绿卡(土地承包证)面积分配,每亩1.26万元"。

四、农户拆迁工程的实施

根据《震泽镇农村居民房屋拆迁补偿安置实施办法》规定,房屋拆迁补偿安置所涉及的评估、测绘、动迁、房屋拆除的具体工作,一律委托具备相应资格(资质),并经市行政主管部门核准的单位实施。

震泽镇城投公司是代表震泽镇政府进行城乡土地增减挂钩项目的运作主体,项目实施内容包括前述的宣传发动、规划确立建设区和拆旧区、筹措建设资金、征地、拆迁、安置房及配套设施工程建设、土地整地归还用地指标等系列任务。但城投公司并不具体介入操作层面。如被拆迁农户的房屋重置评估、装修评估、附属物残值和辅助补贴额的评估,是委托评估公司具体实施的。而评估公司则依据《震泽镇农村居民房屋拆迁补偿安置实施办法》的相关规定进行评估工作。

表 3-6　震泽镇动迁实施项目招投标备案表

项目名称	拆迁公司	自然村庄	农户/户	剩余/户	取得工程方式	劳务费标准	评估公司	取得工程	劳务费标准
新乐新村一期	建安公司	姚家浜南	18	3	差额抓阄	按评估面积每平方米35元计算	信谊评估	差额抓阄	按评估总值0.8%计算
	钟山公司	阳光北	9	0					
		塔影桥	20	2					
	安达公司	王家浜	10	3					
		小圩里	25	11					
	盛源公司	姚家浜北	18	14					

资料来源:震泽镇政府。

　　项目区农户房屋的拆迁,则是同时委托数家拆迁公司通过工程承包方式完成的。拆迁公司与评估公司共同协作完成对农户住房的房屋重置评估值、装修评估值、附属物残值和辅助补贴额、区位补偿和按时拆迁奖励补贴额的评估和农户总补贴额的计算。拆迁公司同时还负责农户安置房款的结算工作,对农户拆迁补偿总额与购置公寓房款总额进行差额结算。

表 3-7　震泽镇新乐新村二期拆迁安置结算表

户主姓名	安置住房			安置车库			合计房款/元	拆迁公司
	编号	面积/m²	房款/元	编号	面积/m²	车库款/元		
沈卫忠	27#504	121.71	196 562	自23	13.54	10 832	207 394	安达
周杏宝	27#401	133.75	238 743				238 743	安达
	24#302	144.93	253 772	汽4	20.69	41 380	295 152	安达
周玲风	28#202	133.75	22 0554	自17	17.57	14 056	234 610	盛源
倪金泉	26#201	133.75	214 000				214 000	盛源
沈永泉	27#502	133.75	216 006	汽5	29.78	59 560	275 566	鼎通
张新荣	26#404	121.71	217 252	汽11	28.29	56 580	273 832	鼎通

（续表）

户主姓名	安置住房			安置车库			合计房款/元	拆迁公司
	编号	面积/m²	房款/元	编号	面积/m²	车库款/元		
范菊芳	27♯303	133.75	234 196	汽12	26.8	53 600	287 796	安达
	27♯503	133.75	216 006				216 006	安达
陈海明	26♯301	133.75	234 196	汽1	28.29	56 580	290 776	安达
	26♯401	133.75	238 743				238 743	安达
朱福其	25♯304	121.71	213 114				213 114	建安
	21♯201	144.93	242 299	汽7	35	70 000	312 299	建安
洪福奎	20♯503	133.75	216 006	汽11	28.29	56 580	272 586	建安
	22♯506	105.41	170 237				170 237	建安

注：本表是从镇政府提供的新乐二期 73 个拆迁户结算表中随机抽取的 10 组资料。

第四节　拆迁户问卷调查资料分析

调查问卷专门针对拆迁农户设计了一组问题，内容主要包括：旧房拆迁、新房安置、拆迁补偿、拆迁对生产、劳动力利用和家庭收入的影响，拆迁对家庭生活方面的影响等几方面。随机调查的拆迁安置农户样本共 53 户。

一、拆迁农户基本情况

（一）家庭人口规模

问卷调查结果显示，53 个样本农户家庭人口规模均在 2～8 口人之间，其中 5 口之家比例最大，共 17 户，占 32.1%；其次是 3 口之家，共 15 户，占 28.3%；6 口以上的大家庭共 8 户，占 15.1%，其中 7人户、8 人户各有 1 户（详见表 3-8）。

表 3-8 拆迁农户家庭人口规模分布

家庭人口	农户数	百分比	有效百分比	累积百分比
2	5	9.4	9.4	9.4
3	15	28.3	28.3	37.7
4	8	15.1	15.1	52.8
5	17	32.1	32.1	84.9
6 以上	8	15.1	15.1	100.0
合计	53	100.0	100.0	

(二)被拆旧房情况

53 个拆迁样本农户原有旧房都已被拆除。应答的 50 个样本农户被拆除旧房按建筑类型分为:平房 12 户,占 24%;老式楼房 37户,占 74%;新式别墅仅 1 户,占 2%。

按旧房建设年份统计,被拆除旧房绝大多数建于上世纪八九十年代,应答 49 个样本农户具体分布:1980 年前建的 6 户,占 12.2%;1981—1990 年之间建的 18 户,占 36.7%;1991—2000 年之间建的21 户,占 42.9%;2001 年后建成的 4 户,占 8.2%(见表 3-9)。

按旧房建设面积统计,旧房建筑面积在 100 平方米以下者 7 户,占 13.2%,旧房建筑面积在 101~200 平方米之间的有 11 户,占20.8%,旧房建筑面积在 201~300 平方米之间的有 26 户,占 49.1%,建筑面积在 301 平方米以上的 5 户,占 9.4%,未应答者 4 户。

表 3-9 样本拆迁农户旧房建设年份分布

建房年份	农户数	百分比	有效百分比	累积百分比
1980 年前	6	11.3	12.2	12.2
1981—1990 年	18	34.0	36.7	48.9
1991—2000 年	21	39.6	42.9	91.8
2001 年后	4	7.5	8.2	100.0
未应答	4	7.5		
合计	53	100.0	100.0	

（三）旧房建房投入与重置估价

按旧房建房投入费用统计,建房投入费用在 1 万元以内的有 12 户,占 22.6%;投入费用在 1.1 万元~5 万元之间和 5.1 万元~10 万元之间的各有 14 户,各占 26.4%;投入费用在 10.1 万元~15 万元之间的有 3 户,占 5.7%;投入费用 15 万元以上者有 5 户,占 9.4%;另有 5 户未应答。

拆迁样本农户对其自家拆迁旧房的重置估价情况如下:旧房重置估价在 5 万元以下的农户有 5 户,占 10.6%;重置估价在 5 万元~10 万元之间的有 6 户,占 12.8%;重置估价在 10 万元~20 万元之间的有 20 户,占 42.6%;重置估价在 20 万元~30 万元之间的占 14.9%;估价 30 万元以上的占 19.1%;6 户未应答(详见表 3-10)。

表 3-10　拆迁农户对拆迁旧房的重置估价

按估价分组	农户数	百分比	有效百分比	累积百分比
5 万以下	5	9.4	10.6	10.6
5.1 万元~10 万元	6	11.3	12.8	23.4
10.1 万元~20 万元	20	37.7	42.6	66.0
20.1 万元~30 万元	7	13.2	14.9	80.9
30 万元以上	9	17.0	19.1	100.0
未应答	6	11.3		
合计	53	100.0	100.0	

二、拆迁农户的安置

虽然拆迁安置政策上有货币安置和安置房安置两种选择,但由于我们的抽样调查是在拆迁农户集中居住区内进行的,所以全部样本户均为安置房安置,没有货币安置的情况。下面主要考察农户安置时间、安置套数、安置面积与原住房面积的比较。

（一）安置时间与套数

拆迁农户新房安置情况如何呢? 样本农户安置时间从 2008 年

开始,迁入新居时间主要在 2009—2010 年间。2008 年迁入新居的农户共 3 户,占 5.7%;2009 年迁入新居农户 26 户,占 49.1%;2010 年迁入新居的 19 户,占 35.9%;2011 和 2012 年迁入新居的分别有 4 户和 1 户。

2008 年迁入新居的 3 户共获得安置房 5 套,其中 1 户得 1 套,另 2 户各得 2 套;2009 年迁入新居的 26 户共获得安置房 39 套,其中 50% 的家庭获得 1 套,另一半家庭各获得 2 套(详见表 3-11)。总体而言,53 个拆迁样本户共获得安置房 80 套,户均近 1.51 套。对照镇政府提供的新乐一、二期全体拆迁农户分户结算资料,新乐一期 202 套安置房,共安置农户 155 户,户均获得安置房 1.30 套;新乐二期合计 107 套安置房,安置农户 73 户,户均得房 1.47 套。由此可见,由于房产市场商品房价格的快速上涨,后来的拆迁农户更倾向于选择安置房安置,而非货币安置。

表 3-11　被调查农户迁入新居时间及新房安置情况

迁入新居时间/年	新房安置套数分组			被调查农户合计	安置新房套数合计
	1 套/户	2 套/户	3 套/户		
2008	1	2	0	3	5
2009	13	13	0	26	39
2010	11	7	1	19	28
2011	2	2	0	4	6
2012	0	1	0	1	2
合计	27	25	1	53	80

（二）拆迁前后住房面积变化

从安置农户获得新房总面积来看,在 53 个拆迁样本农户中,得房总面积在 100 平方米以下的有 2 户,占 3.8%;总面积在 101～150 平方米之间的共 25 户,占 47.2%;总面积在 151～200 平方米之间的有 7 户,占 13.2%;得房总面积在 201 平方米以上的 19 户,占

35.3%。总面积在 150 平方米以内,合计 27 户,这与表 3-11 获得 1 套安置房的农户数正好吻合。而总面积在 150 平方米以上的 26 户中,25 户为 2 套安置房户,1 户为 3 套房。

从安置农户获得新房的人均面积来看,人均面积在 40 平方米以下的共 24 户,占比 45.3%;人均面积在 41~60 平方米之间的农户共 19 户,占比 35.8%;人均面积在 61~80 平方米之间和 81 平方米以上的分别有 6 户和 4 户,分别占 11.3% 和 7.5%。

拆迁前后农户住房面积变化情况究竟如何呢?农户拆迁前后住房面积的对比结果表明,36% 的拆迁户住房面积下降;14% 的农户增加面积在 10 平方米以内,即拆迁前后住房面积基本持平;50% 的农户拆迁后面积有较大幅度增加,其中 20% 农户增加面积在 10~50 平方米之间;14% 的农户增加面积在 50.1~100 平方米之间,16% 的农户拆迁后新增加住房面积超过 100 平方米。换言之,农户拆迁后,64% 的农户住房面积有不同程度的增加(见表 3-12)。

表 3-12　拆迁前后住房面积变化情况(新房面积-旧房面积)

新、旧房面积差	农户数	百分比	有效百分比	累积百分比
-200 平方米以上	4	7.5	8.0	8.0
-199~ -0.1 平方米	14	26.4	28.0	36.0
0~10 平方米	7	13.2	14.0	50.0
10.1~50 平方米	10	18.9	20.0	70.0
50.1~100 平方米	7	13.2	14.0	84.0
100.1~200 平方米	8	15.1	16.0	100.0
未应答	3	5.7		
合计	53	100.0	100.0	

（三）农户新房装修投入

对拆迁农户新房装修费用调查资料的统计分析显示,应答的 49 个农户投入新房装修费用合计 721.5 万元,平均每户投入新房装修 14.72 万元,装修费用投入最少为 3 万元,投入最多为 33 万元,标准差 0.988 8 万元。新房装修投入在 10 万元~20 万元之间的农户所占比例最高,共有 21 户,占比 42.9%;其次是装修投入在 5 万元~10 万元之间的,共有 18 户,占比 36.7%(详见表 3-13)。

表 3-13 拆迁农户新房装修投入

按投入分组	农户数	百分比	有效百分比	累积百分比
5 万以下	3	5.7	6.1	6.1
5.1 万元~10 万元	18	34.0	36.7	42.8
10.1 万元~20 万元	21	39.6	42.9	85.7
20.1 万元以上	7	13.2	14.3	100.0
未应答	4	7.5		
合计	53	100.0	100.0	

三、拆迁农户的补偿

对农户拆迁补偿调查资料的统计分析显示,应答的 49 个农户合计获得拆迁补偿款 2 402 万元,平均每户获得补偿款 49.02 万元,补偿最少的农户补偿额为 4 万元,补偿最多的农户补偿额为 120 万元,标准差 3.2 万元。补偿额在 45 万元~60 万元之间的农户最多,共有 17 户,占比 34.7%;其次为补偿额在 30 万元~45 万元之间的,共有 13 户,占比 26.5%;补偿额在 10 万元以下的样本农户占 6.1%;补偿额在 10 万元~30 万元之间的样本农户占 12.3%;补偿额为 60 万元~80 万元之间的农户占 16.3%;补偿 80 万元以上的农户占 4.1%(详见表 3-14)。

表 3-14 样本农户拆迁补偿金额

补偿额分组	农户数	百分比	有效百分比	累积百分比
10 万元以下	3	5.7	6.1	6.1
10.1~30 万元	6	11.3	12.3	18.4
30.1~45 万元	13	24.5	26.5	44.9

(续表)

补偿额分组	农户数	百分比	有效百分比	累积百分比
45.1~60 万元	17	32.1	34.7	79.6
60.1~80 万元	8	15.1	16.3	95.9
80.1 万元以上	2	3.8	4.1	100.0
未应答	4	7.5		
合计	53	100.0	100.0	

　　将农户获得的拆迁补偿金额与农户自己对原有旧房重置评估价值进行对比,结果显示,在应答的 45 个样本农户中,仅 4 户,也即占 8.8%的拆迁农户的补偿金额小于其旧房的重置评估价值,其中差额在 50 万元以上和差额在 1 万元~10 万元之间的各有 2 户;其余 43 户,也即占 92%的拆迁农户获得的补偿款大于其旧房重置评估价,其中拆迁补偿额超过旧房重置评估价值 10 万元以内的占 6.7%,补偿金额超过旧房重置评估值 10 万元~20 万元之间的占 24.5%,补偿金额超过旧房评估值 20 万元~40 万元之间的占 37.8%,补偿金额超过旧房评估值 40 万元以上的占 22.2%(详见表 3-15)。

表 3-15　拆迁补偿款与旧房重置评估价值比较

补偿款一重置价	农户数	百分比	有效百分比	累积百分比
-50 万元以上	2	3.8	4.4	4.4
-10~-0.1 万元	2	3.8	4.4	8.8
0~10 万元	3	5.7	6.7	15.5
10.1~20 万元	11	20.8	24.5	40.0
20.1~40 万元	17	32.1	37.8	77.8
40.1 万元以上	10	18.9	22.2	100.0
未应答	8	15.1		
合计	53	100.0	100.0	

四、拆迁对生产、劳动利用率及收入的影响

　　拆迁和集中居住对拆迁农户的生产与家庭收入究竟有怎样的影

响呢? 问卷调查分别通过对拆迁前后农户生产的方便程度的变化、劳动力利用率的变化和家庭收入产生的变化三项定性指标加以考察。

（一）生产方便程度变化评估

问卷调查资料汇总结果表明,表示拆迁后生产方便程度"大大改善"的农户占比 32.7％,表示拆迁后生产方便程度"稍有改善"的农户占比 30.8％,两者合计占比高达 63.5％。笔者分析认为,这是由于拆迁农户已不再从事农业生产,而集中居住区临近集镇,更方便其从事非农业生产活动。此外,认为拆迁前后生产方便程度"没有变化"的农户占比 15.4％,认为"比拆迁前稍差"的农户占比 19.2％,认为"比拆迁前差很多"的农户仅有 1 户(详见表 3-16)。

表 3-16 样本农户对拆迁前后生产方便程度变化评估

选项	农户数	百分比	有效百分比	累积百分比
大大改善	17	32.1	32.7	32.7
稍有改善	16	30.2	30.8	63.5
没有变化	8	15.1	15.4	78.8
比以前稍差	10	18.9	19.2	98.1
比以前差很多	1	1.9	1.9	100.0
未应答	1	1.9		
有效总数	52	98.1	100.0	
总数	53	100.0		

（二）拆迁对劳动力利用率的影响

问卷调查资料汇总结果表明,没有农户认为拆迁后劳动力利用率"显著提高",认为拆迁后劳动力利用率"稍有提高"的占 3.9％,而占应答样本总数 62.7％的农户都认为拆迁对劳动力利用率"没有影响"。总之,认为劳动力利用率下降的农户所占比例还是大大高于认为劳动力利用率提高的农户比例,认为劳动力利用率"稍有下降"的农户占比 21.6％,认为劳动力利用率"明显下降"的农户占比

11.8%,两者合计占比 33.4%（详见表 3-17）。

表 3-17　拆迁对样本农户劳力利用率的影响

选项	农户数	百分比	有效百分比	累积百分比
稍有提高	2	3.8	3.9	3.9
没有影响	32	60.4	62.7	66.7
稍有下降	11	20.8	21.6	88.2
明显下降	6	11.3	11.8	100.0
未应答	2	3.8		
有效总数	51	96.2	100.0	
总数	53	100.0		

（三）拆迁对家庭收入的影响

问卷调查资料汇总结果表明,25 个样本农户,即 48.1% 的样本农户认为拆迁对家庭收入"没影响";2 个样本农户,即 3.8% 的样本农户认为拆迁对家庭收入的影响是正面的,也就是说家庭收入"提高了";而 17 个样本农户,即 32.7% 的样本农户认为拆迁对家庭收入的影响是负面的,相当于家庭收入"下降了";8 个样本农户,即 15.4% 的农户对此问题的选项是"说不清楚";另有 1 户未应答。

进一步的数据分析表明,在回答拆迁对家庭收入产生负面影响,也即家庭收入下降的 17 个样本农户中,认为拆迁而导致家庭收入下降 10% 和下降 45% 的各有 1 户,各占 5.9%;认为家庭收入下降 15% 的 4 户,占比 23.5%;家庭收入下降 20% 的 2 户,占比 11.8%;收入下降 30% 的 6 户,占比 35.3%;家庭收入下降 50% 的 3 户,占比 17.6%(详见表 3-18)。

表 3-18　拆迁对样本农户家庭收入影响　　　　　（单位:户）

影响类型	家庭收入提高或下降/%							合计
	10	15	20	30	45	50	300	
提高	0	0	1	0	0	0	1	2
下降	1	4	2	6	1	3	0	17
合计	1	4	3	6	1	3	1	19

五、拆迁对家庭生活的影响

拆迁和集中居住对农户家庭生活的影响究竟如何呢？问卷主要通过样本农户拆迁前后对生活方便程度、居住条件、居住环境、生活成本四个方面指标的变化评估来加以考察。

（一）生活成本

关于生活成本，问卷设计的问题是："与原来相比，迁到新居对生活成本有怎样的影响？"问卷调查资料汇总结果表明，在应答的 51 个样本农户中，8 个样本农户表示"没变化"，占比 15.7％；42 个样本农户认为生活成本"提高了"，占比 82.4％；"说不清楚"的农户占比 2.0％。没有一个农户认为拆迁后生活成本是下降的（见表 3-19）。

进一步分析表明，在 42 个生活成本提高的样本农户中，10 户生活成本提高幅度在 20％以下，占比 23.8％；20 户生活成本提高幅度在 20％～50％之间，占比 47.6％；7 户生活成本提高幅度在 50％～100％之间，占比 16.7％；生活成本提高幅度在 100％以上的有 5 户，占 11.9％。

表 3-19　拆迁对样本农户生活成本影响

选项	农户数	百分比	有效百分比	累积百分比
没变化	8	15.1	15.7	15.7
提高了	42	79.2	82.4	98.0
下降了	0	0	0	98.0
说不清楚	1	1.9	2.0	100.0
未应答	2	3.8		
有效总数	51	96.2	100.0	
总数	53	100.0		

（二）居住条件

问卷调查资料汇总结果表明，就拆迁前后居住条件而言，28.3％的样本农户认为拆迁后的居住条件"大大改善"，34.0％的样本农户认为居住条件"稍有改善"，13.2％的样本农户认为居住条件"没有变化",20.8%的农户认为居住条件"比以前稍差些",另有3.8%的样本农户认为拆迁后的居住条件"比以前差了很多"(详见表3-20)。

（三）居住环境

就拆迁前后居住环境而言,22.6%的样本农户认为拆迁后的居住环境"大大改善",43.4%的样本农户认为居住环境"稍有改善",9.4%的样本农户认为居住环境"没有变化",同时有20.8%的农户认为居住环境"比以前稍差些",也有3.8%的样本农户认为拆迁后的居住环境"比以前差了很多"。

（四）生活方便程度

就拆迁前后生活方便程度而言,24.5%的样本农户认为拆迁后生活的方便程度"大大改善",43.4%的样本农户认为拆迁后生活方便程度"稍有改善",也有9.4%的样本农户认为拆迁前后生活方便程度"没有变化",此外有18.9%的农户认为生活方便程度"比以前稍差些",同样有3.8%的样本农户认为拆迁后的居住周边环境"比以前差了很多"。

表3-20　拆迁前后样本农户居住条件、环境、生活方便程度比较

指标	居住条件		居住环境		生活方便程度	
	农户数	百分比	农户数	百分比	农户数	百分比
大大改善	15	28.3	12	22.6	13	24.5
稍有改善	18	34.0	23	43.4	23	43.4
没有变化	7	13.2	5	9.4	5	9.4
比以前稍差	11	20.8	11	20.8	10	18.9
比以前差很多	2	3.8	2	3.8	2	3.8
合计	53	100.0	53	100.0	53	100.0

第五节　探讨:农村新社区建设与管理

在农村传统的自然村落和农户分散居住的情况下,维系农户与

行政村组织之间的关系,主要通过经济上和政治上的沟通,如承包集体土地、上交用于行政村范围内公益事业建设的"一事一议"筹资筹劳款、参与村民委员会换届选举等。而如今,在农户与农村新型社区管理组织之间,上述维系二者关系的纽带,有些依然如故,有些已不完整,还有些已不复存在。但不论哪种类型的农村新型社区,都新增了一项重要的社区管理职能。对农村基层自治组织来说,这是一项全新的、存在巨大挑战的工作,也遇到了许多前所未有的困难和问题。作为理论探讨,本节所述及内容不局限于震泽镇的情况,反映的是现今各地区较有代表性的问题。

一、管理体制不顺,"管不着"与"不服管"并存

在征地拆迁安置形成的大型农村新社区里,居民跨区域居住、与原基层自治组织空间上分离的现象十分普遍。由于集中居住的村民仍要在原村进行选举、获得集体资产分红、享受相关福利待遇等,因此他们与原村的关系很难割断,心理归属也倾向于原行政村,户籍关系也留在原行政村。理论上新社区管委会与原行政村对社区居民实行双重管理,但两者管理职能上难以有效整合,双方的责、权、利难以协调统一。原居住地村委会往往因"跨界"管理不方便而"管不着"。新社区村委会则因不是本村的村民,管理起来总觉得名不正、言不顺,加之集中居住的村民又觉得居住地村委会不会给自己什么利益,往往也"不服管"。还有部分在集镇购房定居的村民则出现"无人管"的状况。

二、拆迁安置政策前后不一,居民长期积怨影响安定

那些大型征地拆迁安置新社区,通常是边拆迁、边建设,居民拆迁工程也是分期、分批进行的。常见的情况是,拆迁安置和补偿政策缺少连贯性,随着时间的推移,拆迁安置和补偿政策越来越优惠,这使早期拆迁的居民十分不满。有些居民积怨颇深,拆迁过程中的矛

盾自然便带到新社区。也有些积怨产生的根源，纯粹是由于拆迁农户自身对安置方式选择上的"失误"导致的后期利益损失。如近几年房价的快速上涨，使得当初本可拿两套房，但最终选择只拿 1 套房，另 1 套安置指标实行货币安置的居民，现在感觉吃了大亏。笔者在新乐新村进行问卷调查的过程中便曾遇见这类农户。总之，拆迁安置政策缺少连贯性等因素，导致的新社区干群关系"先天不足"，给新社区管理者的日常工作及和谐社区建设带来很大的麻烦和阻力。

三、社区建设标准低、质量差、维修难

总体而言，目前农村拆迁安置新社区的房屋质量远不如商品房，居民意见比较大。其后遗症之一，是影响社区工作正常开展。在一些新社区，随着入住村民不断增多，大大小小的问题便接踵而至，如：地下排污管道太细导致污水经常漫溢，区间道路积水，小区照明路灯不亮，管道气长期用不上，没有公共活动场地等问题，居民对此反映强烈。此外，新社区建筑质量不高，维修压力自然就很大。而各地普遍反映的情况是农村新型社区物业维修难。维修难就难在新社区没有物业维修的经济承受能力，而申请使用物业维修基金，更是难上加难，据反映农村新型社区基本上不可能申请到物业维修基金使用权。

四、社区管理经费无着落是最大的问题

我们常见的城市居民小区，物业管理费用是由小区内全体居民共同承担的，小区物业公司每月按居民住房面积和交费标准收缴物业费，以维持小区的日常管理和维护。但这种模式在农村新型社区却行不通。无论是在苏南经济发达地区，还是在苏中、苏北农村新型社区，至今未见靠收取物业费维持社区日常运转的。在传统的农村自然村落和农户分散居住情况下，从来就没有社区物管费一说。入住新社区农户对不缴物管费有自己的理由："是政府征地拆迁赶我来的，不是我要来的，物业费该由政府掏！"震泽镇建设的新乐新村则较

好地解决了这个难题。新乐小区西侧沿街建了 18 套、建筑总面积 4 386 平方米的商用门面房,利用商铺租金作为小区管理经费的主要来源。根据镇政府提供的资料,目前已出租门面房 16 套,出租商铺总面积 3 882 平方米,合同年租金合计 35.2 万元。

五、居民对新社区归属感不强,民主管理亟待加强

调查中我们发现,部分社区存在以下两个方面的问题:一是居民对社区的归属感不强。具体表现为,居民参与社区管理的积极性不高,居民对社区的归属感不强,社区管理凝聚力不够。这一问题的产生不仅仅是由于社区居民来自不同的村组、相互间的联系沟通不密切,更多应归因于社区管理中忽视了居民的主体地位、意愿和现实需求,加之很多社区并没有满足居民的文化生活需求。二是部分社区民主选举、民主管理、村民自治不能有效落实,村干部在村委会换届选举中设流动票箱、拿钱买票的现象也不鲜见。此外,部分社区表现出较为明显的行政化色彩,社区管理干部与居民之间的关系较为疏远,居民表达利益诉求的渠道有限,导致社区民主管理和居民自治流于形式。

六、高度重视农民集中居住的负面影响

无需讳言,当前各地政府之所以对推进农民集中居住积极性很高,从中获取非农建设用地指标是最大的诱因和动力。项目的实施效果也多从正面讲:可以减少农民居住占地面积,可以克服当前一家一户小规模生产的不经济,可大面积实施平田整地建设高标准农田,有利于推广和发展现代农业,等等。然而,对于农民集中居住后产生的副作用却避而不谈或很少提及。这里试举几点。**其一,土地质量的"占补不平衡"**。从占补平衡的逻辑思维来看,占的多是城市近郊的成熟良田,补的多是整理出的宅基地、新垦地。我们在进行农户问卷调查时,就有人坦言:"几百亩土地被征用后已荒了两年多,太可惜

了"。身处基层的农业专家认为,整理出来的这类耕地需经若干年培育才能熟化成为良田。特别是有些由搬迁工厂的旧址整理出来的耕地,因土壤中存留的大量污染物而根本就不适宜作为农用地。**其二,农业规模经营的"不经济"。**我国农业生产,特别是粮食生产的经济效益不高,在计算自我雇用劳动成本的情况下,粮食生产往往是负效益。在一家一户小规模经营的情况下,农户并不去计算自我雇用劳动成本,家庭中老年劳动力得以充分利用。而实施土地集中规模经营,情况则大不同,不论以何种形式进行土地集中经营,新增的成本包括:每亩600~1 000元的土地承包经营权流转金支出;农业劳动工资支出;大规模生产所必需的新增农业机械购置支出等。规模经营的单产水平通常也不如分户经营高。财力雄厚的地区,通常以财政补贴方式维持规模经营生产方式,而财力弱的地区则只能继续分户经营。**其三,劳动成本大幅度增加。**集中居住使得农业耕作半径过大,住房到田头的距离太远,农业劳动成本大幅度增加。笔者在苏中某市调研时了解到,当地政府为缓解耕作半径过大、下田劳动路途太远的矛盾,只好给农民定期发放农业生产交通补贴,徒增地方财政负担。**其四,农户生活成本显著提高。**农民集中居住后,生活方式发生了根本的变化,没有了小菜地,养不了家禽家畜,生活上却处处要花钱,生活成本显著上升。虽然有些地方在农民集中居住区旁统一配置小块菜地,但既无家积肥使用,上楼下楼耕作也十分不便。**其五,农村环境污染增加。**传统独门独户形成的自然农庄,人畜排泄物是家前屋后菜地上好的农家肥而得以充分利用,良好的自然生态环境得以长期维持。集中居住后的情况则大大不同了,居民生活污水成了集中的污染源,环境不能自然净化和修复。尤其棘手的难题是:污水不处理,环境遭破坏,污水想处理又形不成一定处理规模且处理成本太高。**其六,地方财政或集体经济负担增加。**城市居民小区的管理一般由物业公司承担,小区环境维护和物业管理成本来自小区内居民上交的物业管理费。物业管理费通常按住房面积计征,每平方米少则 1 元左右,多则 2~3 元。但城市居民小区的管理模式在农村却行不通。农民从没有住自己的房子还要交管理费的意识,农民也交不起这笔物业费用。事实上,目前农村集中居住区的管理费,多由地方政府买单。苏南农村一些集体经济实力强的居民小区,也有由村集体买单的——社区股份合作社可分配盈余不再用于社员分配,转用作小区物业管理费,其实质上是变相减少了合作社成员的收入。其实,农民集中居住的副作用还远不止上述几点。笔者认为,消除农民集中居住对农业生产、农民生活和农村生态环境产生的负面影响,将是长期而深远的,应引起基层党委和政府决策者们的高度重视。

第四章　户籍制度

以户籍制度为主要代表的城乡二元分割体制,不但限制了城乡之间要素的自由流动,而且造成了城乡基本公共服务的显著不平等,已成为需要迫切破除的体制机制性障碍。本章立足于苏州城乡一体化实验区城乡一体化户籍制度改革的实践与探索,对吴江市震泽镇户籍制度改革的进程及现状、外来人口管理、城乡居民以及本地和外地居民户籍的福利差异性进行了全面系统的分析,并进一步指明了未来户籍改革的方向。

第一节　户籍制度改革的进程及现状

2000 年以来,吴江市震泽镇人口呈现出两大变化趋势:一是农业农村人口大幅度减少,绝大部分劳动力已转向二、三产业,并成为城镇户籍人口;二是外来人口不断增加,年均增速超过 20%。截至 2011 年底,吴江市震泽镇共有本地常住人口 6.7 万人,外来流动人口 3.2 万人,震泽镇流动人口总量已达到常住户籍人口的一半。面对外向型经济增长而带来的实有人口的大量增加,借助推进城乡发展一体化的契机,结合苏州市委、市政府户籍制度改革的实践,震泽镇积极进行城乡一体化户籍制度改革工作,多措并举实施户籍管理制度改革,优化外来流动人口服务管理,着力为促进城乡全面协调可持续发展提供配套服务,对推动城乡发展一体化进程起到了较好的成效。

总体而言,吴江市震泽镇户籍改革工作是在苏州市委、市政府户籍改革的实践和探索下展开的,震泽镇户籍改革的实践大体上主要经历了三个阶段:

1. 小城镇户籍制度改革阶段

苏州市小城镇户籍制度改革工作起步较早,1997 年昆山陆家镇就被列为全国小城镇户籍制度改革试点镇,且在 2000 年就开始在苏州全市全面实施改革。由于小城镇户口的"含金量"较低,所以其推进并没有给县、镇政府增加很大压力。在 2001 年国家出台《关于推进小城镇户籍管理制度改革的意见》时,吴江市震泽镇已基本完成户改任务,只要在乡镇有合法的住所、稳定的职业或生活来源的人员及其共同居住生活的直系亲属,均可根据个人意愿办理城镇户口。

2. 深化户籍管理制度改革阶段

2003—2005 年间,吴江市人民政府根据省政府(苏政发[2002]142 号)《批转省公安厅关于进一步深化户籍管理制度改革意见的通知》和苏州市人民政府(苏府[2003]67 号)《苏州市户籍准入登记暂行办法》的精神,相继出台了《吴江市户籍准入登记暂行办法》和《吴江市户籍准入登记办法》。这次户籍管理制度改革的最大突破,就是在于打破了城乡分割的户籍管理二元结构,吴江市震泽镇按照该暂行办法,彻底取消了农业和非农业户口性质,统称"居民户口",全面建立以居住地登记户口为基本形式、以合法固定住所和稳定职业(生活来源)为户口转入条件、与市场经济相适应的新型户籍管理制度。在该项文件中,合法固定住所是指:申请迁移人在吴江市居住房屋的产权归迁移人自身所有;稳定职业或生活来源是指:申请迁移人在本市通过合法手续获取各类工作,签订劳动合同,参加养老、医疗、工伤、失业、生育等各项社会保险,有一定生活来源且家庭人均可支配收入不低于本市平均水平。此外,本次户籍制度改革并没有剥离掉依附在户籍上的经济利益与社会福利,各级政府和政府部门在执行某些政策时依然要区分城镇户口与农村户口。

3. 加快推进户籍居民城乡一体化进程阶段

2010年,苏州市出台了《苏州市户籍居民城乡一体化户口迁移管理规定》,该规定适用地域范围除苏州市区外,还包括张家港市、常熟市、太仓市、昆山市和吴江市。该规定的目的和核心内容是:通过加快推进户籍制度改革,降低本市户籍居民户口迁移门槛,简化手续;彻底避免依附在户籍制度上的城乡居民待遇不均等,实现城乡居民在政治、经济、文化等方面的一体化,着力破解城乡户籍二元结构发展难题,调动农民进城进镇落户积极性,推进城乡一体化,提高城镇化率。主要内容:一是在大市范围内出台以合法固定住所为依据的新型户籍登记管理制度,今后在大市范围内户口迁移不再受房屋产权年限、本地就业、参保等其他条件限制,降低了准入门槛。二是统一苏州各县市人口信息"全程通"系统,在技术上实现苏州市居民户口"一站式"迁移。三是出台配套政策,在各县市原有户籍准入办法的基础上,实行大市范围统一的户籍准入登记办法,全面实现大市范围内以合法固定住所为依据的居民户口自由迁移,消除人们心目中的城乡户籍差别概念。四是进一步强化服务管理措施,简化户口受理审批程序,取消了以往户籍迁移所需要的《户口迁移证》和《准予迁入证明》,户口的受理审批实行"一站式"服务。能够享受到该项户籍改制制度优惠政策的仅限于苏州大市范围内居民,而对于外来务工人员而言,其落户条件仍以《吴江市户籍准入登记办法》中的相关规定为准。

第二节　外来流动人口服务管理

随着城市化进程的加快和私营、民营企业的蓬勃发展,吴江市震泽镇外来流动人口总量剧增。据相关部门测算,2011年底震泽镇外来流动人口总规模达到了 3.2 万人,外来流动人口已成为震泽镇经济社会发展中不可或缺、不可忽略的重要力量。因此,优化外来流动人口服务管理,在户籍制度上争取较大的突破以加快外来流动人口的本地社会化融合,将会对全镇的经济社会发展产生深远的影响。吴江市震泽镇积极创新流动人口管理,探索推行居住证制度,逐步形成了一套行之有效的外来流动人口管理服务工作体系。

1. 创新流动人口管理机制,破解人口管理服务工作难题

经过近十年的不断探索,吴江市震泽镇外来流动人口服务管理工作逐步形成了"党政统一领导、综治牵头协调、公安机关主抓、各部门齐抓共管"的良好运行机制。机制内容:一是积极运用信息化手段,实现了外来流动人口信息的社会化收集;二是全方位推进集宿区规范化建设和出租屋管理的法制化进程。2011 年底全镇集宿区管理人口为 2.08 万人,占全部已登记外来流动人口的 65%,且 59.2%以上的外来务工人员都在企业的宿舍居住,同时私人出租屋基本都与外来流动人口签订了责任书。

2. 积极探索推行居住证制度

居住证制度是户籍制度改革的内容之一,上海、重庆、浙江和广东等地的实践证明,居住证制度作为创新外来流动人口管理的重要抓手具有显著的成效。基于此,2011 年 4 月苏州市出台了《苏州市居住证管理暂行办法》和《苏州市实施居住证制度的工作方案》(讨论稿),初步形成了居住证制度整体框架。建立居住证制度并取代暂住证制度,最核心的意义是加强和改进流动人口服务管理工作,促进流动人口融入当地社会。该办法规定,居住证根据发放对象的拟居住期限和年龄两个条件,分为居住证和短期居住证。具体而言,拟在苏州居住 1 个月以上,年满 16 周岁的非本市户籍人员,可以申领居住证或短期居住证。其中,对拟居住在苏州半年以下的流动人口发放短期居住证;对拟在苏州居住半年以上的流动人口发放居住证。比较而言,居住证制度较暂住证制度具备两个方面的优势:一是居住证

可以全省通用,即外来人口在苏州领取居住证后在全省范围内流动均不需要再行更换,相比于之前暂住证制度规定流动人口每到一个城市都必须更换,居住证制度免去了离开苏州就要换证的麻烦,从而更加便于流动人口在不同城市工作和生活。二是居住证制度可以使外来人口更加方便快捷地享受各项公共服务,并使其在劳动就业、子女入学、社会医疗等公共服务方面获得更好的待遇,而且未来持居住证的流动人口与户籍人口在待遇上的差距也将逐步缩小。同时,居住证还能把为外来流动人口提供的劳动、入学、就业、医疗等社会权益纳入其中,并实现在江苏省范围内通用。可以说居住证制度实现了公安行政管理、政府业务增效、综合分析导向和流动人口服务功能的统一,成为外来流动人口的管理引擎。

自居住证制度实施后,截至 2011 年底,震泽镇全镇绝大部分外来流动人口办理了居住证,其余外来流动人口在 2012 年 6 月底前都能顺利办理居住证。总体来看,吴江市震泽镇推行的居住证制度进一步淡化了户籍观念,提升了外来流动人口的居民待遇,保障其在社会保险、子女入学、医疗、计划生育等方面享有更多的权益,有效地增进了外来流动人口对本镇的认同感和归属感,并降低了居住证持有者申请户籍迁入本镇的门槛。

第三节　户籍的福利差异性

户籍本源属于统计学范畴,是一项用以记载和反映住户人口基本信息的登记制度。然而,由于我国的户籍制度框架被附加了过多的权利,一本户口本上维系着城乡居民之间的诸多不平等,已演化为一种身份的标志,并成为城乡二元分割体制的主要表现形式。基于此,本节对吴江市震泽镇城乡居民以及本地和外地居民在教育、社会保障和就业等方面的福利进行了比较分析,以全面反映当前城乡居民以及本地和外地居民户籍的福利差异性。

一、城乡居民户籍的福利差异性

得益于乡镇企业的不断发展壮大,吴江市震泽镇很早就具备了采取"以工促农、以城带乡"的措施来协调工农和城乡关系的基础条件,在一定程度上打破了传统的二元结构,不仅保证了一、二、三产业的协调发展,也改善了农民的生产、生活条件和质量,降低了城乡居民在户籍上的福利差异性。

为了考察当前户籍对震泽镇城乡居民福利的影响,我们在问卷调研中设计了"农村户籍对您或者您子女教育的影响程度如何"和"农村户籍对您或您子女就业的影响程度如何"等问题。据本次调查的资料显示(如表4-1所示),绝大部分被调查者都认为农村户籍对自身或子女教育的已经"没有影响",这一比例高达68.9%;如果再加上那些认为农村户籍对自身或子女的教育"有影响但不大"的样本,那么认为城乡居民在教育上能够享受到基本相当福利的农户比例达到了87.9%。可见,对于经济发达的苏南地区而言,城乡居民基本上都能获得较为公平的教育。

表4-1 农村户籍对教育的影响程度

	样本数	占调查农户比例/%
非常大影响	2	1.9
有影响但不大	17	16.0
没有影响	73	68.9
不清楚	4	3.8
缺失	10	9.4
合计	106	100.0

吴江市在推进城乡发展一体化进程中,非常注重城乡教育一体化建设。2011年,吴江市委、市政府出台了《关于加快实现城乡教育一体化现代化》,实施"以县为主"管理体制,明确市政府对区域内学

校城乡统一管理体制、统一规划布局、统一办学标准、统一办学经费、统一教师配置、统一办学水平等责任,实现城乡学校校园环境一样美、教学设施一样全、公用经费一样多、教师素质一样好、管理水平一样高、学生个性一样得到弘扬。此外,震泽镇规定每年 15% ～20% 的镇区教师都要到镇域的村学校交流任教。这些措施显著提升了城乡居民在教育资源和质量上的普惠公平程度,削弱了由于户籍原因而导致的城乡教育资源的巨大差异性。

在"农村户籍对您或您子女就业的影响程度如何"的问题上,本调查问卷得出了与户籍对教育影响基本类似的结论,即绝大部分受访者都认为当前农村户籍对自身或子女就业的影响不显著。从具体的数据来看,72.6%的居民认为农村户籍对自身或子女的就业"没有任何影响",15.1%的居民认为农村户籍对就业问题"有影响但不大",仅有0.9%的居民认为农村户籍对就业会产生"较大影响"。之所以绝大多数居民都认为农村户籍已不会对就业产生实质性影响,不仅仅是因为民营经济比较发达,更重要的是震泽镇已初步实现了城乡统筹就业。目前,震泽镇域内23个村都已配备专门的劳动保障专职协调员,并建立了劳动保障站,用于落实、宣传就业优惠政策,承担收集失业人员信息的统计工作,并通过网络、手机等电子信息传递手段将统一的就业信息发送给待就业人员,免费为农村居民提供就业岗位信息。

表 4-2   农村户籍对就业的影响程度

	样本数	占调查农户比例/%
非常大影响	1	0.9
有影响但不大	16	15.1
没有影响	77	72.6
不清楚	5	4.7
缺失	7	6.6
合计	106	100.0

　　此外,在城乡居民社会保障的差异性上,通过对震泽镇人力资源和社会保障所的调查访问,我们发现,农村居民的社会保障都呈现出向城镇基本社会保障靠拢的趋势特征。以养老社会保障为例,为了促进农村养老保险与城镇养老保险的转轨,2009 年吴江市先后出台了《吴江市农村养老保险接转轨城镇养老保险实施意见》和《吴江市农村养老保险接轨城镇养老保险实施细节》,并且在 2010 年印发了《关于继续实施农村养老保险接转轨城镇养老保险的意见》,按照统筹城乡、覆盖全面的思路,加快将处于劳动年龄段的被征地农民及在非农产业就业的本市农村劳动力纳入“城保”,有效地推动了“新农保”和“土保”向“城保”的转接。当前震泽镇农村养老保障主要包括两种类型:新型农村养老保险和被征地农民基本生活保障。具体来看:(1)新型农村养老保险(简称“新农保”)。从 2004 年开始,男 16 岁、女 15 岁以上开始按照 720 元/(年·人)的标准缴纳“新农保”,男至 60 岁、女至 55 岁开始享受不低于 160 元/月的养老金标准。2008 年,吴江市出台相应政策准许根据缴费基数、年限将新型农村养老保险转为城镇基本养老保险(简称为“城保”),截至 2011 年底累计 4 742 人实现了“新农保”转为“城保”。(2)被征地农民基本生活保障(简称“土保”)。自 2009 年出台相应政策开始,农民失去土地时享有的“农保”可以转换为 8.5 个缴费年限的“城保”①,该类农民补缴 6.5 年的费用或者放弃宅基地,则具有最低档保障的 15 年缴费年限的城镇基本养老保险。

　　通过考察农村户籍对教育、就业和养老保险等方面的影响,可以发现,在推进城乡发展一体化的进程中,依附于户籍制度的就业、教育、社会保障等福利差异性在吴江市震泽镇城乡居民之间已经逐步削弱,城乡居民能够逐步享受到大致相当的基本公共服务,城乡之间

---

　　① 2004 年 1 月 1 日以前的“土保”转化为“城保”时,个人需要补缴 8 000 元,同时市镇两次财政分别补贴 6 000 元;2004 年 1 月 1 日之后的“土保”,可以直接转化为 8.5 缴费年限的“城保”,由于“城保”的最低缴费年限为 15 年,所以另外 6.5 年的缴费需要个人补缴。

的差异性日益缩小。此时,城乡居民开始呈现出"三个不同三个相同"的态势,即城乡居民从事的产业不同,城乡居民从事的职业不同,城乡居民居住的环境不同;城乡居民的收入相同,城乡居民享受的社会保障相同,城乡居民享受的公共服务相同。

这里需要特别说明的是,本文得到的"城乡居民在就业、教育和社会保障等福利待遇大致相当"这一结论,建立在如下两个基础条件之上:一是调查取样地点仅为城乡发展一体化程度较高的吴江市震泽镇;二是调查访问对象为震泽镇内"新乐新村"和"双阳新村"两个新社区内的部分居民。当上述两个条件发生改变时,城乡居民依附于户籍制度上的福利待遇可能会存在较大的差异性,如将调查样本地区选择为北京市、上海市这类的大城市,其郊区村拆迁安置后的集中居住居民与市内城市人口在与户籍相关的就业、教育和社会保障等方面将会存在显著的差异性。再比如说,将调查问卷对象进一步扩大至震泽镇辖内离镇区较远的农村居民,可以断定其在就业、教育和社会保障等依附于户籍制度的相关福利上与镇区居民将有明显的差距。

二、本地和外地居民户籍的福利差异性①

当前,外地户籍且在本镇务工的人口数量已达到了 3.2 万,他们对本地的经济社会发展做出了较大贡献,因此给予其更大的包容度以使其获得基本相当的公共服务,将是未来户籍制度改革不能忽视的重要内容。尽管经过户籍制度的实践与探索,吴江市震泽镇已全面推行居住证制度,提升了基本公共服务的普惠程度,但是本外地户籍的原因仍然使本外地居民享有的公共服务和福利存在显著的差异性。基于此,本部分重点考察了本地和外地居民在教育、就业、社会保障等方面的可获性,以全面反映本地和外地居民户籍的福利差异性。

---

① 本节中所指的外地居民统一为外来务工人员。

1. 教育资源的本外地户籍福利差异性

震泽镇全镇共有初中 2 所、小学 9 所(其中,4 所为民办外来民工子弟学校①),幼儿园 9 所。通过对镇教育部门的访问调研,我们获得了 2 所公办学校和 4 所外来民工子弟学校在 2007 年和 2011 年两个年度的学生数、师资力量、校舍面积及占地面积等数据。在调研获得的数据中,由于民办子弟小学的数据相对较为全面,所以我们仅将本地公办小学与民办子弟小学的教育资源状况进行了比较分析,具体如表 4-3、表 4-4 所示(其中,表 4-3 是两种类型小学教育事业状况的总量比较,表 4-4 则是人均教育资源的比较)。

表 4-3　震泽镇教育事业情况(小学)

学校类型	学校名称	2007 年		2011 年		校舍面积/m²	占地面积/m²
		学生数	教师数	学生数	教师数		
本地公办小学	震泽实小	1 570	173	2 294	161	11 806	42 967
	八都中心校	1 346	108	1 110	89	8 000	26 000
民办子弟学校	希望小学	645	19	629	21	997	4 335
	儒林三校(扇)	864	20	474	18	1 520	5 460
	齐心小学	477	13	637	22	768	3 925
	立国小学	649	14	661	28	1 550	2 029

注:四所民办子弟学校 2007 年的教师数是教师与职工的总人数。

首先,从教育资源总量指标的横向比较来看,在 2007 年和 2011 年两个年度中,本地公办小学在学生数、教师数、校舍面积及占地面积等指标上都要明显高于民办外来民工子弟小学。例如,2007 年震泽实小和八都中心校的学生数分别为 1 570 人和 1 346 人,教师数为 173 人和 108 人。比较而言,四所民办外来民工子弟小学中学生数量和教师数量最多的为儒林三校(扇),共 864 名学生和 20 名教师;

① 苏州市在 2008 年验收批准吴江市 21 所外来民工子弟学校合格,主要集中在震泽、盛泽、平望、汾湖等地。

齐心小学的教育资源配备是四所子弟学校中最差的,其学生数量仅为 477 人,教师为 13 人。此外,在最基本的硬件设施——校舍面积和占地面积上,本地公办小学的资源配置也要明显高于四所民办外来民工子弟学校,当然校舍面积和占地面积与学校的学生规模具有显著的正相关性。此外,通过对 2011 年本地公办小学和民办子弟小学各教育资源指标的比较,可以得出类似的结论,即民办外来民工子弟小学的总量教育资源配置要明显低于本地公办小学。

表 4-4   震泽镇公办与民办学校人均教育资源情况(小学)

学校类型	学校名称	学生与老师人数比		人均校舍面积/m²		人均占地面积/m²	
		2007 年	2011 年	2007 年	2011 年	2007 年	2011 年
本地公办小学	震泽实小	9.08	14.25	7.520	27.368	5.146	18.730
	八都中心校	12.46	12.47	5.944	19.316	7.207	23.423
民办子弟学校	希望小学	33.95	29.95	1.546	6.721	1.585	6.892
	儒林三校(扇)	43.20	26.33	1.759	6.319	3.207	11.519
	齐心小学	36.69	28.95	1.610	8.229	1.206	6.162
	立国小学	46.36	23.61	2.388	3.126	2.345	3.070

其次,在公办小学和民办外来民工子弟小学人均教育资源的对比上,可以发现,民办子弟小学的人均教育资源配置也要显著低于公办小学。从具体的数据来看,2007 年震泽实小和八都中心校的学生数比老师数分别为 9.08 和 12.46,而四所民办外来民工子弟小学人数比则要显著高于公办学校,最高的为 46.36,最低的也达到了 33.95,是公办小学的 3 倍多。尽管在 2011 年四所民办外来民工子弟小学的师资力量有所增强,学生数与老师数的比例有所下降,均降至 30 以下,但是也明显高于本地公办小学的比例,平均为公办小学人数比的 2 倍。此外,在人均校舍面积和人均学校占地面积的对比上,尽管本地公办小学的学生规模大,但是其人均享有的校舍面积和占地面积也明显高于民办外来民工子弟学校,而除校舍等基本硬件

设施之外的差距要更大。

最后,从本地公办小学与民办外来民工子弟小学的收费来看,尽管在公办小学就学的总费用较高,但是公办小学的规定收费总额要远远低于外来民工子弟小学,同时外来民工子弟学校的收费项目公办小学基本都不收取。根据苏州市及吴江市的中小学收费规定,2010 年公办小学仅收取不到 14 元/(生·学期)的作业本费,同时在 2011 年之后这一费用也不再收取;比较而言,民办子弟小学的学杂费在 2010 年为 620 元/(生·学期),在 2011 年降为 550 元/(生·学期)。平均来看,2011 年一名在民工子弟小学就学的学生一个学期的费用包括如下项目:吃饭费用 200 元、乘车费用 340 元、学杂费 550 元、保险费 50 元,总费用约 1 140 元。此外,本地户籍中小学生就学都能获得财政的支持,中小学生教育公共经费按市定标准纳入财政预算,并按时支付(小学 650 元/[生·学期],初中 800 元/[生·学期]);中小学校舍维修经费纳入预算,每平方米 20 元,并按时拨付到学校;教师的公积金、房帖、医保及教师的培训经费都纳入财政预算,并按时拨付。而在民办外来务工子弟小学就读的外来学生和教师并不能够享受到上述政策。

尽管民办外来民工子弟小学在总量和人均教育资源的配置上要明显低于公办小学,存在办学条件、师资力量差的问题,但是不可否认,它的存在弥补了本地公办学校对外来民工子女教育的服务缺失,在解决外来务工人员子女教育难的问题上发挥了重要作用。此外,需要说明的是,对于外来民工子弟小学毕业学生的升学问题,据相关规定,仅有两类外来民工子女才能获得继续在本地读书的机会:其一为在本市购买住宅,取得合法固定住所的外来务工人员的子女;其二为虽无房产但符合"三稳定"条件的外来务工人员的子女。只有他们才能在小学毕业后享受到地段生待遇,享受免费义务教育政策。因此,尝试将外来民工子弟学校纳入本地公办学校将是当地政府在未来应予以考虑的一个重要议题。

2. 就业的本外地户籍福利差异性

在就业的层面上，苏州市由于很早就开始推进城乡发展一体化，并且已统一城乡劳动力市场，所以本外地户籍在就业的层面上并没有表现出较大的差异性。根据对震泽镇人力资源与社会保障所的调查，本外地居民均可得到统一的招聘就业岗位信息，并不存在明显的差别，而最主要的差别是在对再就业人员的培训上。目前，震泽镇对再就业人员开展了创业培训和就业技能培训，对创业人员给予1 000元的创业补贴，创办的企业也得到政府财政3 000元/年的对其职工参加社保的财政补贴。上述对再就业人员的创业培训和就业技能培训，对于积极鼓励再就业人员创业，提升其技能，促进其就业发挥了重要作用，但是该类创业培训和就业技能培训主要是免费提供给具有本地户籍的再就业人员，而非本地户籍的劳动力则并不涵盖在其培训和补贴的范围之内。

3. 社会保障的本外地户籍福利差异性

如今在吴江市震泽镇，对人数庞大的外来务工人员采取基本公平公正的社会保障措施，尤其是在社会保险层面上已做到了一视同仁。只要是与本地企业形成劳动关系、签订了劳动合同，无论是本地职工还是外来务工人员，都按照统一的标准缴纳养老保险和医疗保险。同时，吴江市震泽镇已实现外来务工人员在不同企业、不同地区间流动时的无障碍转移和社保关系的顺利接续。

尽管吴江市震泽镇通过居住证制度和社保的跨区域转移，在一定程度上削弱了外来务工人员在社会保障上与本地居民的福利差异性，但是并没有从根本上彻底消除社会保障的本外地户籍福利差异性。具体来看，本外地户籍在社会保障上的福利差异性主要表现在以下几个方面：第一，在社会保险方面，企业基本上都仅仅为外来务工人员办理了养老保险和医疗保险两类，很多外来务工人员都享受不到失业、工伤和生育保险；第二，在最低生活保障方面，本地政府出于减轻财政支出负担的目的，在实行城镇最低生活保障政策时基本将外来务工人员排除在外;第三,住房问题是外来务工人员融入本地城镇最难绕开的障碍,而在本地企业就业的外来务工人员因为并没有缴纳住房公积金,所以根本享受不到住房公积金这一城镇居民可以享受到的福利政策。

从上面的分析可以看出,尽管吴江市震泽镇在推进城乡发展一体化进程中,削弱了户籍对本地城乡居民福利差距的影响,保证了本地城乡居民都能享受到大致相当的基本公共服务,但是基于对本地居民可能失业以及可能增加公共财政支出负担的顾虑,本地和外地居民户籍的福利存在明显的差异。外来务工人员在子女教育、就业和社会保障等很多方面都享受不到同本地居民相同的待遇,而这一问题显然仅仅依靠目前的居住证制度并不能够很好地解决,需要政府在户籍制度的改革上下更大的决心,才能有效地提升外来务工人员对本地的归属感,并真正融入到本地的经济社会生活中。

第四节 户籍制度改革方向

在推进城乡发展一体化的进程中,吴江市震泽镇通过积极推进户籍制度改革,使当地城乡居民之间依附于户籍制度上的诸多福利差异已逐步被削弱,城乡居民已基本上能够享受大致相当的基本公共服务,同时本地对外来流动人口的接纳程度也在不断提高。然而,客观来说,目前吴江市震泽镇户籍制度改革仍然没有实质性的打破城乡二元结构,居住在农村地区的居民能够获得的基本公共服务在相应的标准上仍有部分低于城镇居民,同时外来流动人口完全转变为本地人口的障碍非常大,而这些都需要在户籍制度改革上做出更大的举措,才能真正打破在城乡、本地和外地居民之间的制度性障碍。

户籍制度改革的关键在于剥离依附于户籍上的城乡居民不对等的政治、经济和社会待遇,形成城乡居民统一国民待遇的政策制度。同时,一个不能回避的现实——大量的外来流动人口在流入地是否能够享有同本地居民相同的待遇,也考量着流入地政府在户籍制度改革上的决心大小。在加快中国特色、江苏特点的城镇化、城乡一体化进程中,在有序推动农业转移人口市民化的宏观大环境下,较好地解决户籍制度改革这一难题不但能够为推动农业转移人口市民化提供制度基础,而且能够为加快城镇化、促进内需提供强劲动力,有助于彻底改变江苏城镇化落后于工业化的这一不合理局面,进而为江苏新一轮发展提供新的动力和空间。

一、户籍制度改革的可选模式

在户籍制度改革的模式选择上,理论界进行了大量的研究,且各地实际工作部门已进行了许多有价值的探索。整体来看,未来户籍改革的模式主要包括以下三种主要类型:

1. "取消"模式。顾名思义,"取消"模式即为取消户籍制度,并以身份证制度替代户籍制度。虽然在户籍制度改革的初期即有部分学者持此观点,但是不可回避的一点是,户籍制度的取消可能会造成人口流动失控等一系列问题,如城市交通拥塞、住房紧张、失业增多、贫困加剧并出现贫民窟、治安不稳定等诸多城市病。同时,也有部分学者持不同观点,指出:"虽然的确应该警惕'城市病',但压制人口流动造成的社会不稳定性要远远高于允许劳动力自由流动带来的社会一定程度的不稳定"。[①] 照此观点来看尽早取消户籍制度似乎更为值得提倡。

2. "剥离"模式。"剥离"模式的核心思想是剥离附加在户籍制度上的各种福利,将户籍还原为登记功能。学术界普遍认为,被强行附加利益分配功能的异化的户籍是户籍制度弊病的根源。有关调查表明,目前与户籍挂钩的个人权利有 20 多项,涉及政治权利、就业权

---

① 茶洪旺:《改革户籍制度:中国现代化发展的"加速器"》,《云南财贸学院学报》2002 年第 6 期。

利、教育权利、社会保障、计划生育等各个方面,其他还包括义务兵退役安置政策和标准、交通事故人身损害赔偿等。因此,"剥离"模式就是把附加在户籍制度上的不合理规定和不平等利益剥离,如医疗、社会保障和教育等诸多福利和公共服务。以此作为户籍制度改革的核心,重新确立户籍制度的基本统计功能。此外,还有部分学者认为在逐步剥离附加在户籍上的各种福利的同时,更为关键的是应该实现城乡基本公共服务均等化,降低乃至消除城乡在各种基本公共服务领域上的落差。因为,"只要存在各类公共服务产品方面'补贴'的落差,就会有门槛,将户籍这个大门槛取消了,其他部门仍会花更大的成本找出更多的小门槛来"。[①] 值得一提的是,当前在震泽正在推进的城乡一体化的一个重要内容即为城乡基本公共服务一体化,可以说,这一目标的实现是弱化和还原户籍制度的关键。

3."准入"模式。该模式的核心思想是设置准入条件,让部分符合条件的农村居民转为城镇居民。同时,逐步降低准入条件,即逐步降低落户条件以实现户籍制度的渐进式改革。该模式认同城市应当向农民开放,但是完全开放的时机尚不成熟,因为大量农民转为市民会使得城市建设和管理成本大增。为了避免出现管理失衡的情况,该模式主张户籍制度应循序渐进的"准入",通过设定一定的标准来使部分满足条件的农民转为市民,并逐步降低标准,这既达到促进农民市民化的目标,又避免了大量农村人口短时间涌入城市可能带来的问题。在设定的标准上,各地可根据自身状况来决定,目前大城市一般较高,且通常标准都要求转移人口在城市中具有合法固定住所,并具有稳定的职业和生活来源等基本条件,当然也存在要求在当地缴纳社会保障的时间限定。

由于当前各地对于农业转移人口落户的标准较高,尤其是具备合法固定住所这一条件,除了非常少部分已在城市就业生活多年的

① 王小鲁:《城市化与经济增长》,《经济社会体制比较》2002年第1期。

转移人口满足条件外,绝大部分外来农业人口在城市高昂的房价面前,并不具备市民化的条件。因此,还有部分学者提出"户籍制度与土地制度联动改革"以破解现行户籍制度下的落户难问题。这一改革思路是综合地将户籍制度改革与城乡一体化下的土地制度改革配套,将转移人口在原籍的土地指标置换为城镇住房和相关社会保障福利,从而使其满足城市落户条件。这一思路的提出一定程度上基于常年外出务工人员表现出的"两头靠"特征,这一部分人常年在城市打工,同时基于保障的考虑又不愿意放弃原籍农村的土地,而土地也并不能够带来太多的收益。这种状态既不能够使得该类农业转移人口市民化,也不利于农村土地的规模化经营和农业现代化的发展。为此,可以将该类农业转移人口在原籍的土地指标收归国有并转移给流入地,增加流入地城市建设用地指标,同时要求流入地政府一次性解决流出土地的农业转移人口的住房以及子女教育、医疗和各种社会保障和福利。简而言之,即将户籍制度改革与土地制度改革联动以破除农业转移人口市民化给流入城市带来的财政压力,以提高流入地接纳农业转移人口的积极性。

二、户籍制度改革的方向与路径

综合考虑现有的户籍制度改革模式,结合吴江市震泽镇的实际情况以及城乡发展一体化的推进进程,吴江市震泽镇户籍制度的未来改革方向应主要集中在两个方面:一是要实现基本权利的城乡一体化,这是指同一行政区域内的城镇和农村享受完全同等的基本权利和福利,彻底消除户籍的影响。但是,这里并不涉及外来流动人口。二是要实现基本权利的属地化,即努力将外来流动人口融合到本地经济社会生活中,不论该类人群来源于何地,都能享受到基本的权益,并最终实现本地与外地人口的权利和福利同等化。显然,未来户籍改革的两个主要任务并不可能一步到位,需要有条件地分步推进。

在推进的步骤上,首先应根据统一标准与统一制度相结合的条件进行本地城乡居民的户籍一元化改革。在现有改革的基础之上，未来要做好以下几个方面：1. 将城乡居民社会保障政策完全并轨。这不但要将城乡居民的养老保险、医疗保险、失业保险、生育保险和工伤保险按照统一的制度框架和管理框架实行，更要统一城乡居民户籍的低保标准。目前，吴江市虽然已开始积极推进新型农村养老保险和被征地农民基本生活保障向城镇基本养老保险并轨，但在医疗保险等方面还没有实行城乡居民两套体系的并轨。农村居民大多参加的是新型农村合作医疗保险（简称"新农合"），每年个人缴费160元，加上市、镇两级财政补贴后共为600元，其中300元进入个人账户。在报销比例上，在本镇一级的医院可以报销70%的费用，吴江市一级医院可报销60%左右的费用，而在吴江市以外的医院就诊则仅可以报销40%左右的费用。在未来的户籍制度改革中，吴江市应努力实现新型农村合作医疗和城镇居民医疗保险制度的并轨，实现城乡居民医疗保险制度的统一。此外，目前吴江市城乡居民之间的最低生存保障仍然执行不同的标准，农村居民人口的低保标准仍低于城镇人口，而实行统一的低保标准将是吴江市未来户籍改革中应加快推进的内容。2. 在进行户籍制度改革时，要注重保护农民利益。目前吴江市推行城乡发展一体化是以"三置换三集中"①为主要工作抓手，大多数农民已将宅基地置换为集中居住区住房，将承包地以土地入股的形式参与规模经营，而在进行户籍制度改革、农民变为市民时，应注重保护农民在住房、承包地、农村集体资产方面的利益，做到农民转户不与土地挂钩。在推进户籍制度改革的同时应注重保护农民的两个方面的利益：其一，户籍制度的改革应与农村土地的确权颁证相结合，对其在集中居住区的住房通过补缴土地出让金等费用转为大产权房，同时承包地经营权的确权也有利于土地的有

---

① "三置换"具体为：集体资产所有权分配权置换社区股份合作社股权；土地承包经营权置换社会保障；宅基地使用权用益权置换城镇住房。"三集中"为工业企业向园区集中、农业用地向规模经营集中、农民居住向新型社区集中。

序流转,和进行抵押融资,实现农村土地从财产变为资产,真正盘活农村资产,从而让农村也真正进入到"抵押贷款时代"。其二,户籍制度改革应与集体资产股权量化相结合。当前吴江市已相继对村集体资产进行量化,使农民变成了集体资产股东,将集体资产分配的依据转为股权而不是户籍,初步解决了户籍制度改革中的集体资产归属和收益等方面的问题,但是也要确保户籍改革中农民在集体资产股权的继承、流转、变现等方面权益。

然后再执行属地化改革,以使外来流动人口完全融入本地经济社会生活中。目前,吴江市震泽镇虽然推行居住证制度使得就业不再与户籍挂钩,并且削弱了户籍对本外地居民福利待遇的差异性,但是现行的居住证制度却在子女教育、创业和就业培训、社会保障的层次统一及有效衔接上仍存在绕不过去的麻烦,这让持居住证的外来流动人口难以彻底融入本地。客观来说,居住证制度仍然只是过渡阶段的权宜之计,它所标志的仍然是本地和外地人口两大"阵营",而彻底解决外来流动人口的本地化问题则要靠户籍制度的根本性改革。而从目前状况来看,各地在外来流动人口本地化的户籍制度改革上的障碍,主要来自地方政府对本地居民失业以及财政负担压力增大的顾虑。但是,从长远和发展的视角来看,理论和实践已经证明,限制外来流动人口的本地化以维护本地居民就业和压缩公共支出的做法,并不能给经济持续快速发展提供强劲的动力。加快推动户籍制度改革,解决已经转移到城镇就业的外来农业人口落户问题,已经成为当前江苏城镇化、城乡一体化发展需要迫切解决的问题。

为促进外来流动人口的本地化和城镇化,户籍制度改革的总体方针是"全面放开建制镇和小城市落户限制,有序放开中等城市落户限制,合理确定大城市落户条件,严格控制特大城市人口规模"。无论是针对全面放开落户限制的震泽镇而言,还是具备落户标准的大型及特大城市,使外来农业转移人口具备更多的资产储备,并统筹解决其住房、子女教育、社会保障等问题都是最为核心的关键举措。结合十八届三中全会在建立城乡统一的建设用地市场和健全城乡发展一体化体制机制方面的政策红利，可以通过两个方面加快解决已经转移到城镇就业的外来农业转移人口落户问题。一方面，要改革完善农村宅基地制度，稳妥推进农民住房财产权转让、抵押、担保；加快推进农民承包地确权登记，赋予农民对承包地流转、抵押、担保权利，允许农民以承包经营权入股，发展农业产业化经营；并加快建设农村产权流转交易市场，使外来农业转移人口在流出地的宅基地及承包地能够通过流转实现外来农业转移人口资产储备的提升。另一方面，要建立城乡统一的建设用地市场，建立财政转移支付同农业转移人口市民化挂钩机制，稳步推进城镇基本公共服务常住人口全覆盖，把进城落户农民完全纳入城镇住房和社会保障体系，把他们在农村参加的养老保险和医疗保险规范接入城镇社保体系。

　　此外，可以通过将居住证向本地户籍的过渡改革与土地制度改革联动结合，来统筹解决已经转移到城镇就业的外来农业转移人口落户问题。在对外来人口在流出地的宅基地和承包地确权登记的情况下，实行地区之间人地挂钩政策，即实行"城镇建设用地增加规模与吸纳农村人口进入城市定居规模挂钩、城市化地区建设用地增加规模与吸纳外来人口进入城市定居规模挂钩"政策。具体而言，外来流动人口放弃其在来源地的农村宅基地，并将城镇新增建设用地指标与新增户籍人口挂钩，哪里要更多的建设用地指标，就必须相应增加本地新增户籍人口的数量，特别是要接纳那些已经在城市工作和生活的非户籍人口。同时，要求"获得"建设用地指标的流入地彻底解决外来流动人口的子女教育、社会保障、住房、技能培训、就业创业等方面的问题，使其能够获得本地居民能够享有的一切权益。在实行上述地区间人地挂钩政策时，陆铭、陈钊(2009)等建议："通过全国统一规划中新增的城市建设用地指标，以及农村由于宅基地整理和复耕而增加的建设用地指标，都可以在地区间重新配置"，同时"如果建设用地指标的跨地区交易过于复杂，也可以直接通过中央政府的行政手段直接将新增建设用地指标与新增户籍人口挂钩"。[①] 此外，他们还指出应配套改革地方政府官员绩效考核体制，对不同地区的官员考核分别赋予 GDP 总量增长和人均增长的不同权重，经济欠发达地区人均 GDP（或人均收入）增长目标的权重应该更高。这一体系能够得到一个"多赢"的局面，集体建设用地买入地区获得了宝贵的建设用地指标，外来流动人口彻底解决了属地化和城市化问题，虽然流出地损失了建设用地指标，但是其农村劳动力的转移也伴随着本地人均资源（包括土地等自然资源）拥有量的提升，从长期来看，这是地区间发展差距和"人均"生活质量差距缩小的必要条件。上述户籍制度改革，彻底打破了户籍制度在城乡居民和本外地居民之间的制度性障碍，使其还原为统计学范畴之内的人口登记制度的本原，有力地推动城乡和区域未来的共同长期发展。

---

① 陆铭、陈钊：《为什么土地和户籍制度需要联动改革——基于中国城市和区域发展的理论和实证研究》，《学术周刊》2009 年第 9 期。

第五章　资源利用

　　党的十八届三中全会《中共中央关于全面深化改革若干重大问题的决定》提出要形成以工促农、以城带乡、工农互惠、城乡一体的新型工农城乡关系,其中推进城乡要素平等交换是一个重要内容。一般而言,生产资源包括劳动力、土地、资本三种基本要素。劳动力是人力资本的重要载体,人的素质、知识、才能等对一个国家或地区的经济发展起决定性作用。土地和资本对于经济发展的重要作用更是不言而喻。因而,本文所研究的资源主要包括人力资源、土地资源和金融资本三种重要的生产要素。

第一节　劳动力资源利用情况

　　劳动力有广义和狭义之分,广义上的劳动力指全部人口,狭义上的劳动力仅指具有劳动能力的人口。人口学一般以 16 岁~64 岁期间的人口为劳动适龄人口。然而,由于我国农业生产具有"一家一户"的特征,没有清晰的退休年限,因此一些 60 岁以上的农村居民仍然在从事农业或其他生产活动,一些残疾人口也同样参与劳动。借鉴劳动力定义和实际情况,本文所研究的劳动力资源界定为:年龄在 16 周岁以上的非在校学生,包括年龄在 60 岁以上的老年人。此次调查共获得有效样本 383 个,其中女性 198 个,占 51.7%;男性 185

个,占 48.3%,男女性别比为 1.07∶1。

一、农村人力资源综合开发情况

震泽镇在抓好农村教育的基础上,健全培训制度,多管齐下,大力开发农村人力资源。据官方统计资料显示,2010 年震泽镇共有学校 11 所,其中小学 9 所,中学 2 所,图书馆、文化站 3 个;在校学生总数 6 567 人,其中小学在校学生数 4 927 人,中学在校学生数 1 640 人;初中毕业升学率达到 99%。2011 年吴江共有各类科技人员 3 065 人、农技推广服务机构 1 人、农技推广服务从业人员 23 人。

近年来,各级政府不断健全城乡统筹就业创业制度。2008 年以来,苏州市不断深化户籍制度改革,积极引导农民进入城镇就业、创业和定居,减少农民、致富农民。把农村就业纳入整个社会就业体系,逐步实现城乡劳动者就业服务共享、就业机会平等。完善农民非农就业的免费登记制度、免费培训制度、奖励中介和鼓励企业用工制度,构建城乡统一、公平公开公正的劳动力市场体系。加快农民向非农产业转移,鼓励农民投资创业、联合创业。积极发展劳务合作社,重点解决农村"4050"人员①的就业问题。吴江市加快完善城乡一体的就业创业培训、指导、推介体系,2011 年农村劳动力非农就业率稳定在 90% 以上。积极培育职业农民,重点培育 1 000 名本地职业农民,使他们成为种养经验丰富、生产水平较高、经济收入较好的现代新型农民。加强培训的载体建设,2011 年吴江市共建成一个院士工作站、两个专家工作站、三个培训基地、四个示范展示区。其中,启动使用交通学校实训基地,在吴江市丝绸中等专业学校落地运行现代纺织业实训基地,新增同里成人教育中心、江苏通鼎光电 2 家定点培训学校。2011 年在各类种养大户中遴选出 300 名职业农民,开展职

---

① "4050"人员:是指女性 40 岁以上、男性 50 岁以上的下岗协保失业等就业困难群体。

业农民培训,进行重点培育。举办机插秧育秧培训、蚕桑新技术培训、村级动物防疫员技能操作培训、水稻高产栽培技术培训各 1 期,共培训 198 人次;果树优质高产技术培训、水稻高产栽培技术培训、水稻机插秧育秧培训、蚕桑新品开发技术培训、水产安全用药技术培训、重大动物疫病防控技术培训各 1 期,累计 480 人次。震泽镇不断健全就业工作体系,实现动态管理。建立覆盖城乡的市、镇、社区(行政村)三级就业工作体系,强化就业管理力度。

二、农村人力资源状况

官方统计资料显示,2010 年震泽镇共有 25 683 户农户,总人口 78 772 人,其中外来人口 11 200 人,占总人口的 14.2%。乡镇从业人员 46 040 人,其中外来从业人员 9 120 人,占县镇从业人员的 19.8%;第一、二、三产业从业人员数分别为 3 810 人、35 080 人和 7 150 人,占比分别为 8.28%、76.19% 和 15.53%。

从我们的微观调查结果来看,农村人口身体素质较好,人力资源较为丰富,但质量不高。表现为:农村人口的老龄化趋势明显,受教育程度不高。

(一)农村人口年龄结构呈现老龄化趋势

表 5-1　2010 年农村人口资源的年龄分布　　(单位:人,%)

年龄	总体		男性		女性	
	人数	比重	人数	比重	人数	比重
16~25 岁	31	8.31	15	8.29	16	8.33
25~35 岁	44	11.80	19	10.50	25	13.02
35~45 岁	60	16.09	29	16.02	31	16.15
45~55 岁	93	24.93	46	25.41	47	24.48
55~65 岁	78	20.91	37	20.44	41	21.35
65~70 岁	34	9.12	17	9.39	17	8.85
70~80 岁	33	8.85	18	9.94	15	7.81
平均值	50.92		51.32		50.54	

被调查农村人口平均年龄为 50.92 岁。从年龄结构来看,16~
65 岁之间的劳动适龄人口共 306 人,占总被调查人口的 82.03%,65
岁以上的老年人占 17.97%,说明发达地区农村人口结构呈现老龄
化趋势。分性别来看,男性的平均年龄为 51.32 岁,女性略低于男
性,无论从均值还是分布情况来看,男女两性年龄的差别不大。

（二）农村人口受教育程度以小学和初中为主

表 5-2   2010 年农村人口受教育程度的分布情况（单位：人,%）

受教育程度	总体		男性		女性	
	人数	比重	人数	比重	人数	比重
未上学	69	18.02	19	10.27	50	25.25
小学	120	31.33	59	31.89	61	30.81
初中	116	30.29	62	33.51	54	27.27
高中、职高	44	11.49	15	15.68	15	7.58
中专	6	1.57	3	1.62	3	1.52
大专及以上	28	7.31	13	7.03	15	7.58
平均值	2.69		2.88		2.52	

随着农村教育事业的快速发展,特别是"九五"期间江苏省基本
普及九年义务教育目标的率先实现,农村学龄期人口普遍接受了初
中阶段文化教育,更多的人接受了高中乃至大学阶段的教育。但从
调查情况来看,小学、初中文化的农村人口仍是主体。此次调查问卷
中,1 表示未上学者,2 表示小学程度,3 为初中,4 为高中,5 为中专,
6 为大专以上程度,加权平均计算,全部农村样本劳力的平均值为
2.69,不足初中文化水平。从教育程度分布情况来看,小学、初中文
化程度的农村人口占比分别为 31.33% 和 30.29%;而大中专及以上
的人口所占的比重较小,仅占 8.88%。说明,农村人口的文化水平
并不高。分性别来看,农村女性受教育程度（均值为 2.52）低于男性
（均值为 2.88）。其中,女性未上学的比重高出男性 14.98 个百分
点,初中、高中文化程度比重分别比男性低 6.2 和 8.1 个百分点。一

方面家庭性别分工致使对女性投资的低收益是导致其受教育程度较低的主要原因；另一方面，子女经济价值效用的不同也是导致农村女性尤其是年长女性受教育程度较低的重要原因。

（三）农村人口身体健康状况良好

表 5 - 3 　2010 年不同年龄农村人口的健康状况 　（单位：%）

	健康	患病有劳动能力	患病无劳动能力，生活能自理	生活不能自理
16～25 岁	100.00	0	0	0
25～35 岁	97.73	2.27	0	0
35～45 岁	93.33	6.67	0	0
45～55 岁	91.40	7.53	1.08	0
55～65 岁	84.62	8.97	6.41	0
65～70 岁	73.53	20.59	5.88	0
70～80 岁	75.76	9.09	9.09	6.06
总 体	88.74	7.77	2.95	0.54

人力资本理论认为，健康状况的好坏影响劳动生产率的高低。调查结果显示，农村人口身体素质较好。自我测评为健康的农村人口占总被调查人口的 88.74%，患病有劳动能力的占 7.77%，患病无劳动能力但生活能自理者占 2.95%，仅有 0.54% 的农村人口生活不能自理。随着年龄增长，农村人口身体素质逐渐下降。16～25 岁的农村人口中健康者的比例达到 100%，70～80 岁的农村人口中健康者的比例下降至 75.76%。患病有劳动能力者的人群中，16～25 岁的比例为 0，而后随年龄增长上升至 65～70 岁的 20.59%，而后降至 70～80 岁的 9.09%。下降的原因在于 70～80 岁农村人口中患病无劳动能力但生活能自理和生活不能自理的人口比例增加。

三、农村人力资源的配置情况

样本农村人口就业较为充分，不同性别、不同年龄、不同文化程度和健康状况者,由于自身素质和社会分工所致劳动分工不同,其劳动参与呈现不同的特点。

（一）农村男性非农劳动参与率较高、劳动时间较长

表 5-4　2010 年不同性别农村人口劳动时间配置的差异

（单位:%,天/年）

	总劳动供给		农业劳动供给		非农劳动供给	
	参与率	劳动时间	参与率	劳动时间	参与率	劳动时间
男性	90	253	33	21	83	232
女性	72	181	25	9	66	171
总体	81	215	29	15	74	201

由表 5-4 可知,样本劳力劳动参与率和劳动时间分别为 81% 和 215 天/年。其中,农业劳动参与率较低、劳动时间较短,分别为 29% 和 15 天/年,仅为非农劳动参与率和劳动时间的 39.19% 和 7.46%。长期以来农业部门较低的比较利益是导致农业劳动参与率较低的原因,另一方面,近年来苏南地区快速推进的工业化和城市化,导致农户土地面积大量减少,从而使农户农业劳动时间大大降低。分性别来看,女性劳动参与率为 72%,年均劳动时间为 181 天;而男性劳动参与率为 90%,年均劳动时间为 253 天。说明,农村女性劳动参与率和劳动时间均低于男性。造成这种差异的主要原因可能在于:按照贝克尔家庭生产理论,劳动时间分为市场工作和家庭生产时间,因而劳动供给应包括农业劳动、非农劳动和家庭生产时间。与男性相比,女性家务劳动时间较长,由于调查数据的限制,本书没有包括家庭生产时间。同时,农村女性农业劳动参与率和劳动时间分别为男性的 76% 和 43%,非农参与率和非农劳动时间分别为农村男性的 80% 和 74%,说明农业劳动供给的性别差异较为显著。可能的原因是:女性所具有的生理特征,以及社会习惯、规范和信仰等传统社会分工使她们更加偏好于家庭生产,这提高了女性非市场劳动时间的边际价值,降低了她们从事市场劳动的比较优势。农村女性

尤其是老年女性要承担起照顾孙子女、做饭、打扫卫生等家务劳动，从而导致其较低的农业劳动参与率和劳动时间。

（二）农业劳动的高龄化现象严重

表 5-5　2010 年不同年龄农村人口劳动时间配置的差异

（单位：%，天/年）

	总劳动供给		农业劳动供给		非农劳动供给	
	参与率	劳动时间	参与率	劳动时间	参与率	劳动时间
16~25 岁	90	274	6	0	90	274
26~35 岁	91	255	20	0	91	255
36~45 岁	98	303	20	6	98	297
46~55 岁	85	257	23	8	83	249
56~65 岁	82	175	54	39	64	136
65~70 岁	65	155	41	36	47	119
70~80 岁	42	55	30	8	33	47
平均年龄	50.9		55.8		46.6	

根据生命周期理论，劳动供给随年龄的增加呈先增加后减少的倒 U 型变化规律。即随着年龄增长，劳动供给不断增加直到中年时达到最高值；而后随着年龄的继续增长，精力和体力、知识经验老化导致其劳动生产率不断降低，劳动供给随之下降。由表 5-5 可知，样本劳动力总劳动供给呈现出明显的倒 U 型规律，劳动参与率和劳动时间均随年龄增加呈增长趋势，到 36~45 岁时达到最高峰，劳动参与率达到 98%，每年劳动时间达到 303 天；而后随着年龄增长，样本劳力劳动供给逐渐减少，70~80 岁农村人口劳动参与率和劳动时间分别为 42% 和 55 天/年。从农业劳动供给来看，农业劳动参与者的年龄相对较高（均值为为 55.8 岁），中老年人口成为农业劳动的中坚力量，青壮年劳动力离农现象严重。由表 5-5 可知，16~25 岁、26~35 岁农村人口中，分别仅有 6%、20% 的人参与农业劳动，每年农业劳动时间不足 1 天；56~65 岁的农业劳动参与率和劳动时间达

到顶峰,分别为 54％和 39 天/年,而后随着年龄增长农业劳动供给逐渐减少,70~80 岁高龄老人的农业劳动参与率和劳动时间分别为 30％和 8 天/年,仍高于青壮年样本的同类指标。说明,农业劳动的高龄化现象较为严重。一方面,年长者由于缺乏非农就业机会而不得不继续从事农业生产,土地的就业保障功能凸显;另一方面,由于当前农民收入仍然不高,老年农民难以顾及养老积蓄,多数农村老人储蓄甚少,加之农村社会保障水平有限,土地的养老保障功能凸显。与农业劳动相比,青壮年是非农劳动者的主体(平均年龄为 46.6 岁),且其劳动参与率和劳动时间均较高,呈现出随年龄增长先增加后减少的趋势,36~45 岁时达到顶峰,劳动参与率和劳动时间分别为 98％和 297 天/年。苏南地区发达的非农产业和较少的耕地面积是农户非农劳动参与率较高、非农劳动时间较长的主要原因。

（三）文化程度较高者非农劳动参与程度较高

由表 5-6 可知,随着受教育水平的提高,农村人口劳动参与率和劳动时间呈现先升高后下降的趋势。其中,未上学的农村人口劳动参与率和劳动时间分别仅为 58％和 101 天/年;文化程度为中专的农村人口劳动参与率达到了 100％,年均劳动时间达到 294 天。说明,教育是影响农村人口劳动参与的重要因素。进一步的相关分析发现,年龄与受教育程度的相关系数为-0.724,且在 1％的水平上通过了显著性检验。说明,受教育程度较低的大多是年龄较大的农村人口,由于体能逐渐下降,他们的劳动参与率和劳动时间较低;而高中以上的农村人口大多是青壮年,是家庭负担的主要承担者,因而其劳动参与率和劳动时间均较高。值得注意的是,大专及以上人口的劳动参与率和劳动时间较之中专文化程度者有所下降,这与部分人正在寻找工作有较大的关系。

表 5 - 6　2010 年不同文化程度农村人口劳动时间配置的差异

(单位:%,天/年)

	总劳动供给		农业劳动		非农劳动	
	参与率	劳动时间	参与率	劳动时间	参与率	劳动时间
未上学	58	101	33	17	48	84
小学	74	181	40	27	60	154
初中	91	277	19	7	91	270
高中、职高	95	280	23	5	93	275
中专	100	294	50	10	100	284
大专及以上	93	273	18	5	93	268
合计	2.69		2.43		2.98	

　　农业的低收益使得受教育程度较高者更倾向于从事非农产业,且非农劳动参与率和劳动时间呈现出随文化水平提高逐渐增加的趋势,农业劳动则呈现相反的趋势。其中,未上学的农村人口非农劳动参与率和劳动时间分别为 48% 和 84 天/年,中专者达到顶峰,非农劳动参与率和劳动时间分别为 100% 和 284 天/年;而未上学者农业劳动参与率和劳动时间分别为 33% 和 17 天/年,大专及以上文化程度的农村人口农业劳动参与率和劳动时间分别为 18% 和 5 天/年,多数属于帮助家中老人耕种的情况。

（四）健康状况较好的农村人口劳动参与率较高

表 5 - 7　2010 年不同健康状况农村人口劳动时间配置的差异

(单位:%,天/年)

	总劳动供给		农业劳动		非农劳动	
	参与率	劳动时间	参与率	劳动时间	参与率	劳动时间
健康	86	240	30	16	80	224
患病有劳动能力	50	68	17	4	40	64
患病无劳动能力,生活能自理	42	19	33	4	25	15
生活不能自理	14	0	14	0	0	0
合计	81	215	29	15	74	201

　　健康是影响农村人口劳动参与的重要因素,这与他们所从事的主要是靠体力劳动维持收入的工作有关,较好的体力是提高其生产效率的关键。由表5-7可知,健康是农村人口劳动参与的前提和基础,两者呈现正向相关关系,具体表现为身体健康的劳动者,其劳动参与率和劳动时间均较高,分别为86%和240天/年;患病有劳动能力者劳动参与率和劳动时间分别为50%和68天/年;生活不能自理者劳动参与率为14%,每年劳动时间不足一天,仅参加一些辅助性的劳动。

　　由表5-7可知,身体健康者更倾向于从事非农就业。身体健康的劳动者非农劳动参与率和劳动时间分别为80%和224天/年,其农业劳动参与率和劳动时间仅为30%和16天/年;患病无劳动能力,生活能自理的农村人口,其农业劳动参与率高出非农劳动参与率8个百分点。说明,健康状况恶化对农村人口非农就业的影响较大,身体健康是在非农行业获得就业机会的重要前提。

四、农村人口非农就业情况

　　从调查结果来看,工业是农村人口非农就业的主要行业,苏南发达的非农产业使得农村人口就业距离较短,但其工资水平仍然不高。同时,不同性别农村劳动力的非农就业呈现不同的特点。

表5-8　2010年农村人口非农就业情况

（单位:人,%,元/天）

		总体		男性		女性	
		人数	比例	人数	比例	人数	比例
工作类型	工业	112	43.6	60	41.7	52	46.0
	商业	20	7.8	7	4.9	13	11.5
	交通运输	11	4.3	8	5.6	3	2.7
	建筑装修	18	7.0	15	10.4	3	2.7
	餐饮等服务	27	10.5	10	6.9	17	15.0
	其他非农业	51	19.8	33	22.9	18	15.9
	行政事业	18	7.0	11	7.6	7	6.2
	合计	257	100.0	144	100.0	113	100.0

（续表）

		总体		男性		女性	
		人数	比例	人数	比例	人数	比例
从业地点	村内	80	31.3	49	34.0	31	27.7
	村外乡内	142	55.5	73	50.7	69	61.6
	乡外县内	22	8.6	16	11.1	6	5.4
	县外省内	6	2.3	3	2.1	3	2.7
	省外国内	6	2.3	3	2.1	3	2.7
	合计	256	100.0	144	100.0	112	100.0
日均工资率	50 元/天以下	41	16.5	19	13.5	22	20.6
	50～100 元/天	118	47.6	58	41.1	60	56.1
	100～150 元/天	51	20.6	36	25.5	15	14.0
	150～200 元/天	23	9.3	17	12.1	6	5.6
	200～250 元/天	4	1.6	4	2.8	0	0.0
	250 元/天以上	11	4.4	7	5.0	4	3.7
	合计	248	100	141	100	107	100
	平均值	106.9		114.3		97.3	

从行业分布来看，工业是苏南地区农村人口就业的首选。调查显示（见表 5-8），从事工业的农村人口占 43.6%。同时，由于服务行业对劳动力的素质要求不高、就业门槛相对低，从事服务业的农村人口占 10.5%。从性别差异来看，男性与女性劳动力在行业上的选择存在较大的差异。男性劳动力从事交通运输和建筑装修的比重高出女性 17 个百分点，女性劳动力从事餐饮等服务业的比重高出男性 8.1 个百分点，这是男女劳动力体能特点所导致的必然结果。

苏南地区发达的非农产业吸纳了本地大量的农村人口，从该地区农村人口的就业距离上可见一斑。由表 5-8 可知，在村内和村外乡内就业的劳动力比重分别为 31.3% 和 55.5%，在县以外就业者仅占 4.6%。分性别来看，农村女性就业距离相对较短。其中，在乡镇内就业的农村女性劳动力比重高出男性4.6个百分点,而在乡镇外国内就业的女性劳动力比重比男性低5.1个百分点。较短的就业距离有利于农村女性兼顾家庭生产,降低了女性非农就业的心理成本和经济成本,有助于提高非农就业女性的家庭福利水平。

非农就业工资率为复合指标,根据调查问卷中的年工资性收入和非农劳动天数计算而来。由表5-8可知,农村人口非农就业日均工资率为106.9元/天,按一个月30天计算,月工资收入约为3 207元,略低于2010年苏南地区城镇非私营单位在岗职工月平均工资(3 827元)和全省平均水平(3 314元/月),如果加上城镇职工所享受的各种福利和社会保障,两者间的差距较大。从收入分布来看,大部分集中在3 000元/月以下的水平(占总样本的64.1%)。从不同性别来看,女性农村人口的工资率相对较低(97.3元/日),仅为男性的85.13%。造成男女劳动力非农工资率差异的可能原因是:农村妇女传统的生儿育女使得其一生中用于非农工作的时间较男性少,预期人力资本投资收益率低于男性,从而导致她们接受的教育和培训较少;女性劳动力较短的工作时间和工作距离、较低的工作强度和较为安全的工作环境,使其补偿性工资低于男性;还有,劳动市场对农村女性的歧视。

五、农村人力资源利用的特点

1. 人力资源较为丰富,但质量不高。表现为:农村人口身体素质较好,但老龄化趋势明显,且受教育程度普遍不高。

2. 样本农村人口总体就业较为充分,不同性别、不同年龄、不同文化程度和不同健康状况的农村人口的劳动参与呈现不同的特点。

3. 工业是农村人口非农就业的首选行业,苏南发达的非农产业使得农村人口就业距离较短,多数选择在乡镇内就业;但其工资水平仍然不高,月平均工资收入约为3 207元;同时,不同性别农村劳动力非农就业呈现不同的特点。

六、推进农村人力资源开发利用的建议

1. 大力推进农村各项教育事业,促进教育公平。统筹城乡义务教育资源均衡配置,健全家庭经济困难学生资助体系,建立一整套完整的农村教育体系,把基础教育、职业教育、继续教育(成人教育)、高等教育相结合。根据农业产业结构调整的要求、国内国际劳动力市场的需求、农民就业意愿等因素,展开农村职业技术教育的学校布局、专业设置和师资培训,加快现代职业教育体系建设;改变传统职业教育的培养模式,重视因材施教、因需施教的新型培养方法,为农业和农村经济的发展培养各种各样的技术人才。

2. 健全农村人力资源的培训机制。健全和完善农村人力资源的培训体系,让培训体系能够更加灵活地面对新农村建设的需求。充分利用农机站技术工作人员下乡面授指导,加强农业科技、农产品加工和农业经营技能培训;通过多种手段,结合培训对象自身的特长和爱好以及市场的需求,加强对农村中愿意转移到非农产业和城镇中去的人提供非农技术培训;对年纪比较轻、文化水平较高、敢于创新的新一代骨干农民,要加强其创业培训。

3. 增强政府就业服务职能,健全促进就业创业体制机制。规范招人用人制度,消除城乡、行业、身份、性别等一切影响平等就业的制度障碍和就业歧视,实现同工同酬。完善城乡均等的公共就业创业服务体系,构建劳动者终身职业培训体系。建立健全农村就业服务体系,形成纵向、横向网络系统,充分发挥市场机制对农村人力资源的调节作用;建立健全农村人才激励机制,对考核优秀的农村实用人才给予一定的奖金,以鼓励和带动更多的人自觉学习和掌握新知识、新技能。逐步建立完善遍及城镇、乡村的各级专为农民服务的信息网络,主要包括农业信息服务网络(农产品供需信息、农业生产技术信息)和就业服务信息网络(包括职业介绍、工作咨询或农村人力资源市场)。

4. 促进农业转移人口市民化。大力推进户籍制度、土地制度、社会保障、财税金融、行政区划等方面的改革,全面放开建制镇和小城市落户限制,有序放开中等城市落户限制。按照因地制宜、分类推进的原则,逐步把符合条件的农业转移人口转为城镇居民,实现义务教育、就业服务、基本养老,基本医疗、保障性住房等公共服务覆盖城镇常住人口,并实现农村养老保险、医疗保险与城镇社保体系的规范对接。

第二节　土地资源利用情况

土地资源利用的实质是对土地功能的利用。改革开放以来苏南地区大规模的开放开发,原本稀少的土地资源更为短缺,使土地成为制约经济发展的重要因素。近年来,随着土地市场的逐步发育成熟和农户对土地依赖程度的降低,苏南土地流转比例提高,流转的规模变大,促进了土地利用效率的提高。

一、土地综合开发利用情况

官方统计资料显示,2010 年末震泽常用耕地面积、有效灌溉面积均为 2 985 公顷,其中农作物总播种面积 2 715 公顷、粮食播种面积 2 225 公顷,分别占总耕地面积的 90.95% 和 74.54%。从农产品产出来看,2010 年粮食总产量、油料总产量、肉类总产量、禽蛋产量、水产品产量分别为 17 973 吨、1 636 吨、1 650 吨、150 吨和 10 595 吨。

近年来,吴江市在确保耕地面积不减少、农民利益得到切实保障的前提下,实行城镇建设用地增加与农村建设用地减少相挂钩的政策,建立城乡统一的土地市场,并在规划许可前提下允许建设用地先占用后平衡,优先确保进城农民公寓房建设。积极推进"万顷良田建设工程",提高耕地质量;大力开展土地整理工作,已完成震泽镇土地整理项目,建设规模 615.62 公顷,新增耕地面积 22.17 公顷;完成投资 1 385.98 万元;成立农村土地承包仲裁委员会,深入推进土地股份合作社组建,全市入股土地面积 28 万亩,占全市承包土地面积 60%,累计组建土地股份合作社 155 家,其中整村土地股份合作社 56 家,入股面积 17 万亩,全市农业适度规模经营比例达到 84%。

在各项政策的引导下,震泽镇围绕农业生态化、工业科技化、镇区城市化的目标,在科学规划中心城区、科技工业园区和农业综合生态开发区三大功能片区,以实施城乡建设用地增减挂钩项目为抓手,推进城镇安置公寓房建设,引导动迁农户置换进城居住,促进了城乡一体化发展。2007—2011 年,震泽镇共搬迁拆旧区农户 300 户,工业企业 16 家,复垦拆旧区土地 610 亩;全镇已建成的 5.5 万平方米城镇公寓房全部用于拆旧区农户安置,共安置农户 274 户,在建的城镇安置公寓房面积达 12 万平方米。2007—2011 年城乡建设用地增减挂钩项目的实施,共增加建设用地指标 380 亩。同时,加快土地流转,推进合作改革。2010 年土地股份合作社达 19 家,专业合作社 28 家,2010 年新增入股土地面积 3 500 亩,累计达到 23 100 亩,土地入股比率达 40%。加强土地流转,完成齐心、众安桥、曹村三个村整村土地流转入股和大船港粮食生产集中区建设,2010 年全镇累计土地流转面积 40 400 亩,土地流转比率达 70%。

二、农户土地资源及其结构情况

调查情况表明,苏南地区农户拥有的土地资源极少,以水田为主,且土地的细碎化程度较高。

（一）农户拥有的土地资源较少,水田比例较高

表 5-9　农户土地资源及其结构情况　　　　　（单位:亩）

	最小值	最大值	均值	标准差
1998 年户均耕地面积	0	13	6.26	2.45
其中:水田	0	11	4.51	1.89
旱地	0	5	1.72	1.01

（续表）

	最小值	最大值	均 值	标准差
水面	0	1	0.01	0.10
其他	0	2	0.03	0.20
2011年户均耕地面积	0	30	0.83	3.11
其中:水田	0	30	0.39	2.97
旱地	0	3.5	0.40	0.82
水面	0	0	0	0
其他	0	1	0.03	0.12

由表5-9可知,1998年农户户均土地面积为6.26亩。随着工业化和城镇化进程的加快,农户拥有的土地资源迅速减少。2011年户均耕地面积不到1亩,仅为1998年的13.26%,其中,户均水田面积由4.51亩减少为0.39亩,减少了91.35%;旱地由1.72亩减少到0.40亩,减少了76.74%;水面由0.01亩减少为0,减少100%;其他土地面积为0.03亩,与1998年持平。

表5-10　2011年人均耕地面积分布情况　　（单位:户,%）

	频数	占百分比	累计比例
无耕地	76	71.7	71.7
0~1亩	26	24.5	96.2
1~2亩	3	2.9	99.1
2~3亩	0	0	99.1
4~5亩	1	0.9	100.0
合计	106	100.0	
平均值		0.174亩	

从人均耕地面积来看,2011年样本农户人均耕地面积为0.174亩,远低于江苏省的平均水平(2009年江苏省人均耕地面积为1.4亩),其中:71.7%的样本农户已无耕地,0~1亩的占24.5%,1~2

亩的占 2.9％,4～5 亩的占 0.9％。以上数据说明,无论从户均还是人均耕地面积来看,苏南样本农户拥有的耕地资源较少。这是该地区快速城镇化的必然结果,也与我国城镇化"质量"不高有关。经济发展方式过度依赖土地利用的大规模扩张是我国粗放型经济发展的一个主要特征。因而国内许多主流学者指出,中国人口城镇化速度赶不上土地城镇化速度。改革开放以来,苏南地区在经济高速发展的同时,大量耕地转变为非农建设用地,这使得农户土地资源迅速减少。

（二）农户经营耕地细碎化程度较高

表 5-11　农户土地块数分布及其变动情况　　（单位:户,％）

	1998 年		2011 年	
	农户	比例	农户	比例
0 块	0	0	76	81.7
1 块	0	0	3	3.2
2 块	6	7.0	0	0
3 块	8	9.3	4	4.3
4 块	8	9.3	3	3.2
5 块	5	5.8	1	1.1
6 块	10	11.6	5	5.4
7 块	5	5.8	0	0
8 块	18	20.9	1	1.1
9 块	7	8.1	0	0
10 块	4	4.7	0	0
≥11 块	15	17.4		
合计	86	100.0	93	100.0
平均值	7.39 块		0.66 块	

由表 5-11 可知,1998 年以来农户拥有的地块数量不断下降。2011 年农户平均地块数不足 1 块(0.66 块),远低于 1998 年的平均

土地块数(7.39块)。其中,2011年土地块数为0的占81.7%,而1998年这一指标为0,说明随着经济发展速度的加快,失地农民数量在不断增加,也说明苏南地区不少农户已经不是普通意义上的农民。1998年农户拥有地块数在6块以上的占68.5%,而2011年这一指标为6.5%,农户土地地块数量急剧减少。但这并不能说明农户土地细碎化程度的下降,可能的原因在于农户拥有土地规模的不断下降。

表5-12　块均耕地面积分布及其变动情况　（单位:户,%）

	1998年		2011年	
	农户	比例	农户	比例
1亩以下	58	65.9	16	100.0
1～2亩	25	28.4	0	0
2～3亩	3	3.4	0	0
3～4亩	2	2.3	0	0
合计	88	100.0	16	100.0
平均值	1.02亩		0.37亩	

以块均土地面积衡量农户土地的细碎化程度。2011年农户块均土地面积为0.37亩,而1998年这一指标为1.02亩。其中,2011年回答该问题的16个农户,其块均耕地面积均在1亩以下;而1998年样本农户块均土地面积在1亩以下的占65.9%,28.4%的农户块均耕地面积在1～2亩,还有5.7%的农户块均面积在2亩以上。这说明样本农户土地细碎化的程度在不断增加,也充分验证了上述农户土地块数减少是由于土地规模减少的设想。农地细碎化使得单位土地面积的生产成本较高,这是在非农产业较为发达的苏南地区,比较收益较低的农业主要由老年人耕种或者流转出去的主要原因。

三、农户土地流转情况

农地流转是实现土地资源优化配置的重要途径。随着工业化、城镇化进程的加快,苏南地区土地流转的规模和范围不断扩大。由我们的调查数据可见一斑。

(一)二轮承包以来,样本地区发生了大规模的土地流转

表 5 - 13　1998 年以来农户土地流入情况　　　　　(单位:亩)

		无偿流进面积	集体土地重新调整增加面积	有偿流进面积	其他原因增加面积
齐心	均值	0	0	0	0
	样本数	0	0	0	0
新乐	均值	0	0.47	0.57	0
	样本数	0	1	1	0
总体	均值	0	0.47	0.57	0
	样本数	0	1	1	0

调查显示,1998 年以来,样本农户中流入土地的共有 2 家,占总调查样本的 1.9%,流入面积共 1.04 亩。分村庄来看,集中居住的新乐村有 2 户,占样本的 3.8%;齐心村土地流入户为 0。与之相比,样本农户土地流出的比例较高,面积较大。由表 5 - 14 可知,1998年以来土地流出的农户共有 98 户,占被调查样本总数的 92.5%,其中户均流出土地面积 5.26 亩,流转面积占农户土地面积的比重达到84%。说明,农户土地流出的动力大于土地流入。非农产业的快速发展及由此带来的城镇化加速,导致对土地资源需求的大幅提高,加上近年来现代高效农业的快速发展带来的土地规模化经营需求,使得苏南地区样本农户土地流出比例较高。

表 5 - 14　1998 年以来农户土地流出情况　　　　　(单位:亩)

	齐心		新乐		总体	
	均值	样本数	均值	样本数	均值	样本数
土地流出面积	4.65	52	5.87	46	5.26	98
其中:集体土地重新调整减少面积	0	0	0.14	2	0.07	2

（续表）

	齐心		新乐		总体	
	均值	样本数	均值	样本数	均值	样本数
集体非农建设用地占用减少面积	0.75	13	3.57	27	2.16	40
国家征地减少面积	0.31	4	2.12	17	1.18	21
有偿流出面积	3.42	50	0.32	3	1.90	53
无偿流出面积	0.03	1	0	0	0.02	1
家庭分家减少面积	0	0	0	0	0	0
其他原因减少面积	0.01	1	0	0	0.01	1

近年来，苏南地区小城镇发展速度较快，规模较大，由此带来了较大的用地需求，国家建设征地大面积增加。调查结果表明，12.3%的农村居民土地减少是因国家建设征地占用，另有23.4%的农户土地面积减少是因为耕地被集体非农建设用地占用。同时，因国家征地和土地被集体非农建设用地占用这两项原因减少的土地面积占农户土地减少总面积的62.55%，说明苏南地区城市化的速度较快，"摊大饼"式的城镇化和工业化是以牺牲大量良田为代价的。

从不同村庄来看，已集中居住的新乐村土地流出的面积较大，户均流出面积5.87亩，流转面积比例高达91.2%；非集中居住的齐心村户均土地流出面积4.65亩，流转面积比例略低于齐心村，为81.1%。集中居住区的农户由于耕种不便，加上土地股份合作社、农民专业合作社、集体农场等土地经营主体的兴起，以及地方政府土地换社保政策的引导，致使其土地大量流转。相当比例的土地股份合作社运作模式为：农户将土地流转给村集体，村集体再统一向外发包，发包对象主要包括种养大户、农业企业等经营主体。因此村组集体（50%）、农民专业合作社（43.8%）是集中居住区农户土地流转的主要受让对象（见表5-15）。而非集中居住的新乐村土地流转是在村集体要求下进行的，因而土地流转的受让对象全部为村组集体。

表 5-15　农户土地流转的受让对象　（单位:%）

	周围邻居	村组集体	农业合作社	其他	合计
齐心	2.0	50.0	43.8	4.2	100.0
新乐	0	100.0	0	0	100.0
总体	1.8	57.9	36.8	3.5	100.0

（二）农业的低收益和较高的流转价格是农户土地流转的根本动因

农户是土地流转的微观主体,作为理性经济人,农户土地是否流转基于对成本与收益孰大孰小的比较。虽然从问卷调查结果上看,表面上按村集体要求集中进行规模经营（72.88%）是农户土地流转的第一大原因,而实际上农户土地流转的最根本原因在于流转的机会成本较低、收益较高。统计结果显示,农户有偿流出土地租金平均为 706 元/亩,其中新乐村土地流转租金较高,为 967 元/亩,齐心村略低,土地租金均值为 690 元/亩。因而,"不用劳神费力收益还不错"（1.69%）,是农户愿意进行土地流转,乐意土地集中经营的原动力。同时,由于打工经商的收益远远高于农业收益,因而 1.69% 的农户因为外出打工经商而把土地流转出去。

表 5-16　农户土地流转出去的原因　（单位:%）

	齐心	新乐	总体
村组集体要求集中进行规模经营	84.00	11.11	72.88
外出打工经商不想种田了	2.00	0	1.69
年纪太大,种不动了	10.00	0	8.47
种田效益太低不想种了	0	0	0
因为不用劳神费力,收益还不错	2.00	0	1.69
其他	2.00	88.89	15.25
每亩租金(元/亩)	690	967	706

（三）土地合作社成为农户土地流转的首选对象

表5-17　农户最愿意的土地流转方式　　　　（单位：%）

	齐心	新乐	总体
有偿出租给亲友等农户	0	5.6	1.6
有偿出租给村集体	28.3	5.6	21.9
入股土地合作社	43.5	0	31.3
有偿出租给农业企业	2.2	0	1.6
永久性有偿转让承包权	8.7	0	6.3
承包权换养老保险	10.9	22.2	14.1
上述一种都不选，永久保留土地承包经营权	6.5	66.7	23.4
合计	100.0	100.0	100.0

　　有偿出租给村集体（21.9%）和入股土地合作社（31.3%）是农户最希望的土地流转方式。说明，土地股份合作社在土地流转中具有重要作用。另外，还有23.4%的农户希望永久保留土地承包经营权，14.1%的农户希望用承包权换取养老保险。愿意有偿出租给亲友的农户所占比重极少（1.6%），这与欠发达地区有明显区别。一方面与苏南地区土地流转市场发育较成熟，农业企业和土地股份合作社较为发达有关；另一方面可能与亲戚朋友土地流入的意愿较弱有关。分村庄来看，新乐村农户希望永久保留土地承包经营权的比重最高（66.7%），齐心村28.3%和43.5%的农户分别希望将土地有偿出租给村集体或入股土地合作社。

表5-18　在年纪大到不想或不能继续经营承包地的处理方式

（单位：%）

	齐心	新乐	总体
交给子女种	0	6.3	1.7
出租给邻居	2.3	0	1.7
租给村集体或土地合作社	65.9	6.3	50.0

(续表)

	齐心	新乐	总体
宁可抛荒也不出租或转让	9.1	0	6.7
换养老保险金	15.9	75.0	31.7
其他方式处理	6.8	12.5	8.3
合 计	100.0	100.0	100.0

当问及被调查农户在年纪大到不想或不能继续经营承包地时，对耕地的处理方式时，50%的农户选择租给村集体或土地合作社，31.7%的农户选择以土地换养老保险金。说明苏南地区农户对于土地合作社的认同度较高，这与村集体或者土地股份合作社能通过土地流转给农户带来实实在在的收益有关。资料表明，农户加入土地股份合作社，不但能获得固定的土地租金，每年还可享受数量不等的二次分红。我们的调查数据也显示，农户有偿流出土地的租金平均为706元/亩，明显高于自己种植粮食作物的收益，且省时省力。同时，两个村庄之间的差别也非常明显，齐心村中65.9%的农户选择租给村集体或土地合作社，新乐村中75.0%的农户选择以土地换取养老保障。

（四）农户土地流入的动力明显不足

土地规模经营意愿在一定程度上反映了农村居民通过土地规模的扩张实现其家庭收益、效用最大化的意愿。

表5-19 农户的土地流转意愿 （单位:%）

	齐心	新乐	总体
愿意流入土地，扩大经营规模	2.1	8.7	4.3
完全不想种地，有偿流出全部耕地	66.0	13.0	48.6
仅保留自留地，其余全部流转	10.6	43.5	21.4
不进不出	12.8	0	8.6
没想好，不好说	8.5	34.8	17.1
合 计	100.0	100.0	100.0

　　从表5-19可以看出,只有4.3%的农户家庭表示"愿意流入土地扩大耕地经营规模",而48.6%的农户家庭"完全不想种地,希望有偿流出全部耕地",21.4%的农户家庭会选择流转除自留地外的全部耕地,此外还有8.6%的农户家庭希望保持不变,17.1%的农户"没想好"。可见,绝大多数的农村居民都希望将土地有偿流转,仅有极少部分的农户家庭有扩大土地经营规模的意愿。这与农业的比较收益较低有关,也与苏南地区非农产业较为发达,非农收入占农户家庭总收入比重较高(样本均值为83.9%),农户对土地的依赖程度较低有关。从不同村庄的比较来看,齐心村愿意全部流出土地的农户占比高达66%,新乐村43.5%的农户愿意流出自留地以外的所有耕地,这在一定程度上与齐心村集中居住致使农田耕作不便有关。

四、农户土地资源利用的特点

　　1. 苏南地区农户拥有的土地资源极少,以水田为主,且土地的细碎化程度较高。二轮承包以来,苏南农户土地面积迅速减少,户均土地面积由1998年的6.26亩下降到2011年的0.83亩。非农产业的快速发展及由此带来的城镇化加速,导致土地资源需求的大幅提高,是农户土地面积快速减少的重要原因。

　　2. 改革开放以来,随着工业化、城镇化进程的加快,苏南地区土地流转的规模和范围不断扩大。数据显示,因国家征地和土地被集体非农建设用地占用这两项原因减少的土地面积占农户土地减少总面积的62.55%,说明苏南地区城市化的速度较快,"摊大饼"式的城镇化和工业化是以牺牲大量良田为代价的。从土地流转的原因来看,农业的低收益和较高的流转价格是农户土地流转的根本驱动力。在农户有偿的土地流转中,土地合作社发挥了重要作用,成为农户土地流转的首选对象。但苏南发达的非农产业和农业较低的比较利益,使得该地区农户土地流入的动力明显不足。

五、推进农户土地资源可持续利用的建议

1. 加强基本农田保护区的建设，切实保护耕地。经济发达地区优质耕地剧减，加强对现有优质耕地的保护成为土地利用战略选择的重要方向。应坚持数量和质量并重的原则，尽快从行政区"耕地总量平衡"向"基本农田的有效保护"和"用途管制"转移。片面地强调总量平衡，不仅造成该保护的良田没有保护好，还间接地鼓励了地方开垦不宜耕种的土地，造成环境和生态的恶化。耕地保护区内的耕地，任何单位与个人不得擅自改变用途、占用、撂荒。城镇发展的方向以及工矿、交通、水电项目的选址、选线应尽量避开农田，少占和不占耕地，严格按照人均用地指标控制城乡居民点用地。统一规划，建设工业小区，提高公用设施的利用率，节约土地；通过集中处理污染物，减少污染处理成本，并提高污染处理率，切实保护环境。

2. 优化土地利用结构，集约利用土地。提高耕地质量，改造中低产田；建设和完善水利设施，改善耕地的灌溉条件；提倡施用农家肥和冬种绿肥，配合引进新品种和新技术，提高土地的集约经营水平和农作物单产水平，以缓解人多地少的矛盾。应用现代科学技术，增加土地的科技和资金投入，提高农业土地的综合生产能力，使其具有长期的持续性效益。从农业产业结构来看，应注重发展资金密集型和技术密集型的高效农业，逐步实现规模农业的企业化经营和园区化管理，进一步提高土地利用效率。

3. 确保农民公平分享土地增值收益。赋予农民对承包地占有、使用、收益、流转及对承包经营权抵押、担保权能，允许农民以承包经营权入股，发展农业产业化经营。鼓励承包经营权在公开市场上向专业大户、家庭农场、农民合作社、农业企业流转，发展多种形式规模经营。改革完善农村宅基地制度，推进农民住房财产权的抵押、担保、转让，建立农村产权流转交易市场，推动农村产权流转交易公开、公正、规范运行。

4. 推动土地流转的规范化。实现土地流转从"散户—散户"的分散性自发流转向"散户—中介组织—大户"的有序化、市场化流转的转变,为土地的规模经营提供快速、高效的土地流转与聚集机制;为流转双方提供交易场所、储备和发布流转信息、集中办理流转手续。

第三节　农村金融服务

农村金融是现代农村经济的核心,建立资本充足、功能健全、服务完善、运行安全的农村金融体系,满足农民对金融服务的需求,是农村发展的重要保障。本文通过对农户借贷行为的研究,总结苏南发达地区农民的金融需求,为发达地区农村金融改革提供依据。

一、震泽镇财政与金融情况

据官方统计资料显示,2010 年,震泽镇财政总收入和预算内收入分别为 69 699 万元和 59 646 万元,其中:一般预算收入 32 330 万元,预算外资金收入 9 473 万元,上级财政补助收入 580 万元,乡镇可用财政收入 28 565 万元。从预算支出来看,2010 年财政支出总额 28 562 万元,其中:科学技术支出 1 002 万元,占财政支出总额的 3.51%,分别较 2009 年下降 67.50 和 9.35 个百分点;教育支出总额 5 972 万元,占财政支出总额的 20.91%,分别较 2009 年增加了 33.54 和 2.26 个百分点。从震泽金融情况来看,2010 年末各项存款余额 506 266 万元,其中居民储蓄存款余额 415 000 万元;各项贷款余额为 360 000 万元,其中农业贷款 28 000 万元,占贷款总额的 7.78%,基本与上年持平。

从苏州地区农村金融来看,农业银行和农村商业银行构成了农村金融机构的主力军,两家"农"字头金融机构服务网点和存贷款额均达县域地区总量一半以上。加上其他国有商业银行、农业发展银行、部分股份制商业银行、邮政储蓄银行的分支机构,全辖农村地区营业网点超过 1 100 家,均衡分布于所辖各个乡镇;经营状况比较正常,内部控制比较规范,赢利能力逐年增强,初步形成了具有相当规模、经营良好、分工协作、功能基本齐全的农村金融组织体系。截至2009 年末,苏州市金融机构积极支持农村基础设施、农业产业化龙头企业、农民生产经营等"三农"经济发展,全辖涉农贷款余额 3 420.2亿元,同比增长 23.7%;按用途分,农林牧渔业、支农贷款余额分别为 58.8 亿元和 378.9 亿元,同比分别增长 15.0%、28.1%,其他涉农贷款 2 982.6 亿元,同比增长 23.4%;按贷款主体分类,农户、企业和各类非企业组织贷款余额分别为 217.6 亿元、3 028.8 亿元和173.8 亿元,同比分别增长 40.0%、21.9% 和 40.2%;涉农贷款占总贷款的 40.2%,有力地支持了农业发展和农村经济结构的调整。

二、农户获得金融服务情况

(一)农户借贷情况

表 5 - 20　2011 年样本农户借贷情况(单位:户,%,万元)

	2011 年借贷情况			2007—2011 年累计借款		
	总体	齐心	新乐	总体	齐心	新乐
借贷户数	17	8	9	29	18	11
占被调查户	16.3	15.1	17.0	24.9	31.6	22.5
借贷总额	128.2	89.7	38.5	191.7	129.7	62.0
户均借款额	7.5	11.2	4.3	6.6	7.2	5.6

　　由表 5 - 20 可知,2011 年曾经借款的农户有 17 家,占样本总数的 16.3%,借款总额为 128.2 万元,已借款农户的户均借款额为 7.5万元;其中借款额在 2 万元以下的有 6 户,占样本总数的 35.3%,2万元~4 万元的有 3 家,占样本总数的 17.6%;4 万元~6 万元的有4 户,占 23.5%,6 万元以上的有 4 户,占 23.5%。分村庄来看,齐心和新乐农户借款的差别不明显,齐心村借款金额较大,2011 年总借

款额为 89.7 万元,户均借款 11.2 万元。2007—2011 五年间,24.9%的样本农户曾借过款,借款总额 191.7 万元,户均借款额为6.6 万元。齐心和新乐两个村的差别不显著。

表 5 - 21　2011 年样本农户未借款原因　　　　（单位:户,%）

	想借,但没借到	不需要借钱	合计
齐心	1	44	45
	2.2	97.8	100.0
新乐	2	40	42
	4.8	95.2	100.0
总体	3	84	87
	3.4	96.6	100.0

由表 5 - 21 可知,96.6%(84 户)的样本农户 2011 年认为自己家"不需要借款",仅有 3.4%的"想借钱但没有借到"。齐心村、新乐村分别有 97.8%和 95.2%的农户未借款的原因是"不需要借钱"。说明,苏南地区农户相对较为富裕,收入能满足日常的基本生活开支。

（二）农户的借款用途和借贷来源

表 5 - 22　2011 年样本农户借款用途　　　　（单位:户,%）

		总体	齐心	新乐
农业生产投入	频数	1	0	1
	比例	5.6	0	11.1
非农投入	频数	1	1	0
	比例	5.6	11.1	0
日常开支	频数	1	1	0
	比例	5.6	11.1	0
看病	频数	1	1.	
	比例	5.6	11.1	0
上学	频数	1	0	1
	比例	5.6	0	11.1

（续表）

		总体	齐心	新乐
婚嫁	频数	6	1	5
	比例	33.3	11.1	55.6
盖房	频数	2	2	0
	比例	11.1	22.2	0
其他	频数	8	5	3
	比例	44.4	55.6	33.3

注:该问题为多选题。

在回答该问题的农户中,33.3%的农户(6户)借钱的目的是婚丧嫁娶;44.4%的农户(8户)借钱的用途为其他;农业生产性投入和非农生产性投入的比例较低(均为5.6%);借款用途为维持日常生活开支、子女上学、看病的农户分别占样本总数的5.6%;翻盖房屋的有2户,占11.1%。可见,在齐心和新乐两个村农户的全部实际借贷用途中,重要的不是生产性贷款,而是生活性借贷(占样本总数的88.8%)。

表5-23 2011年样本农户借款来源　　(单位:户,%)

		齐心	新乐	总体
亲戚朋友	频数	9	7	16
	比例	90.0	100.0	94.1
国有银行	频数	10	0	1
	比例	100.0	0	5.9

注:该问题为多选题。

我们问卷设计的借贷来源主要包括亲戚朋友、信用社或农商行、其他国有银行、村组集体、农民资金互助社、农民专业合作社、高利贷、农业龙头企业、赊购欠款等。其中从村集体借款和赊购欠款的成本是最低的,几乎为零,因为通常从村集体借款或赊购欠款只需还本,不需付息。但从表 5 - 23 可以看出,新乐和齐心两个样本村 2011 年发生过借款的农户中,亲戚朋友和国有银行是其主要的借贷来源,两者分别占总体样本的 94.1% 和 5.9%。其中,新乐村已发生借款的农户借款来源全部为亲戚朋友,齐心村 90% 的农户借款来源为亲戚朋友,仅有 10% 的农户(1 户)向国有银行借款,该农户借款的原因在于购买商品房。

(三) 农户的借贷成本

表 5 - 24　2011 年样本农户借款期限和利息情况

	借款利息			借款期限		
	有利息/%	月利息/%	样本数	有期限/%	借款期限/月	样本数
齐心	11.1	0.5	1	22.2	180	2
新乐	11.1	0.8	1	11.1	12	1
总体	11.1	0.65	2	16.7	124	3

由表 5 - 24 可知,2011 年发生过借款的 17 个农户中,仅有 2 户(占比 11.1%)的农户支付利息,月平均利息为 0.65%。从不同村庄来看,齐心和新乐支付利息的农户分别占本村 2011 年发生过借款农户数的 11.1%,但齐心的利息稍低(0.5%)于新乐村(0.8%)。16.7%(3户)的已借款农户借款有期限,均值为 124 个月。进一步分析发现,借款没有期限的农户其借款来源全部为亲戚朋友。而在借款来源为亲戚朋友的农户中,只有 1 户有利息,但该农户借款的月利息为 0.8%,高于借款来源为国有银行的农户(其借款的月利息为 0.5%)。

(四) 农户借款的抵押和担保情况

表 5 - 25　2011 年样本农户借款抵押和担保情况 (单位:户,%)

		抵押情况		担保情况	
		无需抵押	房屋抵押	无需担保	亲戚朋友担保
齐心	频数	7	2	7	1
	比例	77.8	22.2	87.5	12.5

(续表)

		抵押情况		担保情况	
		无需抵押	房屋抵押	无需担保	亲戚朋友担保
新乐	频数	9	0	9	0
	比例	100.0	0	100.0	0
总体	频数	16	2	16	1
	比例	88.9	11.1	94.1	5.9

普通农户要想从金融机构获得贷款,最主要的困难是难以满足金融机构的担保和抵押条件要求。因而,针对抵押情况,我们的问卷设计为:无需抵押、房屋抵押、其他资产抵押、农产品抵押、存折抵押等。从问卷统计结果来看,2011 年发生过借款的 17 个农户中,仅有 2 户(占比 11.1%)的农户将房屋抵押以获得借款,88.9%的农户借款无需抵押。针对农户借款的担保情况,我们的问卷设计为:无需担保、亲戚朋友担保、多人联保、村集体担保、合作社担保、农业企业担保等。从问卷统计结果来看,2011 年发生过借款的 17 个农户中,仅有 1 户(5.9%)的农户借款需要担保,担保方式为亲戚朋友担保,94.1%的农户借款不需要担保。进一步分析发现,无需抵押的农户其借款来源全部为亲戚朋友,而在借款来源为亲戚朋友的 16 个农户中,仅有 1 户需要担保。相对来讲,从亲戚朋友处借款的成本较低,且不需要抵押和担保,与国有银行层层审批相比,方便快速,因而是农户借款的主要来源。

(五)农户获得借款的难易程度评价

表 5-26　当前农村获得借款的难易程度　　　　(单位:%)

		非常难	比较难	一般	比较容易	非常容易	合计
齐心	频数	5	12	22	13	0	52
	比例	9.6	23.1	42.3	25.0		100.0
新乐	频数	3	19	28	2	1	53
	比例	5.7	35.9	52.8	3.8	1.9	100.0
总体	频数	8	31	50	15		105
	比例	7.6	29.5	47.6	14.3	1.0	100.0

当问及"您认为目前农村获得借（贷）款的难易程度"时，47.6％的农户认为"一般"，29.5％的认为"比较难"，7.6％的认为"非常难"，还有14.3％的农户认为借（贷）款"较为容易"，仅有1％的认为借（贷）款"非常容易"。就两个村庄的差别来看，新乐村的农户认为借（贷）款"较难"的比例较高，齐心村认为借（贷）款"较为容易"的占25.0％，而新乐村分别仅有3.8％和1.9％的农户认为在农村获得借（贷）款"较为容易"和"非常容易"。总体来讲，认为借（贷）款较难的农户较多，这与农村地区金融环境差、农村金融供给严重不足、服务效率低等有较大关系。这些原因使得农民可获得贷款的可能性较小且贷款额度有限。

三、农户获得金融服务的特点

1. 发生借款的农户较少。这与苏南地区农户普遍较为富裕有关，也与农村地区金融服务供给不足有关，农民可获得贷款的可能性较小且贷款额度非常有限。

2. 农户借款的主要用途是生活性用途，生产性投资较少。且其主要借款来源为亲戚朋友，这与亲朋好友借款不用付利息、不需要抵押和担保、方便迅速有较大关系。同时也说明，减少审批环节和审批时间是优化农村地区金融环境的重要手段。

3. 多数村民认为在农村获得贷款并非易事。说明农村金融供给严重不足，与苏南地区经济发展的要求不相适应。农村金融涉及多领域、多层次、多类型，既有一般农户的小额信贷需求，也有产业集群化龙头企业的大规模资金需求；既有农民脱贫致富的金融服务需求，也有发展创业的小额信贷需求；既有普通的存贷款服务需求，更有各类银行卡等支付结算和理财等服务需求。这要求金融服务品种更加丰富，服务手段更加多样，服务方式更加便捷，而现有的农村金融服务在这些方面存在明显的不足。

四、优化农村金融发展环境的建议

1. 引导正规金融机构回流农村地区。吸引更多金融机构回流是改变"一农"难支"三农"局面、改善农村金融服务的关键。加强农村金融基础设施硬件环境建设。优化金融资源布局,在农村地区合理布局和增设网点,努力扩大县以下特别是乡镇、行政村的金融机构网点覆盖面。充分发挥农商行联系面广、服务优、人熟地熟的优势,为农村提供特色金融服务,开发适应新农村需求的金融产品,探索综合化经营和业务转型,满足农民多层次的金融需求,力促农民增收、农业增效、农村经济发展。

2. 积极开展新型农村金融组织试点,使民间金融转型发展成为与银行正规金融形成补缺效应的"草根金融体系"。重点要增加村镇银行试点数量,提高村镇银行业务覆盖面;发展农村资金互助社,克服农村金融市场交易成本高、担保不易落实等困难,满足农民"小、频、急"的贷款需求;推动小额贷款公司扩大农村金融服务,建立小额贷款公司政策帮扶与扶持"三农"发展实绩相挂钩机制,保证小额贷款公司对"三农"的资金投入力度。对政府的财政支农资金,也要尝试通过村镇银行和资金互助社来运作,这样既可以提高资金使用效率,杜绝寻租腐财现象,又可以有效解决新型农村金融机构资金不足的问题。

3. 完善农村担保体系。建立政策性和互助型担保公司,大胆探索、补充完善农村各类资产确认、登记、抵押、流转的配套政策法规,提高农村资产价值,拓宽农民可抵押资产范围,重点要完善农房(农村宅基地、个私集聚区厂房)、林权、土地承包经营权等抵(质)押办法。

4. 增强信贷服务能力。根据农村不同主体的需要,设计与其需求相适应的期限、额度、还款方式和利率定价方式。采取综合授信的形式,拓展农户贷款的对象,实行一类一策的贷款方式,满足广大农户对扩大再生产所需的资金需求。

第六章　产业发展

产业发展是经济布局的核心，产业连着就业，支撑着城镇，是城镇最重要的组成部分。产业的发展，尤其是工业和服务业的发展，有利于农村富余劳动力向非农产业和城镇转移，从而保证农民收入持续稳定增加，实现农民收入与社会收入的同步增长。推进城乡一体化的过程，实际上就是不断把农村富余劳动力解放出来，实现就业和致富的过程。本章首先分析震泽镇产业结构的演变轨迹，其次描述现代农业、现代工业、现代服务业三大产业的现状和发展举措，再次概括村级经济的现状和作用，最后分析财政支农的方式和效果。

第一节　产业结构演变轨迹

产业结构的全面转变，是现代经济增长的本质特征。一方面，经济总量的高增长率导致了产业结构的高变换率；另一方面，经济增长又是一个部门化的过程，产业部门间技术变化的差异、生产率上升的差异以及组织变化和制度创新的差异等因素，导致了经济增长在部门间的差异和经济总体的增长特征。

一、产业结构演变规律

三次产业之间以及三次产业内部不同行业之间的演变都遵循着

一定的规律。

1. 三次产业结构变动规律

在产业结构理论中,最著名的学说是有关经济发展中劳动力在三次产业中的分布结构如何变化的理论。17 世纪的英国经济学家威廉·配第在其名著《政治算术》中描述过这样的现象:制造业比农业,进而商业比制造业能够得到更多的收入。这种不同产业间收入的相对差异,促进了劳动力向能够获得更高收入的部门流动。美国著名经济学家库兹涅茨对各国国民收入和劳动力在产业间分布结构的演进趋势所作的统计分析结论是:农业部门实现的国民收入,随着年代的持续,在整个国民收入中的比重以及农业劳动力在全部劳动力中的比重均处于不断下降之中。工业部门的国民收入的相对比重,大体上是上升的;然而,工业部门中劳动力的相对比重,如果综合各国的情况看,则是大体不变或略有上升。服务部门的劳动力相对比重,差不多在所有国家中都呈现出上升的趋势,但国民收入的相对比重,却并不必然地与劳动较往年相对比重的上升趋势同步,综合起来看是大体不变或略有上升。

2. 工业结构变动规律

在产业结构高度化过程中,工业扮演着主导的角色。近现代的经济发展过程同工业的发展紧密联系在一起,经济发展过程亦可以称为"工业化过程"。因为工业结构的高度化,是整个产业结构高度化的核心特征。工业结构的提高表现在以下三个方面:一是从以轻工业为中心的发展向以重工业为中心的发展推进。这就是所谓的重工业化。二是在重工业化的过程中,工业结构又表现为从以原材料工业为中心的发展,向以加工、组装工业为中心的发展推进。这就是所谓的高加工度化。三是随着上述工业结构水平两方面的高度化过程,工业结构的资源密集即工业的资源结构(劳动力、资本、技术三方面的组合关系)的重心也会发生优化变动,即以劳动密集型为主的工业向资本密集型、技术密集型工业发展。

3. 产业结构变动的经济增长效应

现代经济增长的直接原因是处于优势地位的部门的超高速增长,即占经济总量中较高份额的部门强劲的增长态势,抵补了原有老的产业增长势头下降的趋势。那些技术创新策源地的新兴工业部门,成为推动产业结构演变和经济增长的最强劲的部门。任何国家和地区的经济发展过程,都包含着从农业经济到二元经济,再从二元经济到现代经济增长这样两个过程。在农业经济向二元经济转变过程中,从农业部门看,一方面出现了农村剩余劳动力向非农产业部门的大量转移;另一方面由于剩余劳动力的流出,出现了人均收入水平和剩余产品率的提高,而这正是从传统农业走向现代农业的前提条件。从经济发展过程看,首先获得发展的是轻工业,以后随着人均收入水平的提高,居民消费指向发生了从以农产品为原料的轻工业,转向以非农产品为原料的重工业的变化,由此又诱发对基础工业的需求。这时产业结构的变化,也相应地进入到以基础工业和重加工业为主导的重工业化阶段,即二元经济向现代经济转换时期。

二、产业结构变动分析

产业结构的演变规律在震泽镇得到了充分的验证。改革开放以来,震泽经济保持了持续快速健康发展的良好势头,运行质量不断提高,综合实力不断跨上新的台阶。震泽经济不断发展的过程,也是产业结构不断高度化的过程,主要表现为农业比重不断下降,工业、服务业的比重不断上升。2011年,全镇地区生产总值达84.2亿元,比2010年增长18.69%,三次产业比重则由2007年的6.4:63.0:30.6转变为2011年的4.1:60.5:35.4。

随着经济的发展,农业的增长速度放缓,在全镇经济中的比重不断下降。2011年全镇农业增加值为3.42亿元,仅比2010年增长5.93%,低于全镇地区生产总值18.69%的增速;农业占地区生产总值的比重由2009年的5.03%进一步下降到2011年的4.06%,农业所占比重已经与发达国家和地区的水平相当。震泽镇 30 多年的高速发展,根本原因是发展了工业。2011 年,震泽第二产业增加值达50.93 亿元,比 2010 年增长 16.83%;第二产业占全镇生产总值的比重达 60.48%。工业的发展又推动了服务业的发展。2011 年震泽镇服务业增加值达 29.85 亿元,比 2010 年增长 23.75%;服务业占生产总值的比重为 35.46%,较 2010 年提高了 1.46 个百分点。

工业和服务业的快速发展推动了农业剩余劳动力的转移和农民收入的快速增长。2011 年,全镇从业总人数 46 497 人,其中外来从业人员 9 700 人,占 20.86%。全镇从业总人数中,第一产业从业人数占 7.10%,第二产业占 77.38%,第三产业占 15.52%。2011 年全镇农民人均纯收入 18 300 元,比 2010 年增长 15.01%。

第二节 发展现代农业

虽然农业在全镇经济中的比重不断下降,2011 年农业占全镇生产总值的比重只有 4.06%,但震泽镇不断加快农业的产业化、组织化、规模化进程,农业发展的质量在不断提高。

一、农业产业化发展情况

随着经济的发展和人民生活水平的提高,农业的功能在逐步转变。农业不仅具有食品保障功能,而且具有原料供给、就业增收、生态保护、观光休闲、文化传承等功能。建设现代农业,必须注重开发农业的多种功能,向农业的广度和深度进军,促进农业结构不断优化升级。震泽农业顺应市场需要,发挥自然生态资源优势和毗邻沿湖片区的区位优势,大力发展高效农业、现代农业和生态农业,加快发展生态休闲旅游度假产业;进一步优化农业产业结构、布局结构和品种结构,积极推进粮油、蚕桑、水产、畜禽、苗木、蔬果等六大主导产业特色化、特色产业高效化、高效产业规模化。2010 年,震泽镇农林牧副渔业总收入 4.99 亿元,其中种植业仅占 15.14%,林业占 6.68%,畜牧业占 6.95%,渔业占 70.10%,副业占 1.13%。

1. 粮油生产

随着工业化和城镇化的推进,震泽加快农业科技进步,加强农业基础设施建设,发展高产、优质、高效农业,在基本稳定粮田面积的前提下,不断优化粮食种植结构,使优质粮比重不断扩大,单产水平不断提高。2011 年,水稻种植面积 26 432 亩,总产 1 601.8 万公斤,比 2007 增长 0.81%;单产 606.01 公斤,比 2007 年增长 7.21%。小麦种植面积 10 226 亩,总产 346.2 万公斤,是 2007 年的 18.03 倍;单产 338.55 公斤,比 2007 年增长 8.62%。

表 6-1　2007—2011 年震泽镇主要作物种植情况

（单位:亩,万公斤）

年份	水稻		小麦		油菜		蔬菜		果用瓜	
	面积	总产	面积	总产	面积	总产	面积	总产	面积	总产
2007	28 108	1 588.9	616	19.2	3 220	77.0	7 187	732.0	450	180.0
2008	27 907	1 625.9	2034	70.5	4 303	903.6	6 003	559.0	410	246.0
2009	26 410	1 534.7	3 035	82.6	7 410	128.1	4 536	563.0	620	372.0
2010	26 432	1 576.5	6 935	221.4	8 150	163.6	4 604	572.0	480	240.0
2011	26 432	1 601.8	10 226	346.2	8 221	147.7				

注:蔬菜面积为常年面积与季节性面积之和。

资料来源:震泽镇统计站《2007—2011 年吴江市农林牧副总收入统计表》。

2. 林业生产

发展林业生产有利于改善农村生态环境和农业生产条件。震泽镇的林业生产以绿化工程和苗木生产为主,2011 年两者分别占林业生产总收入的 65.95% 和 24.61%。绿化工作以"绿色通道、绿色村庄、湿地林带大型片林"为主要抓手。2011 年完成绿地面积 1 650 亩,新增成片林 960 亩,完成 2 个绿化示范村建设,总投入资金 1 500 余万元。

表 6-2 2007—2010 年震泽镇林业生产情况（单位：万元，%）

年份	总收入	果品		苗木		绿化工程		其他	
		收入	比重	收入	比重	收入	比重	收入	比重
2007	3 642	132	3.62	780	21.42	2 350	64.52	380	10.43
2008	3 392	117	3.45	710	20.93	2 170	63.97	395	11.65
2009	2 988	120	4.02	568	19.01	2 000	66.93	300	10.04
2010	3 336	105	3.15	821	24.61	2 200	65.95	210	6.29

资料来源：震泽镇统计站《2007—2011 年吴江市农林牧副总收入统计表》。

3. 畜牧业生产

近几年，震泽镇畜牧业采取稳定现有畜禽生产，发展种禽生产，培育壮大地方优势产业的方式，不断优化养殖结构，形成了以三元商品猪、蛋鸭、湖羊为主的三大特色产业。发挥龙头企业、基地、生猪合作社的示范作用，加强散养家禽家畜免疫和生产环节的监管，确保城乡居民吃上放心肉、放心禽。2010 年，全镇畜牧业总收入达 3 470 万元，其中肉猪收入的比重占 34.58%，比 2007 年下降了 22.21 个百分点；苗猪收入的比重占 15.33%，比 2007 年下降了 2.14 个百分点；家禽及禽蛋收入的比重占 39.88%，比 2007 年提高了 18.74 个百分点。

表 6-3 2007—2010 年震泽镇畜牧业生产情况

（单位：万元，%）

年份	总额	肉猪		苗猪		家禽及禽蛋		其他	
		收入	比重	收入	比重	收入	比重	收入	比重
2007	4 517	2 565	56.79	800	17.47	955	21.14	197	4.36
2008	3 780	2 425	64.15	88	2.33	1 009	26.69	258	6.83
2009	3 886	2 268	58.36	308	7.93	1 158	29.80	152	3.91
2010	3 470	1 200	34.58	532	15.33	1 384	39.88	354	10.20

资料来源：震泽镇统计站《2007—2011 年吴江市农林牧副总收入统计表》。

4. 蚕桑生产

震泽地处太湖平原,气候温暖湿润,土地肥沃,适宜植桑养蚕,是太湖南岸重要的蚕桑生产基地。蚕桑生产是震泽镇的传统副业,震泽镇的蚕桑生产在苏州市各乡镇中名列前茅。近几年,由于蚕茧价格下降,加上劳动力短缺,蚕桑生产呈下降趋势。2004 年,震泽镇有桑园面积 16 323 亩,实发蚕种 25 443 张;2012 年分别下降为 8 112 亩、3 200 张。2011 年,震泽蚕桑业总收入 676.07 万元,比 2007 年下降了 52.22%。

表 6-4 2007—2010 年震泽镇蚕桑业生产情况

年份	总收入/万元	桑园面积/亩	发种总数/张	总产量/吨
2007	1 415	15 223	20 948	734
2008	936	15 223	13 343	504
2009	529	15 223	6 178	264
2010	564	12 223	4 216	189

资料来源:震泽镇统计站《2007—2011 年吴江市农林牧副总收入统计表》。

5. 水产生产

水产养殖业在震泽镇农业中占有举足轻重的地位。震泽镇拥有丰富的水面资源,2011 年水产养殖面积达 17 625 亩。丰富的水面资源,为全镇发展水产业打下了坚实基础。2010 年,全镇水产业总收入 34 995 万元,占全镇农业总收入的 70.10%。水产养殖坚持向名特优新品养殖发展,水产品品质不断提升,全镇呈现特种水产品养殖面积增加,结构趋向合理,养殖模式多样的新特点;坚持提高水产品质量安全,着力抓好养殖水域的水质保护,组织实施推进无公害水产品行动计划。2011 年,水产品产量 1 086.6 万公斤,比 2009 年增长4.99%。

表 6-5　　2009—2011 年震泽镇水产生产情况

年份	水产品养殖面积/亩	水产品总产量/万公斤	水产品增加值/万元
2009	16 785	1 035.0	16 257
2010	17 235	1 059.5	11 921
2011	17 625	1 086.6	14 442

资料来源:震泽镇统计站《2007—2011 年吴江市农林牧副总收入统计表》。

二、农业现代化发展水平

随着城镇化、工业化步伐的加快,农村土地资源、劳动力资源等农业生产要素将日趋紧缺,仅仅依靠土地资源和劳动力投入来发展农业已不现实,在保证粮田面积基本稳定的基础上,必须转向依靠科技、依靠经营来提高农业效益。

1. 农业机械化水平

依靠科技、经营不断提高土地产出率、资源利用率和劳动生产率是我国农业今后的发展方向。为提高全镇农机化水平,镇政府不断加大财政补贴力度,提高农户的购机积极性,农业科技与装备水平不断提高。据齐心村农机合作社介绍,一台 9.4 万元的高速插秧机,各级财政补助 85%;一台几千元的植保机,政府补助 30%;一台 6 万多元的拖拉机,政府补助 50%;一台 25 万元的收割机,政府补助 60%。震泽镇在 2008 年拥有 4 个农机专业合作社的基础上,2009 年新增培养了一批农机大户,从而大大推动了全镇农机服务社会化、专业化和产业化发展。全镇水稻机插秧、机收割综合水平达 93.2%,同比增幅为 25.3%,有力促进了农业增效、提高现代农业发展水平。2011 年稻谷已经实现 95% 以上机插,麦子已经实现 100% 机播。

2. 高效设施农业

高效设施农业是以市场为导向,运用现代科学技术,充分合理利用资源环境,最终实现经济、社会、生态综合效益最佳的农业生产经营方式。发展高效设施农业是提升农业综合竞争力的重要举措,是促进农民增收的重要渠道,是建设社会主义新农村的重要内容。震泽镇高度重视高效设施农业工作,积极采取有力措施,推进全镇高效设施农业发展。2009 年全镇拥有田、林、路、渠相配套的塑钢大棚 2 751.7 亩,高效农业总面积 26 949 亩,建成了龙降桥、夏家斗村这两个现代农业示范基地。2010 年、2011 年全镇又新增高效农业面积 2 946 亩、2 934 亩。

3. 农业规模经营

土地经营规模小而分散是影响我国农业发展的重要瓶颈。推进农业适度规模经营是深化农村改革的一项重要内容,也是中国农业由传统农业向现代农业转变的必由之路。从总体上看,震泽已经具备了加速推进农业适度规模经营的条件:一是全镇农村劳动力总量的 90%以上已转向二、三产业,有助于催生规模经营;二是社会资本大量回流农村,有助于带动规模经营;三是农村商品流通体系的不断完善为规模经营提供了有力支撑;四是农业机械化水平的不断提高和健全的社会化服务为规模经营提供了可能。震泽抓住工业化、城镇化快速推进的有利时机,在稳定完善农村土地承包关系的前提下,坚持依法自愿有偿的原则和现代农业发展的要求,采取政策激励、市场培育、优化服务等方法,引导农户流出土地;鼓励支持农业龙头企业、农民专业合作社以及种养大户采取转让租赁、招标承包、土地入股、互换等多种形式,规范有序流转土地,做到流转程序合法、合同规范、手续完备,有效推进农业适度规模经营。至 2011 年底,全镇 57 000 亩耕地中,已有 80%的耕地由农业生产合作社、种田大户和村办农场经营;23 个村中已有 6 个村实现了整村土地流转。

在推进农业规模经营的过程中,震泽镇十分注重发展壮大农业龙头企业。发展壮大农业龙头企业,实质就是用工业化的理念指导农业、经营农业、发展农业,优化整合生产、加工、流通等各个环节,壮大产业规模,提高产业层次,增加农业效益。发展壮大农业龙头企业,通过龙头企业这一市场主体把农产品生产、加工、销售各个环节联结起来，把分散的农户联合起来，以有效地提高农业生产的组织化程度，有利于按照国际规则，把农业技术标准和农产品质量安全标准贯穿于农业全过程，真正实现全程质量控制，整体提高农产品质量，培育具有较强市场竞争力的品牌农产品。震泽镇不断深化农业产业化经营，培育壮大龙头载体，完善农业企业、生产基地、合作组织与农户的利益联结机制，提高农民进入市场的组织化程度，提高农业综合生产能力和经济效益。震泽已涌现出华鑫集团有限公司、慈云蚕丝制品有限公司等一批具有较强经济实力和带动能力的农业产业化龙头企业。

三、合作经济组织发育情况

家庭联产承包责任制的推行极大地提高了农户生产积极性，但同时也造成了分散的农户小规模经营与社会化大市场的矛盾，使农户在市场竞争中处于劣势地位。发展农民专业合作经济组织，对于提高农民的组织化程度，加快农业结构的调整，推动农村主导产业的发展，促进农业增效和农民增收，有着极为重要的作用。农民专业合作组织作为农民的代理人，可以提高其在交易过程中的谈判能力，更有利于保障农民的合法权益。从当今国际发展趋势来看，凡是农业发达、农村现代化水平高的国家，其农民专业合作经济组织都比较发达。

进入新世纪，震泽镇不断推进农村社区股份合作制、土地股份合作制和专业合作制改革，通过“三大合作”改革，推进农业适度规模经营，转变农民生产生活方式，促进农民转产转业和持续增收。至2011 年底，23 个行政村都已经成立了社区股份合作社，入社农户14 449 户，社员 51 182 人，总资产 2.74 亿元；组建土地股份合作社20 家，入社农户 7 595 户，社员 27 414 人，耕地面积 22 120 亩；组建粮食、水产、农机等专业合作社 33 家，其中农民专业合作社 30 家，富民合作社 1 家，劳务合作社 2 家。

案例　齐心村粮食生产股份合作社

齐心村是一个有 520 户农户、1 470 亩水田、800 亩桑田的行政村。近几年,该村先后成立了土地、社区、粮食、农机 4 个合作社。该村首先成立的是土地股份合作社,有 520 户农户入股,1 470 亩耕地全部流转给合作社。

齐心村粮食生产合作社成立于 2009 年 8 月。股东由 22 个村民小组组长和 5 个村干部组成,村委会主任任合作社社长。社长出股金 5 万元,村干部出股金 3 万元,小组长出股金 1 万元。粮食合作社从土地合作社租用土地,2009 年、2010 年每亩租金 500 元,2011 年每亩租金增加到 650 元。农户将土地流转给土地股份合作社后,便不再种粮,耕地由粮食生产合作社耕种。农户可从土地股份合作社得到每亩 650 元的股金收入。吴江市政府规定,只有将全部土地流转给土地股份合作社才算整村流转,并且只有种粮食才能拿到政府每亩 300 元的整村流转补助。由于种粮效益较低,倘若没有政府每亩 300 元的补助金,粮食合作社就无法运转。

粮食生产合作社以原生产小组为单位进行日常管理,由合作社与小组长签订承包合同,产量达不到要求就扣减组长管理费,超产部分奖励 20%。种子、化肥、农药等农业生产资料由粮食生产合作社统一供应。生产小组长负责田间管理,其中水稻每亩管理费 140元,小麦每亩管理费 100 元。生产小组长不仅可以得到管理费,年底还有分红。粮食生产合作社生产的粮食主要卖给当地粮库。合作社盈利部分的 60% 按股分红,余下的 40% 留给合作社作为投资与发展基金。

第三节　走新型工业化道路

震泽镇地处经济发达地区,交通区位优势十分突出。改革开放以来,震泽工业异军突起,带动了小城镇建设,推动了区域社会经济的全面发展,成为富裕农民、繁荣农村集体经济的重要产业。

一、工业发展历程

震泽工业从产生、发展到实现工业化,是个不断开拓、艰苦创业的过程。震泽人擅长农业是出了名的,然而这里人均耕地不足1亩,劳多地少,大批劳力闲散着。再加上"大锅饭",高农本,年年丰收年年穷,使震泽成为有名的高产穷乡。在极左思想干扰下,长期维持着单一粮食生产的局面。"面朝黄土背朝天"的农民,把自己的命运紧扣在"以粮为纲"上,束缚在土地上。

穷则思变。震泽的农民蕴藏着聪明、智慧的巨大能量。震泽与苏南许多乡镇一样,较早抓住了一个特定的时机,它起步于国民经济结构失调和社会商品供应匮乏的"文革"动乱中,又顺应了自身发展规律。在几个"力"同时作用下加快了发展步伐,这几个"力"就是历史上"男耕女织"的传统潜在"引力"、"人多地少"和"高产穷乡"的"压力"、周围城市经济技术的"辐射力"、强烈要求办工业致富的内在"动力"。这四种"力"的结合,产生一股兴办工业的爆发力。自此以后,震泽工业沿着一条以集体工业为主体,以中心城市为依托,以市场经济为导向的路子,步入快速发展阶段。

进入上世纪90年代,震泽镇大力推进乡镇企业产权制度改革,大力发展股份制经济和个私经济,工业经济又重新进入了快速发展的轨道。2011年,震泽共有工业企业1 065家,工业总资产146.21亿元,工业企业从业人数36 670人。工业开票销售收入145.53亿元,是2005年的2.40倍。据93家规模以上工业企业统计,2011年职工年平均工资达34 049.76元。

表 6-6   主要年份震泽镇工业经济指标   （单位:亿元）

年份	企业个数/家	从业人员/人	固定资产投入	工业总资产	工业销售收入	工业总产值
2000				13.47		20.64
2005			17.64	49.97	60.66	94.04
2010	960	35 500	26.12	128.19	116.85	203.00
2011	1 065	36 670	27.87	146.21	145.53	228.00

资料来源:震泽镇统计站相关年份《乡(镇)社会经济基本情况》。

二、主要行业分析

震泽工业企业涉及机械制造、纺织服装、轻工、有色金属冶炼及压延加工业等 10 多个行业,主要有通信、电器制造、亚麻纺织和新型建筑材料 4 大行业。

表 6-7   2011 年震泽镇规模以上工业企业主要行业情况

(单位:家,亿元)

行业	企业单位数	工业总产值	资产总计	营业收入
纺织业	34	29.61	51.64	29.27
纺织服装、鞋、帽制造业	4	2.97	2.80	2.64
化学纤维制造业	2	10.66	10.82	10.20
有色金属冶炼及压延加工业	6	7.29	4.23	7.25
通用设备制造业	11	12.85	7.29	12.39
电气机械及器材制造业	17	121.95	56.65	121.06
总计	88	197.73	143.80	195.00

注:震泽规模以上工业企业涉及 10 多个行业,这里列出主要的 6 个行业。
资料来源:震泽镇统计站《2011 年震泽镇规上工业企业主要经济指标(按行业分)》。

1. 电气机械及器材制造业

电气机械及器材制造业是震泽镇工业的第一大行业,在工业经济中占有绝对比重。2011年规模以上工业企业中,电气机械及器材制造企业共有17家,实现总产值121.95亿元,占规模以上工业企业总产值的61.68%;实现营业收入121.06亿元,占规模以上工业企业营业收入的62.08%。最具代表性的企业是通鼎集团,该集团始建于1999年,经过10多年的高速发展,到2011年集团总资产已达40.76亿元,职工3256人,工业总产值98.44亿元,主营业务收入97.63亿元。集团下辖光电股份、房地产开发、担保投资和投资实业四大子公司,主要从事通信光缆、通信电缆、铁路信号电缆、城市轨道交通电缆、射频和漏泄同轴电缆、特种光电缆的设计、研发、生产、销售和工程服务。先后取得了中国竞争力500强、中国制造业500强、中国机械500强、中国民营企业500强、中国500最具价值品牌、中国通信设备供应商50强、中国光纤电缆最具竞争力企业10强、江苏省高新技术企业、光通信市场最佳创新企业以及中国名牌产品、国家免检产品、中国驰名商标、最具竞争力商品商标等多项殊荣。

2. 纺织业

纺织业是震泽仅次于于电气机械及器材制造业的工业第二大行业。2011年规模以上工业企业中,纺织企业共有34家,实现总产值29.61亿元,占规模以上工业企业总产值的14.97%;实现营业收入29.27亿元,占规模以上工业企业营业收入的15.01%。在纺织业中,尤其值得一提的是震泽的蚕丝被行业。震泽有大小蚕丝被企业100多家,形成了养蚕—抽丝—生产—经营—服务的产业链,全年蚕丝被生产总量达300万条,年产值近10亿元,全国市场占有率达到20%以上。蚕丝产业已经成为震泽经济发展、惠及民生的重要产业,也变成了古镇文化的一张亮丽名片。近年来震泽相继获得了中国蚕丝被之乡、中国家纺名镇等荣誉称号。2012年评选的苏州十大丝绸品牌企业中,震泽独占4席。

3. 通用设备制造业

通用设备制造业在震泽工业中占据重要地位。2011年规模以上工业企业中,通用设备制造企业共有 11 家,实现总产值 12.85 亿元,占规模以上工业企业总产值的 5.50%;实现营业收入 12.39 亿元,占规模以上工业企业营业收入的 6.35%。

三、发展新型工业化的举措

随着土地资源紧张、劳动力成本和环境成本上升,震泽镇不断转变经济增长方式,坚持走新型工业化道路,不断提高工业发展的专业化、规模化、集约化水平。

1. 不断发展特色优势产业

苏南是乡镇工业的发源地,已逐步形成了门类较为齐全的工业体系,但同时也存在着产业结构不够合理、以传统劳动密集型产业为主、新兴产业比较薄弱、产业规模化偏弱、科技创新能力不足等缺点。走新型工业化道路,必须走提升传统产业和培育新兴产业同步走的路子。震泽围绕麻纺和有色金属加工制造两大集群产业,升级和培育高新技术产业,加大有效投入,重点突出相关产业链招商,引进欧美麻纺及西班牙汽配等知名企业,引进科技含量高、税收贡献大、产品附加值高的企业,引进带动性强、产业结构优的企业总部和核心部门,使全镇工业经济朝规模化、国际化发展。目前已经形成通信、电器制造、亚麻纺织和新型建筑材料四大行业。深入实施品牌战略,争创一批新的名牌,加大名优品牌的保护发展力度,引导生产要素向名牌产品和优势企业集中,提升"震泽制造"的整体品牌形象。震泽镇相继被命名为中国亚麻名镇、中国蚕丝被家纺名镇、中国蚕丝被之乡、中国麻纺集群产业基地、中国(震泽)麻纺产业科技创新示范园、中国阿拉伯头巾之乡、中国纺织服装商业 20 年杰出集群、江苏省蚕丝被产业集聚标准化示范区、苏州市商标战略实施示范乡镇。

2. 不断增强自主创新能力

苏南乡镇工业化起步时,各乡镇在你追我赶的竞争压力下,片面追求工业经济总量,从而忽视了资源、环境的承受力,导致工业经济总量快速增长的同时,环境迅速恶化,各种资源特别是土地资源快速减少。随着多种矛盾、问题的交织,政府、企业、百姓之间的对立也日渐加剧。走新型工业化道路,就是要坚持以"科技含量高、经济效益好、资源消耗低、环境污染少、人力资源得到充分发挥"为工业经济发展的总体目标和方向。震泽镇为提高企业竞争力,集成科技资源,大力发展高新技术产业,改造提升优势传统产业。积极吸引境内外研发机构落户,鼓励在震泽的外资企业建立研发机构,引导民营企业与外资企业加强协作配套,实现外企生根、民企升级。培育发展技术中心、行业中心、检测中心等技术服务平台,充分发挥已建成的各类中心的作用。认真落实各级政府出台的优惠政策,支持企业开展技术创新,开发更多具有自主知识产权的技术和产品。至 2011 年,有 10 余家企业分别与高校建立合作关系,通鼎集团已成功建成院士工作站、博士后工作站、技术中心、光纤技术联合实验室和企业科协 5 大创新研发平台。有 10 余家企业主导或参与制定行业、国家标准,发布全国首个蚕丝被联盟标准。列入国家火炬计划重点高新技术企业 1 家、国家火炬计划项目 1 项、国家星火计划 2 项;列入省高新技术企业 5 家、省高新技术产品 19 项、省民营科技企业 21 家;共申报专利 7 000 多件。

3. 不断做强龙头企业

新型工业化必须解决"小而散"的问题,因此培育和扶持规模骨干企业成为苏南各乡镇推进新型工业化的重要举措。震泽镇明确发展重点,投资规模上注重大项目;投资水平上注重高科技、低用地、低耗能、低污染项目;投资效益上注重高税收项目;投资主体上注重规范经营的民资、外资和其他各类资本项目。以品牌打造为重点,以扶持龙头骨干企业为关键,不断做大产业规模,提升产业层次,增强产业综合竞争力,增创发展新优势。重点培育和扶持通鼎集团、七宝集团、松日电器、帝奥电梯、赋端电磁线、新南方线缆、恒隆钢铁、金字庭院、新申集团、恒宇集团、亚太化纺、精美化纤、美亚纺织、丹龙纺织、太湖绢麻、青田企业等集团企业,切实做大产业规模、做响产业品牌、做新产业技术、做优产业特色。2011年,全镇93家规模企业总资产146.21亿元,主营业务收入195.99亿元,实现总产值192.71亿元,占全镇工业总产值的84.52%。销售收入超亿元工业企业由2007年18家增加到2011年的35家;税收超亿元的企业1家,超千万元的企业8家。

表6-8 2009—2011年震泽镇规模以上工业主要指标

(单位:亿元)

年份	总资产	主营业务收入	总产值	应付工资	利润总额
2009	97.49	137.69	140.39	4.07	6.11
2010	127.72	184.08	187.22	7.02	11.18
2011	146.21	195.99	192.71	6.69	10.61

注:规模以上工业是指销售收入1 000万元以上企业,2009年有134家,2010年有132家;2011年是销售收入2 000万元以上企业,有95家。

资料来源:震泽镇统计站相关年份《工业企业主要经济指标》

4. 不断提高产业集聚水平

工业园区建设是提升工业化、推进城镇化,优化生产力布局、加快经济结构战略性调整、提高区域竞争力,再创发展新优势的有效手段和战略举措。震泽镇不断加强载体建设,以适应全球竞争的压力,进一步优化投资环境,提高区域经济发展承载力和资源集约利用水平。按照布局集中、产业集群、资源集约、人才集聚的要求,根据区位特点和优势,规划建设了科技工业园区,改变了过去工业布局过于分散的局面。科技工业园区发挥沿318国道、沪苏浙高速、颐塘运河、庙震桃公路、七铜公路、盛震公路的便捷交通优势和毗邻浙江的区位优势,围绕培育高新技术产业、提升集群产业和壮大新兴产业的目标,加大对大企业、高新技术企业和高税收企业的政策倾斜,在有限空间内引进发展高端产业,承接国际产业转移,着力提升麻纺业和有色金属加工业的产业发展水平,促进产业升级,壮大区内现有新兴产业。至 2011 年底,在科技工业园区内集中的企业经济总量已占全镇工业经济总量的 80％以上。

第四节　发展现代服务业

发展现代服务业,是现代经济的重要特征,是转型升级的战略举措,是促进城镇繁荣的必由之路,是吸纳农村剩余劳动力的重要途径,是促进农户增收的有效手段,是使农民共享城乡一体化成果的重要途径。

一、发展现代服务业的条件

工业化的推进、居民收入的增长和城镇化率的提高,推动了震泽镇服务业的快速发展。

1. 发展现代服务业的有利条件

震泽发展服务业具有许多得天独厚的优势。一是区位优势突出。震泽镇地处吴江市西南部,与浙江省毗邻,古称"吴头越尾"。东距上海 90 公里,北至苏州 54 公里,西达湖州 45 公里,318 国道、京杭大运河穿梭而过,水陆交通十分便利。二是经济实力总体攀升。2011 年,全镇地区生产总值达 84.2 亿元,比 2010 年增长 18.69％;人均达 10.68 万元。全镇经济呈现出良好的发展势头,为现代服务业的发展打下坚实的物质基础。三是服务业规模初具。震泽镇服务业越来越呈现出多层次发展态势,涵盖了批发零售、宾馆餐饮、休闲旅游、文体娱乐、交通运输、金融保险、教育卫生、信息中介等多个门类。其中以批发零售、交通运输、宾馆餐饮等为代表的传统服务业持续健康发展;以古镇文化资源、生态观光和农家乐为主要模式的休闲旅游业继续稳步发展;以现代商务、房地产、金融保险、信息中介等为代表的现代服务业日益繁荣,并已成为服务业发展的新亮点。

2. 发展现代服务业的制约因素

尽管震泽镇现代服务业取得了长足的发展,但是仍存在着一些不容忽视的问题,主要体现在以下几个方面:一是产业比重偏低。服务业占 GDP 的比重偏低,对经济增长的贡献率不够高。2011 年震泽镇服务业增加值 29.85 亿元,仅占全镇生产总值的 35.46%。二是发展层次偏低。在发展层次和内部结构上,震泽镇还是以传统服务业为主。震泽镇服务业中比重最大的为批发零售业和住宿餐饮业两大传统产业,2011 年比重分别为 25.28%、20.87%,房地产业和金融保险业也占较大比重,分别占 14.85%、12.82%。而影响经济持续发展和竞争力的科技、教育、文化、信息和咨询服务等新兴行业虽然增速较快,但其提供的增加值占服务业增加值的比重仍然较小。在服务业功能上,能体现现代化功能、具有外向辐射功能的行业,如国际商务、研究开发、中介咨询等比重较低,发展步伐缓慢;在经营形式上,以传统门店为主,现代连锁经营模式刚刚起步;在空间布局上,城镇服务业数量较大,而新兴服务业在乡村几近空白。

表 6-9   2009—2011 年震泽镇服务业增加值结构

(单位:亿元,%)

年份	总额	批发和零售业比重	住宿和餐饮业比重	金融、保险业比重	房地产业比重	居民服务和其他服务业比重	公共管理和社会组织比重	其他行业比重
2009	19.95	24.88	19.98	13.15	15.08	5.01	5.10	16.80
2010	24.12	24.97	19.96	13.17	15.13	5.00	5.09	18.68
2011	29.85	25.28	20.87	12.82	14.85	4.95	4.90	16.33

注:其他行业包括交通运输仓储和邮政业、信息传输计算机服务和软件业、租赁和商务服务业、水利环境和公共设施管理业、教育、卫生社会保障和社会福利业、文化体育和娱乐业这 7 个行业,由于每个行业所占比重均未超过 5%,故没有单独列出。

资料来源:震泽镇统计站相关年份《地区生产总值统计表》。

二、发展现代服务业的举措

震泽镇充分发挥古镇人文资源优势、自然生态资源优势和毗邻中国第一布市盛泽城区的区位优势,集中发展区内优势产业,加快发展商贸餐饮、市场物流等服务业,培育发展古镇历史文化旅居和自然生态旅居产业。

1. 做大做强餐饮等传统服务业

传统服务业在服务业中仍占有较大比重,推动传统服务业升级是发展现代服务业的重要途径。一是做强做大餐饮业。震泽镇积极培育餐饮龙头企业,引导社会资本投资餐饮业,通过多渠道、多方式融资,发展名店、培育名师、创新名菜,创新营销方式,扩大震泽镇太湖农家菜研发基地的称号影响力,引领全镇餐饮行业快速发展。积极引导餐饮企业加快现代信息技术改造,推进行业的标准化、规范化和规模化,提升餐饮业的现代化服务水平。二是推动生活服务业升级换代。震泽镇推出饮餐、理发、洗染、洗浴、修理等传统生活服务业统一服务标准、规范服务行为、提升服务水准、提高管理水平。拓展新兴服务领域,因地制宜发展休闲娱乐、典当租赁、体育健身、教育培训、医疗保健、婚庆礼仪、物业服务等新兴生活服务行业,培育服务业新的经济增长点。三是构建完善的社区服务体系。以"便民、利民、为民"为宗旨,以构建全方位、多层次的社区服务体系为重点,增强社区服务功能、创新服务方式、完善服务设施、健全服务网络。逐级推进现代生活服务业和服务方式从城镇向农村延伸,完善农村现代流通体系,促进城乡协调发展,提高农民生活质量。鼓励本地大型超市以连锁经营方式深入农村开设小型超市、便利店等各类便民利民网点,形成为农民日常生活服务的零售终端网络,切实解决农民购买日用消费品不方便、不安全、不实惠等"买难"问题。

2. 大力发展现代物流业

震泽镇工业经济的快速发展和不断涌现出的钢材市场、蚕丝被市场、汽摩市场、副食品粮油批发市场等专业市场,为物流业的发展提供了良好的平台。震泽镇充分整合利用现有的物流资源,与专业市场建设相衔接,加快建设包括交通运输、仓储配运、信息网络等各方面功能齐全的现代物流体系,努力优化运输结构,改进技术装备,提高交通运输能力。一些为制造业提供支撑和配套的物流企业应运而生,不断发展壮大。与万金钢材现货市场相配套的新申物流,仓储运作良好,处于稳步扩张阶段。

3. 加快发展旅游业

震泽镇凝结了厚重久远的人文历史,拥有师俭堂、慈云寺塔2处国家级文物保护单位,保存完好的明清建筑群达1万多平方米,被评为江苏省历史文化名镇、中国最具幸福感的乡镇。震泽充分挖掘古镇文化资源,把发展旅游业作为推动服务业发展的突破口,做足旅游文化产业这个"大文章"。按照全镇旅游业发展规划,坚持分步实施、彰显特色的原则,完善各类规划,强化行业管理,整合旅游资源,进一步加快旅游文化产业发展步伐。震泽镇先后被授予"中国太湖美食之乡"、"中国农家菜研发基地"的称号。宝塔古街修复改造,文昌阁景区,慈云禅寺扩建,江苏省级湿地公园、省农机具博物馆、麻立坊等一批重点旅游项目顺利建设。以宝塔街景区为重点古镇游深入推进,以湿地公园为重点生态游加快开发,以麻立坊为重点工业游成功起步,成功举办四届中国太湖农家菜美食节暨中国吴江震泽旅游文化节和两届"震泽杯"姚长子俱乐部篮球邀请赛,旅游文化品牌形象得到提升。

震泽镇近年来激活蚕丝产业,大力发展生态旅游。2012年,在镇东北区的江苏省湿地公园,规划建设蚕丝文化创意产业园,总面积13 700亩,其中水域面积6 500亩,陆地面积72 00亩。初步设想建设"两园三馆一基地":"两园"是建设现代蚕桑农业科技示范园和文化休闲游乐园;"三馆"是建设费达生纪念馆、蚕丝创意产品展示研发馆和蚕丝产品电子商务馆;"一基地"是建设蚕丝文化青少年科普教育基地。震泽以创意产业园作为核心承载体,通过蚕丝文化给古镇旅游注入清新元素,实现古镇游、生态游、工业游融合发展,把震泽游变成一次美丽的丝绸之旅。

4. 鼓励制造企业发展现代服务业

震泽顺应国际服务业发展趋势,并结合自身实际,着重抓好商务服务业、产品专业市场服务业、科技服务业等生产性服务业的发展,着力推进现代服务业与先进制造业互动并进、协调发展,特别是在专业市场建设上求突破。2009 年,震泽利用现有的茧丝市场,通过招商引资,改造建设江苏省震泽蚕丝被市场,配合"中国蚕丝被之乡"国家级称号,完成"震泽蚕丝被"集体商标的注册,有效地提高了区域特色产业的竞争力。2011 年,震泽根据苏州市政府和吴江市政府《有关鼓励制造业企业分离发展现代服务业的若干意见》,对全镇企业进行了排队摸底,并开展了前期调研,吴江市开源运输有限公司、吴江市欧亚汽车俱乐部和苏州一通物流有限公司等 4 家企业已完成分离。

第五节 壮大村级集体经济

震泽镇共有 23 个行政村,村级经济对全镇经济的发展具有重要的影响。震泽镇坚持把发展村级集体经济纳入全镇经济发展全局,科学确定发展目标,注重培育经济强村。村级集体经济的发展为富民强村、推进城乡一体化发展提供了坚实的物质基础。

一、村级集体经济发展历程

从家庭经营到联产承包责任制,农业经营制度的变革解放了农民,使村级集体有了发展农村工业的条件,通过对土地、劳动力等农村资源的非农业使用,涌现出一大批乡村企业,这就是所谓的"村村冒烟"。在乡镇企业大发展阶段,震泽镇村级企业无论是数量还是经济总量,都占绝对优势。从产业发展过程看,村级经济从农业起步到工业发展,占主导地位的都是技术含量要求比较低的轻纺、机械等产业。

上世纪 90 年代,市场化体制改革不断推进,农村工业企业改制,村级集体企业逐步转制为个体私营经济,村级集体经济基本上退出经营环节。震泽同苏南的许多乡镇一样,村级集体经济出现了滑坡,进而减慢了新农村建设和城乡一体化步伐。

市场化改革以后,村集体经济主要依靠出租土地、标准型厂房,此外,在相当一段时间内,村集体经济还有一笔可观的收入来源,即驻区域内的企业上缴的管理费。村集体经济依靠租金收入,可以确保集体经济不波动或少波动,减少经营风险和可能出现的腐败问题。从产业发展来看,村级经济中的集体经济从直接经营产品到经营资源的转变催生出第三产业发展,一些村通过建市场、搞房地产等手段发展第三产业,为村级区域内的企业提供服务,并不断把服务延伸到村以外,从而推动了村级经济的扩张。

二、村级集体经济发展现状

进入新世纪,震泽镇坚持把发展村级经营性物业作为壮大村级集体经济的主渠道,同时多形式、多渠道、多元化探索村级集体经济发展路子,鼓励村级大力发展物业型、服务型、股份型等各类新型集体经济。2010 年、2011 年,吴江市和震泽镇先后出台了鼓励村级集体经济发展的文件,对村级集体经济发展的指导思想、基本要求、资金来源、优惠措施等做了明确规定。镇党委和政府出台的《关于鼓励村级经济发展的意见》规定:对村建设标准厂房、商业用房和集宿楼,镇财政给予村集体经济组织每平方米 50 元的优惠补贴;对建设标准厨房,镇财政加奖每平方米 20 元。由以前的出租土地,到建设标准厂房再出租,不仅更加符合规划,而且增加了村级集体经济收入。2011 年,每亩租金已经达到 8 000 元以上。全镇村级集体经济各项收入总计 7 737 万元,平均每个村 336.39 万元,其中,资源发包、资

产租赁及规费收入总计达 4 125 万元,占村级集体经济总收入的
53.32%。

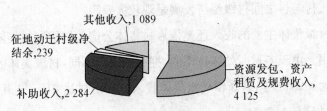

图 6-1 2011 年震泽镇村级集体经济收入情况(单位:万元)

三、村级集体经济发展作用

村级集体经济在保障农村基层组织正常运转、提供农村所需公
共设施和服务、建立和完善农村社会福利和社会保障体系等方面承
担着重要的责任,在社会主义新农村建设中起着十分重要的作用。
从村级集体经济支出结构看,村级集体经济收入主要用于行政管理
费用支出、资产设施性支出,2011 年这两项支出分别为 1 600 万元、
1 119 万元,分别占村级集体经济总支出的 33.02%、23.09%。其次
还有再分配支出、福利性支出,分别占村集体经济总支出的 9.47%、
6.09%。

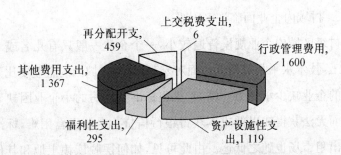

图 6-2 2011 年震泽镇村级集体经济支出情况(单位:万元)

四、村级集体经济主要问题

随着城乡一体化的快速推进,村的形态发生了显著变化,村级经

济发展有了很多变数。发展不平衡和收入来源比较单一是震泽镇村级集体经济发展中存在的主要问题。

1、村与村之间村级经济发展呈现较大差距

村级集体主要的收入还是依靠村集体公房的出租和村集体土地的征用。由于各村所处区位不同,拥有的资产不同,村级集体收入差距较大。2011年,震泽镇村级集体收入最高的村达812.08万元,最低的村只有148.74万元。

2. 村级经济发展的可供资源非常稀缺

随着城乡一体化改革快速推进,建立在土地非农使用基础上的村集体经济出现了新的问题。村领导普遍反映,土地的紧缺是村级经济发展最主要的制约因素。用地和征地被国家垄断,严格审批,原来比较宽松的农村集体土地政策已经不复存在,农民缺乏使用农村集体土地的自由。过去所谓村级经济比较好的村,很多是违法违规用地比较严重的村。在严格的耕地保护制度下,镇政府和市政府再也不会听任村级组织逾越土地红线。与此同时,随着企业转型升级和城乡一体化改革的推进,村现有的标准型厂房内的企业要么迁移,要么被拆迁。在新形势下,村现有的依靠出租资源发展经济的做法已日渐式微。

3. 村域内企业面临许多困难

村级区域内企业规模普遍较小,一个企业一般只有几名或十几名职工,技术水平相对较低。面对宏观调控,村域内的企业要比开发区内的企业缺少承受力。例如,承租标准型厂房的小企业因缺乏担保物而无法获得或以低成本获得银行信贷。企业经营困难,标准型厂房出租市场也随之低迷。由此可见,如何摆脱依赖土地和其他资源来发展经济,形成一种新型的发展模式是村级经济面临的共同问题。

第六节　提高财政支农投入水平

财政作为政府履行职能的重要工具和资源配置的重要手段,在城乡一体化建设中肩负着重要职责。改革开放以来,震泽镇政府相继出台了一系列强农惠农的财政政策,有力地支持了农村各项事业的发展和民生问题的解决,使公共财政的阳光普照农村,惠及农民,从根本上改变了农村的环境面貌,改善了农民的生存状态。

一、财政支农投入水平

随着经济的发展,震泽镇的财政收入和可用财力都有了大幅度的增长。2011年,全镇地区生产总值超84亿元,2007年以来年均增速达18%;2011年财政地方一般预算收入3.76亿元,2007年以来年均增长16%。财政收入的大幅增长,为财政支农提供了坚实基础。2011年,全镇财政支出2.64亿元。2005—2011年财政支出年均增长18%。

震泽财政全面贯彻中央决策部署,坚持以科学发展观为统领,充分发挥财政职能作用,增投入,谋发展,制定实施了一系列有力有效的政策措施。财政支持农业农村发展的政策理念和制度机制不断创新完善,逐步建立健全了适应科学发展、推动科学发展的财政强农惠农富农政策体系。一是政策理念发生重大转变。“多予少取放活”成为财政强农惠农富农政策的明确指向,公共财政资源配置不断向农业农村发展倾斜。二是投入持续大幅度增长。震泽镇财政支农支出不断加大,比重不断提高,尤其是在2007年中央提出加快推进城乡一体化方略后,财政支农水平显著上升。2011年,震泽财政用于农村公路大中修、农村水利和农业支出的费用总计5 240万元,是2006年的3.87倍。三是政策制定实施日益制度化、多样化。通过采取财政补助、财政奖补、民办公助、以奖代补、税收优惠等多样化措施,进一步强化了财政政策的引导作用。

二、财政支农项目分析

通常所说的财政支农资金投入,主要是指形成财政支出的各类支农资金,即用于"三农"各方面的直接支出。

1. 财政支持农业发展

农业的特性及其重要性决定了政府必须对农业予以支持和保护,财政支农是政府对农业进行支持与保护的重要措施之一。2003年我国颁布的《农业法》中规定:地方财政每年对农业投入的增长幅度应当高于其财政经常性收入增长幅度。财政支持农业发展主要包括:强化农业基础设施建设,重视农业科技进步,大力支持农业产业化、市场化、标准化,调整农业产业结构,转变农业增长方式,完善农业补贴政策。

震泽财政支农投入主要遵照执行国家现行农业政策法规,资金安排上严格按照农业财政收入法定增长要求。在投入方式上,积极探索多元化投资,改变以往以无偿、单一投入为主的投资方式,开展财政支农资金贴息、以奖代补、农业保险补助等方式试点,并取得较好效果。同时,财政坚持以人为本,千方百计拓宽农民增收渠道,为实现农民连年增收做出了突出贡献。财政支农补贴包括种粮直补、农资综合补贴、良种补贴和农机购置补贴等项目。2005年震泽镇农业及农业项目支出507万元,占镇财政总支出的比重为5.15%;2011年农业及农业项目支出上升到2 185万元,是2005年的4.31倍,占财政总支出的比重上升到8.28%,该支出比重超过了当年该镇农业增加值占国内生产总值的比重。

表 6‑10　2005—2011 年震泽镇财政支农项目

(单位:万元,%)

年份	财政支出总额	农村大中修		水利支出		农业及农业项目支出	
		总额	比重	总额	比重	总额	比重
2005	9 837			300	3.05	507	5.15
2006	10 872	163	1.50	525	4.83	667	6.14
2007	12 977	92	0.71	398	3.07	1 143	8.81
2008	16 166	525	3.25	567	3.51	1 593	9.85
2009	22 799	602	2.64	1 108	4.86	2 067	9.07
2010	28 562	1 947	6.82	1 297	4.48	1 823	6.38
2011	26 379	1 539	5.83	716	2.71	2 185	8.28

资料来源:震泽镇财政局《震泽镇有关年份涉农、支农数据统计表》。

2. 财政支援新农村建设

社会主义新农村建设的目标是"生产发展、生活宽裕、乡风文明、村容整洁、管理民主",这 20 个字的目标全面体现了新农村建设是一个完整的、系统的内容,不仅仅是农村某一方面的建设。新农村建设,要使农村生产力得到发展,农民生活水平得到提高,农村基础设施得到改善,农村社会事业得到发展,基层的民主政治建设得以向前推进。由此可见,新农村建设的内涵十分丰富,从广义上讲,乡镇财政的基本职能就是为新农村建设服务。财政支持新农村发展主要包括:进一步促进农业发展、农村基础设施建设和生态保护、农村教育事业发展、农村社会保障制度建设、农村先进文化建设等。

自 2005 年中央提出新农村建设以来,震泽财政支农力度不断加大,财政支农覆盖范围不断扩大,由单纯促进农业生产转向促进农业农村全面发展,由单纯支持农业农村经济发展转向促进城乡统筹发展,并且积极促进公共资源在城乡之间合理配置。从支农的具体项目看,主要有支持农村基础设施建设、新农村建设和涉农补贴等几项。2011 年,财政用于农村公路的大中修支出达 1 539 万元,是 2006 年的 9.44 倍;农村水利支出 1 516 万元,是 2005 年的 5.05 倍。

三、财政支农完善方向

虽然震泽镇财政支农投入不断加大,但财政支农投入机制还存在一些问题,需要进一步加以完善。一是支农预算的稳定增长机制需进一步完善,以保证财政支农投入规模的稳定增长和投入结构的更趋合理;二是市场化的投入机制还要加强,应在试点的基础上进一步完善,市场化运作还要进一步拓宽;三是农业投入激励机制还要完善,要通过农业投入带动农民参与积极性,激发农民大力发展农业生产的自觉性和热情;四是涉农资金的融合机制有待加强,要通过政策和资金整合,进一步加强财政支农资金管理,改变支农资金"小、散、乱"的局面。

第七章 居民生活

生活水平是指在某一社会发展阶段中，居民用以满足物质、文化等生活需要的社会产品和劳务的消费水平，可以反映一个国家或者区域经济社会的发展状况。本章对震泽镇农村居民的收入水平、消费水平和消费结构进行了描述性分析，并对统筹城乡发展过程中该镇在教育、医疗卫生等公共服务方面的做法、成效和经验进行了总结。通过分析发现，震泽镇农民近年来的收入水平一直处于苏南农村平均水平之上，逐渐从生存型消费向发展型消费转变，各项社会公共服务已基本实现城乡并轨、共同发展的局面，许多举措值得推广和学习。

第一节 收入及消费水平

震泽镇紧紧抓住被列入苏州市城乡一体化改革先导区的有利时机，加快实施民生优先和城乡一体化战略，始终以收入增加为主线，以政策引导为支撑，使农村经济发展保持良好的势头，农民收入持续增长，消费呈现出新的趋势和特点。

一、收入水平及其结构特点

震泽镇农村居民收入水平遥遥领先于苏南农民平均水平。2011

年,106 个被调查农户人均纯收入 24 616.60 元,比苏南农民人均纯收入 14 887 元高出 9 729.60 元。非集中居住(齐心村)农户人均纯收入为 28 646.94 元,集中居住(新乐村)农户人均纯收入为 20 622.41 元,非集中居住农户的工资性收入比集中居住农户高出 5 592.61 元,同时,财产性和转移性收入也远远高于集中居住农户(表7-1)。进一步分析家庭收入构成,被调查农户收入来源呈多样化趋势,但仍以务工收入为主,收入结构呈以下特点:

（一）工资性收入是农民收入的主要来源

近年来,苏州各级政府以统筹城乡为原则,以促进增收为目标,采取了一系列措施,力促农村劳动力充分就业。2011 年,震泽镇被调查农户家庭人均工资性收入为 17 997 元,占人均纯收入的比重为 73.11%,非集中居住和集中居住两类农户的工资性收入占比分别为 72.63%和 73.77%。

表 7-1　2011 年样本农户收入水平及结构　（单位:元,%）

项　目	非集中居住农户		集中居住农户		总体	
	水平	结构	水平	结构	水平	结构
农民人均纯收入	28 646.94	100.00	20 622.41	100.00	24 616.60	100.00
工资性收入	20 806.33	72.63	15 213.72	73.77	17 997.43	73.11
家庭经营收入	5 371.35	18.75	5 239.47	25.41	5 305.12	21.55
财产性收入	1 519.03	5.30	89.69	0.43	801.14	3.25
转移性收入	950.23	3.32	79.53	0.39	512.92	2.09

（二）家庭经营性收入持续增长

政府出台了一系列鼓励创新创业的政策,农村居民创业创新观念增强,个体经营活动表现活跃,自主创业人数增多,家庭经营性收入逐步增加。2011 年,震泽镇被调查农户家庭人均经营性收入为 5 305.12 元。家庭经营收入增长主要得益于农村工业和服务业加快发展带动的非农产业收入的快速增长。农村家庭自办企业、农家乐等经营方式,成为农民增收致富的新渠道。调查总体非农产业人均家庭经营收入达 5 001 元,占家庭经营纯收入比重高达 94.3%。非集中居住农户家庭人均经营收入稍高于集中居住农户,分别是 5 371.35 元和 5 239.47 元。

（三）财产性收入加快增长

随着经济的快速发展,家庭财富逐步积累,农村居民投资领域逐步拓宽。2011 年,调查总体人均财产性收入 801.14 元,非集中居住农户和集中居住农户人均财产性收入分别为 1 519.03 元和 89.69 元,相差较大。据调查数据分析,财产性收入增长主要得益于两个方面的带动:一是股息红利和投资收益,随着三大合作进程的加快,覆盖范围也不断扩大,村级集体组织不断壮大,农民从村级集体经济发展得到的收益也越来越多;二是转让承包土地经营权收入,随着城乡一体化进程的不断加快,土地大规模地进行流转,转让承包土地经营权收益成为财产性收入的一个增长点。

（四）转移性收入稳步提高

随着城乡一体化进程的推进,政府加大了对农村居民的财政转移支付力度,不断提高最低生活保障标准和离退休人员养老金标准,伴随着"新农保"的全面覆盖以及"农保转城保"进程的快速推进,农村居民转移性收入不断增长。2011 年,调查总体人均转移性收入为 512.92 元,主要以到龄老人领取的养老金为主,非集中居住农户和集中居住农户分别为 950.23 元和 79.53 元。

二、家庭负债情况

震泽镇处于苏南发达县市,农村居民家庭人均纯收入水平较高,家庭负债情况较少。调查数据显示,2011 年,仅有 17 户家庭存在负债情况,占总样本的 16.0%,负债家庭的平均负债额为 75 411 元。负债的 17 户中,有 8 户是非集中居住的农户,其余 9 户是集中居住区农户(表 7 - 2)。

表7-2 2011年样本农户家庭负债金额分组统计（单位：个，%）

负债分组	非集中居住农户		集中居住农户		总体	
	农户数	百分比	农户数	百分比	农户数	百分比
10 000 元以下	1	12.50	1	11.11	2	11.76
10 000～20 000	2	25.00	1	11.11	3	17.65
20 000～50 000	2	25.00	3	33.33	5	29.41
50 000 元以上	3	37.50	4	44.44	7	41.18
总计	8	100.00	9	100.00	17	100.00

根据表7-2还可以看出，家庭负债的金额主要集中在50 000元以上区间，所占比重达到41.2%。居民家庭借款的主要对象和借款用途分组统计情况如表7-3所示，借款对象主要是亲友，该种途径所占比例为94.1%，其次是国有银行，该种途径所占比例为5.9%。居民家庭借款的主要目的集中在婚丧嫁娶、盖房和其他如开办工厂三个方面，三者所占比例分别为35.3%、11.8%和47.1%。2011年发生的借款中，有两笔借款是有息的，一笔是向亲友借的，月息0.8%，另一笔是以房屋作为抵押，向月息0.5%国有银行借的（表7-3）。

表7-3 2011年样本农户家庭借款对象和借款目的分组统计

（单位：次，%）

借款主要对象	频次	比例
亲友	16	94.12
信用社或农商行	0	0
其他国有银行	1	5.88
村组集体	0	0
农民资金互助社	0	0
农民专业合作社	0	0
高利贷	0	0
龙头企业	0	0
赊欠	0	0
其他	0	0

（续表）

借款主要目的	频次	比例
购买农机	0	0
购买农药化肥等农资	0	0
其他农业生产投入	1	5.88
非农生产投入	1	5.88
日常生活开支	1	5.88
看病	1	5.88
子女上学	1	5.88
婚丧嫁娶	6	35.29
翻盖房屋	2	11.77
其他	8	47.06

三、消费水平及其结构特点

居民消费水平及结构是衡量居民生活水平和质量的重要标志，其变化趋势可以反映居民生活水平的提高程度及社会经济的发展状况。调查数据显示，2011 年，调查总体人均生活性消费支出 11 114 元，比同期江苏省农村居民人均生活性消费支出高 3 421 元，集中居住农户的生活消费支出高出非集中居住户 3 046.31 元，主要体现在居住方面的支出成本。被调查农户总体家庭恩格尔系数为 0.28，低于江苏和苏州的平均水平，而非集中居住农户的恩格尔系数明显高于集中居住农户。在农民家庭消费支出中，生存型消费（包括食品和衣着类）的比重约占到消费总支出的 35.76%，发展型消费（包括居住、交通通讯、文教、娱乐用品、医疗保健等）的比重已经占到消费总支出的 50% 以上（表 7 - 4）。发展型消费支出比例已经大大超过了生存型消费支出的比例，这说明震泽镇农村居民的消费结构已经在总体上完成了从生存型向发展型的过渡，进入了大众消费阶段。

表 7 - 4　2011 年样本农户人均生活消费支出比较（单位：元，%）

项　目	非集中居住农户		集中居住农户		总体	
	水平	结构	水平	结构	水平	结构
农户人均生活消费支出	9 579.81	100.00	12 626.12	100.00	11 114	100.00
食品	3 067.67	32.02	3 085.56	24.44	3 077	27.69
衣着	1 048.42	10.94	767.26	6.08	912	8.21
居住	818.16	8.54	3 004.41	23.80	1916	17.24
家庭设备用品及服务	823.35	8.59	1 005.38	7.96	915	8.23
医疗保健	785.70	8.20	1 174.89	9.31	981	8.83
交通和通信	2 074.30	21.65	888.61	7.04	1 479	13.31
娱乐教育文化及服务	874.89	9.13	1 083.41	8.58	979	8.81
杂项商品及服务	87.33	0.91	1 616.59	12.80	855	7.69

第二节　生活质量

　　生活质量包括物质生活质量和精神生活质量，它不仅仅是个体的一种自我感受，而且是关系到政府和社会各方面的一个系统工程，是政府和社会共同努力的结果。这些努力包括提高收入、教育、医疗卫生、文化生活和生活便利等水平，改善生活环境等方面。

一、饮食结构不断优化

　　2011 年，被调查农户用于食品消费支出人均为 3 077 元，食品支出列八大类消费支出之首。其中，主食支出人均 675 元，占食品消费支出的比重为 21.9%；蔬菜支出人均 784 元，占食品消费支出的比重为 25.5%。可以看出，农村居民饮食观念逐步转变，膳食结构日趋合理，更加注重营养搭配，在食品消费中，用于主食的消费支出明显低于副食和其他食品消费支出。利用门前屋后的田地，有的农户还会种植一些粮食作物及蔬菜，调查数据显示，106 个调查户中，只有2户还自种粮食,种植蔬菜的农户有53户,其中,有23户蔬菜完全是自给自足。从居住类型看,在53户非集中居住农户中,自种蔬菜的有43户,占到81.1%,而已"上楼"集中居住的农户,有10户利用小区楼下的草坪还种植一些常食的蔬菜(表7-5)。

表7-5 2011年样本农户自种蔬菜和粮食情况 (单位:个,%)

自种蔬菜所占比例分组	非集中居住农户		集中居住农户		总体	
	农户数	百分比	农户数	百分比	农户数	百分比
0%～30%	7	16.28	4	40.00	11	20.75
30%～50%	5	11.63	1	10.00	6	11.32
50%～80%	4	9.30	3	30.00	7	13.21
80%～100%	5	11.63	1	10.00	6	11.32
100%	22	51.16	1	10.00	23	43.40
总计	43	100.00	10	100.00	53	100.00
自种粮食所占比例	非集中居住区农户		集中居住区农户		总体	
	农户数	百分比	农户数	百分比	农户数	百分比
15%	1				1	50.00
30%			1		1	50.00
总计					2	100.00

二、居住条件进一步改善

农户家庭经济收入的提高为居住条件的改善提供了基础,在居住面积增加的同时,居住条件和环境得到了进一步的改善。

(一)人均居住水平较高

非集中居住区的53户的现住房户均建筑面积为217.00平方米,人均建筑面积为51.47平方米,高于同期江苏省农村居民人均住房面积的平均水平;集中居住区农户的新分房户均建筑面积的175.96平方米,人均建筑面积为41.82平方米(图7-1)。

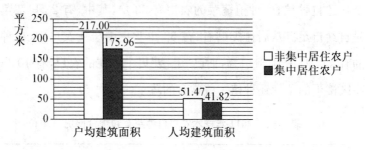

图 7 - 1   2011 年样本农户居住水平

（二）拥有多处房产户数比例较大

调查显示，106 户中有 62 户拥有两套及以上房产，占比达到 58.49%。其中，非集中居住区农户占比为 33.96%，集中居住区农户占到 24.53%。非集中居住区农户中，拥有的两套房产大部分分布于本村和震泽镇，拥有的三套房产基本上是本村、震泽镇和吴江市各一套。集中居住农户中，在拆迁安置小区拥有两套及以上房产的农户占比为 49.06%（图 7 - 2）。

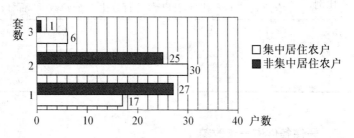

图 7 - 2   2011 年样本农户房产拥有情况

（三）住房建筑类型较为高档

集中居住的 53 户统一居住于多层的新式楼房。非集中区的 53 户中，有 42 户家庭现居住的是老式楼房，占总户数的 79.2%；有 6 户家庭居住的是新式别墅，占总数的 11.3%；有 5 户居住的是平房，占比仅为 9.4%（图 7 - 3）。

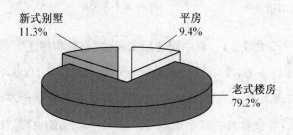

图 7-3 2011 年非集中居住农户现住房建筑类型

（四）集中居住意愿不太强烈

非集中居住区的调查户中，希望仍住现房或者原地翻盖的意愿最为强烈，占到农户总数的 52.9%；愿意由政府在邻近地区划留集中居住安置用地，由被征地农民自己建房的占到 13.7%；愿意住到集中居住点新盖的公寓楼的只占到 3.9%（图 7-4）。

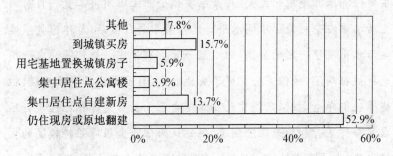

图 7-4 2011 年非集中居住农户未来居住意愿

农民集中居住意愿的调查数据表明，即使在同一区域内的农民，对于未来是否集中居住、在什么地方集中居住仍然有不同的意愿和不同层次的需求。农民做出何种选择主要是依据参加集中居住前后的利益比较来确定的，涉及生产生活方式、年龄、现住房建设年限等诸多因素。参加集中居住是在自己原有的资源（住房、建设用地）与政府提供的资源之间进行的一种有限度的交易，将要获得的利益、需要支付的成本（居住地远近、耕作或上班是否方便等）和已拥有利益（住房、建设用地）的价值补偿是农民做出判断的主要标准。调查中一部分农民不愿意参加集中居住，不是生产方式没有转变，而是觉得利益补偿不够。

> ### 专栏 7-1　集中居住后农民的"心思和想法"
>
> 案例 1：吴某，男，56 岁，家庭常住人口 5 人。从 2000 年起就不再从事农业生产，主营交通运输业。家里有两部货运卡车，每周跑一次外地，其余时间在家干干零活。在集中居住区中，算经济条件较好。在迁入集居点前住三层楼房，并有 3 间小瓦房，迁入后虽然住房总面积有所减少，但对住房条件还是比较满意的，对于水、电、气等基础设施感到不满，同时希望能再为小区增建一些如婚丧嫁娶的场地、活动室等。
>
> 案例 2：L 某，女，52 岁。其家庭已经不从事农业生产活动了，主要经济来源是她的丈夫、儿女在乡镇企业上班所得工资。目前的生活水平在全村处于中间水平。迁入集中居住区后，总体感觉家庭生活水平有了一定的提高，但心里一直存有忧虑。她们家的农业用地也被征用了，她们完全变成了失地农民，目前的生活尚且不错，担忧等她们年老之时，只能靠儿女养活自己。虽然震泽镇已经实行了农村合作医疗和养老保险制度，但她认为保险金很难维持较高的生活水平，失去了土地，她们对生活感觉没有了依靠，心中没底。
>
> 在调查访谈中我们发现：有些居民并不是简单的不喜欢集中居住楼房，而是因为集中居住的楼房本身存在一些问题，比如住在顶楼特别热，或者现在居住的面积比以前小了，或者楼房布局有问题，通风效果不好，或者房子质量有问题等。还有一个重要的原因值得注意，就是农户把居住楼房跟生活费用上升紧密的联系了起来，他们真正不喜欢的是伴随集中居住而来的家庭副业收入的消失和生活费用的上升。

三、出行交通工具步入现代化

调查数据显示,集中居住区农户出行路面 100％是柏油路,已完全和城市接轨。非集中居住农户出行道路已经全部硬质化,94.3％是水泥路,其余 5.7％是柏油路。两种居住方式的农户,出行交通工具都主要以电动车或摩托车为主,有部分家庭的年轻人会选择自己开私家轿车出行,而年纪稍长的人则多选择以自行车出行(图 7 - 5)。

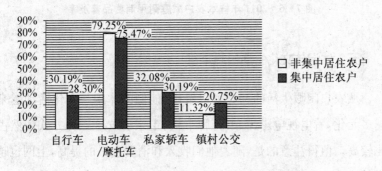

图 7 - 5 2011 年样本农户出行交通工具统计

四、耐用消费品普及率提高

随着市场经济的发展和家庭收入水平的提高,两种不同居住方式的农户家庭生活消费结构都稳步升级,彩电、冰箱、洗衣机、空调、手机等大众耐用消费品基本普及。农民对耐用消费品的购买从百元级向千元级甚至万元级上升,尤其是家用电脑在集中居住农户中普及率较高,达到 86.79％,高出非集中居住农户 20.75 个百分点,成了现代农民眼中最新版的"三大件"之一(图 7 - 6)。

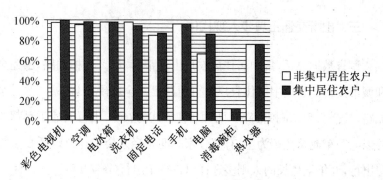

图 7 - 6　2011 年样本农户家庭耐用消费品普及率

五、休闲与文化生活日趋丰富

从农户闲暇生活的调查可以看出,他们的休闲与文化活动越来越多元化,看电视电影、看书打牌下棋、走亲访友这三种方式依然占比较高。值得注意的是,随着他们收入和消费水平的提高,上网也越来越成为一种新的休闲时尚,106 个调查户中,22 个农户会选择上网,其中,集中居住农户有 16 个,所占比例较高,这可能与宽带网络已全部接通到集中居住的小区有关(图 7 - 7)。

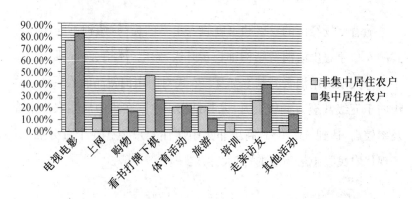

图 7 - 7　2011 年样本农户休闲娱乐与文化生活情况

六、城乡生活水平认知情况

关于农户对城乡生活水平差距的认知,问卷设计的问题是:您认为目前农村和城市居民生活水平是否存在差距。问卷汇总结果显示,106个调查户中,有63.21%的农户认为城乡生活水平之间还是有差距的,其中22.64%的农户认为差距非常大;26.42%的农户认为随着农村基础设施、社会保障等水平的提高和改善,城乡已经完全接轨,不存在差距了;还有9.44%的认为,农村生活水平好于城市。分居住类型来分析,非集中居住农户对农村生活水平的认可度比较高,50.95%的农户认为城乡生活水平之间没有差距甚至农村好于城市,而只有20.75%的集中居住农户这样认为(表7-6)。

表7-6　样本农户对城乡生活水平认知情况　（单位:个,%）

选项	非集中居住农户		集中居住农户		总体	
	农户数	百分比	农户数	百分比	农户数	百分比
差距非常大	5	9.43	19	35.85	24	22.64
差距不大	21	39.62	22	41.51	43	40.57
没有差距	20	37.74	8	15.09	28	26.42
农村好于城市	5	9.43	3	5.66	8	7.55
农村远好于城市	2	3.77	0	0	2	1.89
未应答	0	0	1	1.89	1	0.94
总计	53	100.00	53	100.00	106	100.00

第三节　公共服务

公共服务,指通过国家权力介入或公共资源投入为满足公民的社会发展活动需要所提供的服务,其以合作为基础,强调政府的服务性和公民的权利性。统筹城乡公共服务发展一体化,是保障城乡共享改革发展成果的核心内容,是本世纪公共行政和政府改革的重要任务。近年来,震泽镇从解决农民群众最直接、最迫切的现实问题入手,统筹推进城乡教育、医疗卫生等公共服务事业的发展,全面提升了公共服务水平。据 2012 年上半年统计,震泽镇在财政压力较大的情况下,安排在教育、社保、医疗卫生等方面的支出共计 10 240 万元,同比增长 16.5％,占综合预算支出的比例达 57％,在社会事业方面的支出保持了平稳较快增长,有力改善了人民群众的生活条件。

一、统筹城乡教育事业发展

教育是民族振兴的基石,教育公平是社会公平的重要体现,实现城乡教育均等化是统筹城乡发展的重要内容之一。震泽镇通过完善政策保障、优化资源配置、加强队伍建设等一系列积极措施,加快推进城乡教育一体化,先后荣获江苏省"农村教育工作先进镇"、"基础教育先进镇"等荣誉称号。

(一) 教育事业基本情况

全镇学校布局调整工作已基本完成。截至 2011 年,有成教中心 1 所,初级中学 2 所,小学 3 所(省实验小学 1 所、中心小学 1 所、村小学 1 所),中心幼儿园 2 所,村幼儿园教育点 7 所,苏州市合格外来民工子弟学校 4 所。全镇学生数 10 202 名,其中,初中 1 671 名,小学 6 288 名(表 7-7)。公办校教职工 624 名,教师 504 名,退休教师 275 名,民办校教职工 94 名。教育机构认真落实"两免一补"政策,确保贫困家庭孩子都上得起学。初中毕业升学率稳定为 99％。另外,外来务工人员子女公办校的吸纳量达到 36.4％。

表 7-7　震泽镇教育事业发展情况　　　　　(单位:个,％)

年份	学校数		在校学生数		初中毕业升学率	幼儿园、托儿所
	小学	中学	小学	中学		
2011 年	3	2	6 288	1 671	99	9
2010 年	9	2	4 927	1 640	99	9
2009 年	9	2	5 453	1 492	99	11

资料来源:吴江市震泽镇 2011 年教育工作总结;2010 年、2011 年震泽乡镇经济社会卡片。

　　由于震泽镇区包括中心镇区和八都社区两个组成部分,所以其教育资源主要也是依这两个区域而分布的。中心镇区现有中学1所——震泽中学,小学1所——震泽实验小学,幼儿园1所——震泽中心幼儿园;八都社区现有中学1所——八都中学,小学1所——八都中心校,幼儿园1所——八都中心幼儿园(表7-8)。

表7-8　2011年中心镇区及八都社区教育情况一览表

(单位:个,平方米)

学校名称	教职工数	学生数	占地面积	校舍建筑面积
震泽中学	295	2 268	101 232	40 000
震泽实验小学	310	1 570	42 967	11 806
震泽中心幼儿园	72	955	4 185	6 800
八都中学	82	494	28 893	8 936
八都中心校	145	1 346	26 000	8 000
八都中心幼儿园	34	566	3 490	2 000

　　资料来源:2011年震泽乡镇经济社会卡片;震泽镇总体规划(2011—2030)。

(二)农户对教育事业认知情况和投资水平

　　由图7-8可以看出,33.02%的农户认为,城乡间的教育差距主要表现在师资力量的差距上;认为"感觉上是有差距的,但是也具体说不上来是什么差距"的占到农户总数的27.36%;认为没有差距的只占到样本总数的2.83%,比例较低。

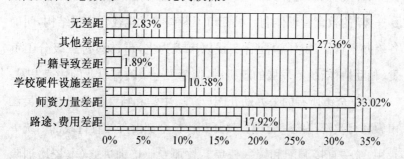

图7-8　样本农户对城乡教育差距认知情况

表7-9显示,在被调查的106个样本农户中,有子女在读的家庭有51户,其中,只有两户子女就读于村内学校,占3.9%,到乡镇就读的占62.7%,到吴江市区就读的占7.8%,到其他地方就读的占比为25.5%。就读子女中,有29.41%的需交住校费,56.86%和33.33%的需交伙食费和交通费,每学期住校费户均达到3 113元,伙食和交通费户均分别为1 403元和428元,都不需要支付借读费和赞助费。

表7-9 样本农户子女教育费用支出情况(单位:个,%,元)

项　目	家庭数	占总样本的比例	户均费用
住校费	15	29.41	3 113
伙食费	29	56.86	1 403
交通费	17	33.33	428
借读费	0	0	0
赞助费	0	0	0

(三)统筹城乡教育一体化的做法及其成效

震泽镇认真落实"教育优先,超前发展"的战略目标,加大城乡统筹力度,着力促进教育公平,努力实现教育均衡发展,其具体做法和成效如下:

1. 率先探索"以县为主,城乡一体"的教育管理体制

震泽镇积极配合吴江市,在全省率先探索和完善"以县为主,城乡一体"的教育管理体制。吴江市不断调整优化教育支出结构,明确各级办学责任,震泽镇配合实践以市级为主,市、镇、村三级分工负责、相互协作、统筹发展的新机制,保障了全镇教育事业的快速发展。

(1)全镇所有的公办幼儿园、小学、中学和特殊教育学校由吴江市教育行政部门统一管理。教师和校长全部由市教育行政部门统一录用、统一直接调配和统一任免。教师专业培训进修(本校培训除外)由市教育行政部门统一规划、统一实施和统一考核。

（2）全镇所有公办幼儿园、小学、中学的撤并、新建、迁建、改扩建均由市教育行政部门及震泽镇相关部门决定。

（3）完善教育公共财政保障体系、教育财政统筹和运行机制。对全镇中小学的人员经费、建设经费、校舍维护经费、设备购置经费、日常公用经费、师资培训经费等实行统一标准，由市财政统一拨付。形成了中小学生人均公用经费和校舍维修经费逐年增长的长效机制。

2. 优化城乡教育资源配置

调整城乡学校布局。坚持以人为本，从实际出发，严格执行吴江市城乡学校布局调整规划，通过撤并、新建、置换和改制等形式，相继撤并了一批生源不足的学校及若干村办小学。通过政府投资、社会融资、企业赞助等途径，按照规范化要求，新建、扩建了一批现代化的乡镇完全小学。为优化镇区学校布局，2012 年 9 月，计划投资 1 500万元易地新建总建筑面积 7 500 平方米的八都中心幼儿园。

优化城乡教师资源。要提高农村义务教育质量离不开大批素质高的教师，震泽镇以改革、创新的思路，坚持师德、师能两手抓，狠抓教师队伍的管理、培训、考核等工作，不断提升教师的专业素养。统筹城乡义务教育资源均衡配置，实行公办学校标准化建设和校长教师交流轮岗。城乡教育轮岗制度，已作为震泽镇促进城乡教育均衡发展的重要手段。吴江市和震泽镇之间已建立义务教育学校校长、教师的轮岗交流，校长职级制和校长轮岗交流考核体系。教师按照每年不低于专任教师总数 15％、骨干教师总数 15％的比例进行交流。对镇及以下学校教师、有过支教经历的城区教师实行职称评定、评优评先等倾斜政策。凡晋升中级以上职务和参加县级以上评优、评先的教师，必须有在镇学校工作一年以上的经历。

通过校际办学经验交流、顶岗实践等措施，定期对本乡镇中心校校长和市级学校管理人员进行异地交流、轮换岗位，让乡镇学校校长们到城区学校学习管理和办学才能，逐步缩小了城乡教育间的差距。

加大农村教育投入。多渠道筹集资金，最大限度地增加乡村学校的投入,加快薄弱农村学校的改造步伐。大力实施"二通二热三改"工程,全镇所有学校完成"二热"(热水、热饭)和"三改"(改造餐厅、宿舍、厕所)工程任务。积极推进农村中小学教学仪器更新等工程,改善学校教学实验条件。在做好闲置校舍资产置换、盘活教育资源的同时,注重吸收社会资金,开发社会资源,用社会的钱办全民的教育。

3. 加强城乡教育协作互动

社区教育成效显著。为提高农民群众的生产生活知识、技能,满足人们的精神文化生活,震泽镇成教中心校下设社区教育中心,达到苏州市标准。教育中心建立了高效的社区教育网络,积极开展丰富多彩的社区教育活动和社区教育实验研究,是面向广大农村和农民群众开办的开放式的专业培训机构,以集中和分散自学相结合的方式安排教学,有针对性地向农民传授科学技术、社会科学、道德法律等知识;是农民技术职能培训、市场信息传递和精神文明建设的基地,被称为"老百姓自己的大学"。

震泽镇教育走上了优质化、均衡化发展之路,然而严格地说,全镇教育还存在教育观念需要整体优化、教育水平需要持续提高、师资队伍水平需要整体提升、教育开放需要进一步扩大等提升空间,尤其是外来务工人员随迁子女入学问题矛盾还比较突出,这些都应引起足够重视,在今后的工作中认真加以解决。"十二五"期间,是实现教育新一轮发展的关键时期,全镇经济建设的快速推进为教育的大发展提供了广阔空间,要牢牢把握这一大好机遇,把全镇教育事业发展提升到一个更高的平台。

二、统筹城乡医疗卫生事业发展

医疗卫生事业是造福人民的事业,直接关系人民群众的幸福安康,关系经济社会的协调发展与和谐社会的建设。围绕"乐居吴江"的主题,立足经济社会发展全局,震泽以新医改为契机,将医疗卫生统筹到城乡一体化发展全局进行考虑,秉承公平为先、效率优先等理念,不断地在政策、模式等方面进行新探索,在改革中惠民、利民、便民,不断凸现社会效益,促进了全镇卫生事业实现跨越式发展。

（一）医疗卫生事业现状

震泽镇现有医疗卫生机构 25 个,其中包括震泽镇中心卫生院和震泽镇社区卫生服务中心(原八都卫生院)2 个卫生院,23 个村卫生室(社区卫生服务站)。震泽镇中心卫生院位于中心镇区,是一所集预防、医疗、保健为一体的综合性二级医院建设单位,占地面积约 1.64 公顷,职工 196 人,核定床位 151 张,年门诊量约 24 万人次。八都卫生院位于合并前的八都中心镇区。截至 2011 年底,全镇共有医生数 266 人,病床数 199 张。

全镇已经完成新一轮的医疗改革工作,镇村两级医疗机构统一实行基本药物制度,补偿机制落实到位。由市财政、人社、卫生局对本镇医疗机构所需的人员支出、医疗业务支出、药品支出等相关经费按照"核定任务、核定收支、绩效考核补助"的办法进行核定,将这些项目经费全部纳入本年度预算,采取政府补助的方式给予补偿。认真落实 10 大类 41 项基本公共卫生服务项目,居民电子健康档案户籍人口建档率超过 88%。基本公共卫生经费按常住人口每人每年 35 元、重大公共卫生经费按户籍人口每人每年 35 元拨发。乡村医生也已纳入镇卫生院统一管理,乡村医生全部通过中专补偿学历教育和执业助理考试取得执业助理证书,享有养老保险及医疗保险,人均年收入达 3.5 万元。

（二）统筹城乡医疗卫生事业一体化的探索与实践

吴江市作为全省医疗卫生事业改革的试点,震泽镇作为吴江医疗卫生事业改革的先锋,本着城乡医疗卫生事业发展均等化的理念,把进行基层医疗卫生事业人才队伍建设、优化医疗资源结构布局和构建合理的分工协作机制等作为推进医疗卫生服务体系城乡一体化的主要抓手。

1. 推进基层医疗卫生人才建设。通过定向培养、定向招聘、转岗培训、支援帮扶及"四个一批"措施，推进全科医生队伍建设，落实乡村医生年度轮训，推进乡村医生中专学历弥补教育。实现全科医生、社区护士培训率达到98%以上，并加大对培养、引进和招聘医疗卫生人才的资助力度。

2. 明确基层医疗机构的功能定位。震泽镇积极配合吴江市医疗改革推进步伐，探索社区首诊、分级诊疗的双向转诊模式——取消转院证，患者可以根据病情选择在任何医保定点医院就诊，不需开具转院证明；实行医学检验检查结果互认——同级医院之间相同医学检验检查结果互认；探索市级医院与基层医疗卫生机构分工协作机制，发挥价格、医保支付政策的调控作用，引导一般诊疗下沉到基层，比如回访弥补机制，由基层医疗卫生机构承担市级医院出院病人的随访工作；镇卫生院已实现影像转诊、会诊，镇上患者不必奔赴吴江市区，在镇卫生院即可享受市医院专家的远程诊断服务。

3. 率先推进基本医疗卫生改革。本镇卫生院是首批实行基本药物制度的单位。2012年4月1日，又率先建立了在管理机构、参保对象、保险期限、基金标准、基金筹措方法以及管理使用上的"六统一"操作规范。这意味着医疗保险今后不再有城乡的差别，该项工作比吴江市全面实现并轨整整提前了一年。其中，基金标准统一指的是：医疗保险基金标准统一为每人600元。震泽镇行政区域内的参保者，原则上以户为单位缴纳，个人缴纳160元，其他由市镇两级财政补助。基金筹资方法统一指的是：居民医疗保险基金由个人和市、镇两级财政三方共同负担。基金管理使用统一中规定，到镇卫生院等定点医疗机构中住院的，其可报医药费按照70%给予补偿；在本市市属定点医疗机构、苏州九龙医院住院的，其可报医药费按照60%给予补偿；转上海市、江苏省、苏州市等市外定点医疗机构住院的，其可报医药费按照45%给予补偿；转浙江省市外定点医疗机构住院的，其可报医药费按照35%给予补偿。医疗卫生事业方面扎实的各项举措,使全镇逐渐形成公共卫生服务和基本医疗服务协同推进的发展格局。

4. 在实践中建立并完善相应的保证机制。一是稳定的筹资机制:筹资额度随着经济社会发展稳步提高,达到上年度农村居民年人均纯收入3%以上,2011年,居民医保筹资规范达每人每年500元(其中政府财政补助360元)。二是合理的弥补机制:最高可报医疗费用为22万元,最高弥补支付限额为15万元,达到上年度农民年人均纯收入的11倍。住院和门诊报销比例不时提高,实际住院弥补比例达到50%以上。同时,对20个病种实行单病种结算,完善困难人群医疗救助体系,极大地减轻贫困人群的负担。

5. 调整财政支出结构,加快推进公共卫生均等化。设立公共卫生专项资金,用于政府购买公共卫生服务,2011年达每人每年70元;落实服务项目,依照项目化管理的要求,推进基本公共卫生服务项目和重大公共卫生服务项目;拓展特色服务,率先实施了母婴关怀工程,推行"六免二关怀"服务,实现外地居民分娩全免费;开展流动人口、低保人员孕产妇定点限价分娩及限价人流(药流)服务和婚检一站式服务;系统管理全镇重型精神病患者,免费提供28种药物。

6. 积极探索医疗卫生管理一体化模式,以提升整个医疗卫生系统的服务效能。首先是配合吴江市探索县域医疗卫生一体化管理模式。根据全市制定的卫生事业发展规划和区域医疗机构设置规划,合理确定乡镇卫生院、村卫生室等医疗机构的数量、规模和布局,构建布局合理、规模适宜、分工明确、功能到位的城乡一体化医疗卫生服务网络;强化了卫生部门全行业管理职能,重视可能出现的医疗隐患,对基层医疗机构的手术室、内镜室、口腔科予以撤并;提升了村卫生室管理水平和服务能力,对基层医疗卫生机构实施镇村一体化管理,实行人员、标识、药品、财务、服务、信息、制度、考核的"八统一"。其次是卫生信息化建设稳步推进。目前完成了镇卫生院影像归档和通信系统(PACS)、实验室信息管理系统(LIS)和电子病历系统

(EMR)的建设,卫生应急指挥中心也已建设完成。实施市民卡"一卡通"工程,通过信息化结算方式方便百姓,设立门诊统筹,参保人员可以直接刷卡结算、实时结报。通过区域信息化平台建设,推进医疗卫生机构、行政业务管理单位及各相关卫生机构的互联互通,切实提高监管效率和水平。

今后,震泽在医疗卫生城乡一体化改革中还将做更深层次上的探索。比如推进公立医院管办分开、医药分开;医疗机构收支两条线管理;为进一步缓解百姓看病难、看病贵问题,构建公立医院弥补机制等等。

专栏 7-2　村医是农民的"护身符"

在齐心村,Z姓老人一提到村卫生室的工作人员,总是指着胸前儿子给买的"护身符"称赞说:"我这条命是村医捡回来的,他们才是我真正的'护身符'啊!"

原来,2011年的一天,已是古稀之年的老人突然感到胸闷、心口痛,预感到自己将要走到人生的终点。老伴见状立即拨打了村卫生室的电话,卫生室的医生迅速赶到老人家中,检查发现老人血压高达190毫米汞柱,经初步诊断为冠心病发作,立即给老人服用救心丸,并及时拨打了镇卫生院的急救电话,救护车及时赶到后,心电图显示,老人为冠状动脉供血不足,急性前壁梗塞。急救医生与社区医生会诊后认为,老人须绝对卧床休息,鉴于老人病情初步稳定,决定让老人就地治疗。经过村医10多天的上门输液、止痛、吸氧等治疗,老人病情得到好转,又能踏踏实实地下地活动了。

Z姓老人的幸运得益于近年启动的基层医疗卫生改革,震泽全镇所有的村卫生室已经全部高标准完成并投入运行。某些村卫生室规模相当于一些小医院的规模,设立有门诊、药房、观察室、检测室、治疗室等近十个科室,面积近1 000平方米。甚至有的还配备彩色B超机,如果就诊村民病情需要,可直接利用B超机检查。

三、统筹城乡文化体育事业发展

文化和体育事业越来越成为一个国家、一个民族、一个地区凝聚力和创造力的重要源泉，成为衡量社会文明程度和人民生活质量的标准。推动文体事业大繁荣是顺应发展大势的战略抉择，是贯彻落实科学发展观、丰富人民生活、推进城乡一体化的迫切需要。近年来，震泽镇把统筹城乡文体事业建设作为城乡经济社会一体化的重要内容，围绕打造文体强镇，推进文体公共服务向农村延伸，促进了全镇城乡文体事业的崛起和繁荣。

（一）城乡文体事业共同繁荣的基础

震泽是有着悠久历史文化的古镇，在发展过程中，充分挖掘古镇特有的历史人文内涵，弘扬丝绸、亚麻等文化精髓，同时大力发展新兴文体产业，创新文体观念、内容和形式，彰显本镇文体特色。

1. 震泽镇是我国著名的蚕丝之乡，蚕桑文化发达

自明代开始，作为蚕桑中心的震泽，四乡遍地栽桑，农民户户养蚕。家庭缫丝是震泽镇农民重要的经济来源，震泽所产的辑里丝，享誉海内外，清光绪六年（1880年），震泽出口生丝5 450担，占当年全国出口量的十六分之一，民国18年（1929年）兴办的震丰缫丝厂是当时县内第一家机器缫丝厂。

2. 文物古迹、历史建筑保存众多，古镇整体格局与风貌保存尚好

淡雅朴素、粉墙黛瓦的院落式江南风格的传统民居以及错落有致、幽深整洁的小街小巷构成了古朴宁静的古镇。震泽古建筑众多，大部分建于清末年间，极具地方特色，包括国家重点文物保护单位1处，省级文物保护单位4处，市级文物保护单位6处，控制性保护建筑29处，历史建筑114处等。在众多的历史遗存和环境要素中，主要包括类型有寺观、祠堂、民居、街巷、河道、古桥、古井、驳岸、古树等（表7-10）。

表 7 - 10　震泽镇各级保护单位一览表

保护级别	名称	时代	公布日期
全国重点	师俭堂	清	2006 - 5 - 25
省　级	香花桥	宋	2006 - 6 - 5
省　级	慈云寺塔	明	1957 - 8 - 30
省　级	王锡阐墓	清	1982 - 3 - 25
省　级	致德堂	民国	2006 - 6 - 5
市　级	禹迹桥	清	1986 - 7 - 1
市　级	思范桥	清	1997 - 9 - 15
市　级	正修堂	清	1997 - 9 - 15
市　级	丝业公学旧址	民国	1997 - 9 - 15
市　级	尊经阁	民国	2005 - 1 - 6
市　级	耕香堂	民国	2005 - 1 - 6

资料来源:吴江市震泽镇总体规划(2011—2030)。

3. 文艺和文化较具地方特色

(1)饮食文化:菜肴、酒酱、南货茶食、黑豆腐干、熏豆、熏豆茶等;

(2)富有古镇地方特色的说唱文化:新中国成立前,震泽人喜欢听江南雅韵评弹,最兴盛时镇上有8处书场;

(3)地方传统系列活动:双杨庙会的系列活动。

(二)城乡文体活动蓬勃开展

积极开展各种丰富多彩、健康向上的文体活动,既是锻炼、发展、壮大文体骨干队伍的有效手段,也是满足城乡居民不断增长的文体需求的有效途径。镇文体站将指导、组织、参与、协调有机地结合起来,充分发挥文体骨干和业余团队的作用,利用文体阵地、开展各类文体活动。

1. 元宵节慈云灯会、庙会戏曲演出

每年元宵节,镇文体站都会组织戏曲团、腰鼓队、扇舞队、广场舞队等文艺团队走上街头,敲响鼓、跳起舞,奉献各类文艺演出给广大群众,晚上在慈云寺广场组织观灯赏月活动。

2. 敬老爱老慰问演出

为了丰富老年人的文化生活,在每年春节到来之际,文体站都会联合地方戏曲协会对敬老院的老人们进行慰问演出,用实际行动关爱老年人,同时也给老人们送去了节日的问候与祝福。

3. 深入开展"送戏下乡"活动

文体站联合市文化馆每年开展送戏下乡活动,把戏曲送到了23个行政村上。活动以"建设和谐新农村"为主题,旨在营造农村和谐稳定的社会环境、丰富农村文化生活、繁荣农村文艺舞台、促进基层社会主义和谐新农村建设。戏曲团队给村民们带去越剧、锡剧、沪剧、折子戏等一系列脍炙人口、老少皆宜的优秀剧目。

4. 成立姚长子篮球俱乐部

每年举办的"震泽杯"姚长子篮球俱乐部邀请赛,都会吸引沪苏浙皖等地区众多的篮球爱好者,成为本地体育运动的一个品牌赛事。

(三)城乡文体产业全面推进

1. 整合以图书馆为主的文化信息资源,形成文化信息资源的整体优势。镇图书馆作为文化工作的重要阵地,在基层文化建设中起着非常重要的作用。2011年,镇图书馆共有图书58 526册(包括每月吴江送过来的100册流动图书),共发放图书借阅证200张,借出图书10 287册,外借人次4 430人,阅览人次8 700人,上网人次1 321人。为了迎接江苏省十佳文明城市的创建,图书馆配合做好了公共信息服务共享工程平台的建设。

2. 全面实施农家书屋工程。配送农业科技、医药卫生、文学艺术、文化教育、世界名著、名人传记、少儿读物、音像制品光盘8类图书到各村,为基层群众提供了更宽广的学习、休闲娱乐平台,同时也为全面推进新农村建设步伐起到积极的促进作用。

3. 完善各项文体配套设施。为了满足人民群众的精神文化需求,单位、社区、有条件的村;专门成立了震泽镇社会体育指导员数据库,认真组队参加三级、二级体育指导员的培训,为提高体育工作层次,进一步搞好农村体育工作,增强人民健身活动打下了基础;成立了全市首家村级桥牌俱乐部——龙降桥村桥牌俱乐部,以丰富村民的业余文化生活。

第八章　社会保障

　　构建完善的农村社会保障体系是城乡一体化的重要内容,是关注民生、改善民生的具体体现。农村社会保障概念是与城镇社会保障概念相对应的,是国家按照一定的法律和法规,通过国民收入的再分配手段,为保证农村社会成员的基本生活权利而提供救助和补贴的一种制度,主要包括农村基本养老保险制度、被征地农民保障制度、农村新型合作医疗制度和农村最低生活保障制度等内容。[①] 党的十八届三中全会《中共中央关于全面深化改革若干重大问题的决定》也提出,要建立更加公平可持续的社会保障制度……整合城乡居民基本养老保险制度、基本医疗保险制度。推进城乡最低生活保障制度统筹发展。吴江市在农村社会保障制度的建立与完善、城乡社保制度的转移接续等方面进行了许多有益的探索。

第一节　农村居民养老保险

　　养老保险是社会保障制度的核心,对于从根本上解决农民养老问题具有重要意义。震泽镇的社会保障制度是在吴江市统一领导下同步推进的,2004 年以前主要是"城保"(企业职工养老保险)扩面工

---

① 刘晓梅:《中国农村社会养老保险理论与实务研究》,北京:科学出版社,2010 年。

作,期间设立了一系列单项性险种。2004 年以后,震泽镇在吴江市的统一领导下,按照统筹城乡、覆盖全民的总体思路,逐步建立完善农村各项社会保障制度。

一、农村基本养老保险制度的建立

为促进农村经济发展和改革,完善城乡社会保障体系,维护社会稳定,保障农村居民和被征地人员的基本生活,从 2004 年开始,根据吴江市政府《关于印发〈吴江市农村基本养老保险及被征地人员基本生活保障试行办法〉的通知》(吴政发[2004]20 号)的要求,震泽镇开始推行农村基本养老保险(简称"农保")。

（一）资金筹集

《办法》规定,"农保"的月缴费基数按上年苏州市城镇企业职工基本养老保险月最低缴费基数的 50％确定,2004 年为 400 元,缴费比例为 25％,其中,个人承担 40％,市、镇(区)财政各补贴 30％。

（二）待遇享受

养老金的领取条件为:(1)《办法》实施之前,男 60 周岁以上、女55 周岁以上,且其所有直系亲属已参加城镇或农村基本养老保险的老年农村村民,可领取 80 元/月的养老补贴;(2)《办法》实施后,男满 60 周岁、女满 55 周岁的,除 80 元/月的基础养老金外,还可领取个人账户养老金,按个人账户全部储存额除以 120 计发。《办法》还规定,参保人员在缴费期间死亡的,按照本人缴纳养老保险费每满一年支付 100 元的标准发放丧葬抚恤费,其个人账户个人缴纳部分储存额或余额支付给法定继承人或受益人。

二、农村基本养老保险制度的发展与完善

2005 年,从关心高龄老年农民生活的角度出发,对于三代以上同堂家庭中的老年农民,只要其下一代家庭成员已按规定全部参保,且已有人开始享受农村基本养老保险待遇,则该老人亦可以享受每

人每月 80 元的农村基本养老保险基础性养老补贴。对具有本市农村户籍且无任何保障的年龄达 80 周岁以上(包括 80 周岁)的老年农民,可以直接享受每人每月 80 元的农村基本养老保险基础性养老补贴。同年 8 月,吴江市劳动与社会保障局出台了《关于明确吴江市渔民参保问题的通知》,从 2005 年 10 月起,到龄渔民可直接享受农村基本养老保险待遇。未到龄的渔民按照自愿的原则,可继续参加农保。

2007 年 5 月,为进一步完善农村基本养老保险办法,提高城乡老年居民养老待遇,把政府实事项目落到实处,吴江市出台了《关于进一步完善农村基本养老保险办法提高城乡有关老年居民养老待遇的意见》(吴政发[2007]83 号)。根据《意见》规定,从 2007 年 7 月 1 日起,全市农村基本养老保险的月缴费基数由 400 元调整为 500 元,缴费比例按城镇职工养老保险征缴比例的 27% 执行。农村老人直接享受基础养老金的最低年龄由 80 周岁调整为 70 周岁,"农保"和"土保"的基础性养老金发放标准由每月 80 元提高到每月 100 元。

2008 年缴费基数仍为每月 500 元,缴费比例为 27%,缴费额为 1 620 元/年,其中市镇财政补贴 60%,即 972 元/(人·年),个人缴纳 40%,即 648 元/(人·年)。

2009 年,随着城镇职工养老保险最低缴费标准的再次提高,农村养老保险缴费基数提高为 600 元/(人·月),缴费比例为 27%,缴费额为 1 944 元/年。参保个人负担 40%,即 778 元/年,市镇两级财政 60%,即 1 152 元/年,基础养老金提高到 120 元/月。(详见表 8 - 1)

表 8-1　2004—2009 年吴江市农村基本养老保险政策情况表

年份	缴费基数/(元·月⁻¹)	征缴比例/%				个人账户养老金提取比例/%	到龄后享受待遇	
		总计	其中:市级财政	镇(区)财政	个人		基础性养老金/(元·月⁻¹)	个人账户养老金
2004	400	25	30	30	40	11	80	个人账户除120(个人账户储存额包括缴费基数的11%和个人账户储存额的利息)
2007	500	27	30	30	40	11	100	
2009	600	27	30	30	40	11	120	

三、新型农村社会养老保险政策的施行

为进一步完善农村社会保障体系,逐步实现农村居民老有所养,2010 年,按江苏省政府的统一部署要求,震泽镇开始实行新型农村社会养老保险政策(简称"新农保")。

"新农保"个人缴费标准为 720 元/年,政府对符合领取条件的参保人全额支付新农保基础养老金,"新农保"基础养老金为每人每月130 元,由中央财政、省财政和地方财政共同承担,地方财政承担的120 元由市、镇(区)两级财政补贴。重度残疾和低保人员缴费标准减半,且个人不缴费,全部由财政予以补贴。养老金领取的条件为男年满 60 周岁、女年满 55 周岁和未享受城镇职工基本养老保险待遇的本地户籍的农村居民。养老金除基础性养老金每人每年 130 元外,个人账户养老金的月计发标准为全部储存额除以 139。①

2011 年,基础性养老金标准进一步提高到 160 元/月,由市镇财政分摊。② 2012 年以后,原新型农村社会养老保险参保缴费及享受

① 参见《吴江市新型农村社会养老保险制度实施办法》,吴政规字[2010]9 号。
② 参见《市政府关于印发吴江市居民社会养老保险制度实施办法的通知》,吴政规字[2011]14 号。

待遇的人员自动转入居民社会养老保险,原养老保险关系终止。

据统计,截至 2011 年底,震泽镇农村养老保险参保人数达 5 407 人,按月享受养老金待遇人数为 11 252 人。

第二节　被征地农民基本生活保障

随着吴江市城市化建设的加快,大批土地被征用,大量农民成为被征地农民。由于农民失去土地这一基本生产资料,他们生活在相对陌生的城市里,他们今后的生存、发展问题将成为矛盾的焦点。对被征用土地的农民有两种安置方式:就业安置和货币安置。但随着经济的市场化和企业改制的推进,就业安置即给被征地人员安排工作岗位已失去了它存在的条件。货币安置标准一直比较低,2000 年吴江市被征地人员的安置费标准为 15 000 元/人,以此设立养老基金实是杯水车薪。如何为失地农民建立最基本的生活保障,使之老有所养,成为摆在政府面前的又一现实难题。

一、被征地农民基本生活保障制度的建立

（一）2004 年后新被征地农民基本生活保障制度

2004 年,吴江市从农村实际出发,为保障被征地人员的基本生活需要,出台了《吴江市农村基本养老保险及被征地人员基本生活保障试行办法》(吴政发[2004]20 号),对被征地人员基本生活保障做了相应规定。

1. 被征地人员基本生活保障对象

《办法》规定,凡本市行政区域内的被征地人员,包括:依法征地的被征地人员、依法批准撤村(组)的被征地人员,必须参加被征地人员基本生活保障。实施对象不仅包括新被征地的农民,还包括 1982 年以来失地的农民。该政策可以说解决了所有失地农民的养老问题,这在全省乃至全国都是超前的。

《办法》规定：凡是新被征地人员及依法撤村（组）的被征地人员，按征地批准之日为界限，分三个年龄段，第一年龄段为 16 周岁以下；第二年龄段为男 16 周岁至 60 周岁、女 16 周岁至 55 周岁；第三年龄段为男 60 周岁以上、女 55 周岁以上。其中第一年龄段人员一次性领取 6 000 元/人，不列入参保范围，第二、第三年龄段在保障范围内。

2. 被征地人员基本生活保障方法

列入保障范围的人员按 2 万元/人由国土部门一次性划入被征地人员基本生活保障财政专户。第三年龄段人员可领取 220 元/月的养老金，第二年龄段人员可参加农村基本养老保险，也可参加城镇职工基本养老保险，将被征地安置补助费按每人 20 000 元的标准划缴养老保险费，所缴保险费中的 16 800 元进入个人账户，作为计算个人账户养老金的依据，3 200 元作为 10 年后支付养老金的资金来源，不足部分由财政补贴。

被征地人员基本生活保障基金实行收支两支线、财政专户管理。基金来源除了一次性划入的 2 万元/人，还有按经营性土地出让总收入的 2% 和工业性用地的每亩 600 元，用以补充被征地人员基本生活保障基金的不足。

（二）2004 年以前已被征地人员基本生活保障

为切实保障被征地人员基本生活，吴江市进一步制定了《关于吴江市已被征地人员基本生活保障意见（试行）》（吴政发〔2004〕33 号），一揽子解决了 1982 年以来所有被征地农民的保障问题。对 1982 年 1 月到 2003 年 12 月期间办理过征用土地的组内 16 周岁以上、未参加城镇企业职工基本养老保险或未在机关事业单位有正式工作的人员的基本生活保障做了详细补充。

这部分人分为三类：第一类，历次被征地且已安置就业后失业的人员，可参加农村基本养老保险，也可参加城镇职工基本养老保险；第二类，货币安置后参加了商业保险或劳动保障部门的统筹保险的，原待遇不变，不足 220 元/月，由政府补差额部分；第三类，已实行货币安置,未参加任何养老保险的,到龄时由政府根据不同时期的土地补偿政策,分别给予 200 元/月或 180 元/月的养老金。第二、第三类人员的养老金由市镇(区)两级财政各负担 50%,每年在年初预算中予以安排。

第三类已被征地人员失地养老补贴计算方法

2004 年前实行货币安置的已被征地人员,未参加城镇企业职工基本养老保险或未在机关事业单位有正式工作的,到达养老年龄时享受月基础性养老金 80 元和政府给予的失地养老补贴。失地养老补贴根据不同征地时期的政策分别计算:

1. 征地安置补助费领取标准为 3 390 元的已被征地人员,一次性缴纳保障费 3 390 元,记入个人账户,到达养老年龄时享受《办法》第二十二条规定的月基础性养老金 80 元和个人账户养老金,月领取养老金总额不足 220 元的,政府给予失地养老补贴补足差额部分。已被征地人员若不缴费,到达养老年龄时享受《办法》第二十二条规定的月基础性养老金 80 元和政府给予失地养老补贴月 120元,月领取养老金总额为 200 元。

2. 征地安置补助费领取标准为 5 650 元、6 984 元或 7 200 元的已被征地人员,个人一次性缴纳保障费 5 650 元、6 984 元或 7 200 元,记入个人账户,到达养老年龄时享受《办法》第二十二条规定的月基础性养老金 80 元和个人账户养老金,月领取养老金总额不足 220 元的,政府给予失地养老补贴补足差额部分。已被征地人员若不缴费,到达养老年龄时享受《办法》第二十二条规定的月基础性养老金 80 元和政府给予失地养老补贴月 100 元,月领取养老金总额为 180 元。

3. 已被征地人员个人缴纳、记入个人账户的保障费的余额可以继承。

——摘自《关于吴江市已被征地人员基本生活保障的意见》(吴政发[2004]33 号)

二、被征地农民基本生活保障的完善

2011 年，吴江市出台了《关于完善被征地农民社会保障和城乡老年居民养老保险政策的意见》（吴人社规〔2011〕6 号），提高被征地农民养老保障水平，增强"土保"基金的长期支付能力，进一步提高了新增被征地人员的"土保"基金筹资标准。《意见》规定从 2011 年 7 月 1 日起，全市新增被征地人员的"十保"基金筹资规模，在原有 2 万元的基础上，再按每人 1 万元标准建立"土保"统筹基金，个人账户的记账额仍为 2 万元。被征地人员基础性养老金标准同时由每人每月 130 元提高到 160 元。

2012 年，"土保"待遇有了进一步调整，分别为：新征地人员（个人账户 2 万元）待遇标准为每月 300 元，其中基础性养老金 160 元，个人账户养老金 140 元。已被征地人员（个人账户空账）待遇标准为每月 280 元和 260 元两种，其中基础性养老金 160 元，其余为失地补贴。①

据统计，被征地农民基本生活保障制度建立后，震泽镇纳入"土保"的人数约为 12 002 人，其中有 4 324 人已置换"城保"而终止"土保"关系。截至 2011 年底，参加"土保"在册人数为 7 678 人，其中领取"土保"养老待遇人数为 3 315 人。

第三节　企业职工养老保险

震泽镇企业职工养老保险（简称"城保"）制度起步较早，始于 1985 年试行的合同制工人养老保险和 1987 年开始的企业离退休费用社会统筹。

一、企业职工养老保险制度的建立

1993 年 1 月起，正式实施统一的企业职工基本养老保险，当时

---

① 参见 2012 年吴江市城乡养老保险并轨政策三十问。

只有国有企业开始实行个人缴费,统一使用《职工养老保险手册》。

1995 年参保范围扩大到乡镇集体所有制企业、城乡私营企业和外商投资企业,并允许个体工商户以个人缴费的形式参加基本养老保险。同年吴江市各类企业和职工实行统一计提基数、统一计发办法、统一调度使用基金、统一管理的一体化养老保险办法。

二、企业职工养老保险制度的完善

2000 年在按规定将社保基金专户移交财政管理时,平均缴费基数是每月 510 元,缴费比例是 25%,其中企业 17%、职工个人 8%。同年实行养老保险基金移交地税部门征缴,基金收缴到位率大大提高,基本做到应征尽征。

从 2005 年 7 月 1 日起,为达到省政府对各市、各县城镇企业职工基本养老保险费缴纳比例标准,吴江市出台政策,用三年时间逐步调整到省政府规定的标准。第一类原按 25% 缴费的职工第一年(指 2005 年 7 月 1 日至 2006 年 6 月 30 日,以下类推)调整为 26%,其中:职工个人 8%,企业 18%;第二年调整为 27%,其中:职工个人 8%、企业 19%;第三年调整为 28%,其中:职工个人 8%,企业 20%。

三、灵活就业人员养老保障制度的实施

2005 年,为了健全和完善社会保险制度,适应经济体制改革和劳动者自主择业的要求,满足灵活就业人员养老、医疗等社会保障的基本需求,确保参保职工流动时社会保险关系顺利接续,吴江市出台《灵活就业人员参加社会保险暂行办法》。[①] 灵活就业人员,是指具有本市户口、未达国家和省规定的退休年龄(下称退休年龄)的自谋职业者、自由职业者,以及从事非全日制、临时性和弹性工作的自主就业或非正规就业人员。

---

① 参见《吴江市灵活就业人员参加社会保险暂行办法》,吴劳社[2005]93 号。

　　灵活就业人员可在同一社会保险统筹地区参加城镇职工基本养老保险,养老保险缴费全部由个人承担,社会保险经办机构可委托银行等社会服务机构征收。灵活就业人员的基本保险缴费标准每年调整一次,在吴江市劳动与社会保障局确定后,由社保经办机构公布。其中基本养老保险可以设定若干个缴费基数档次和统一的缴费比例,由灵活就业人员自主选择。

　　2009 年吴江市灵活就业人员缴费比例为 20%,缴费基数为每月1 100 元。参保对象为全市各类企业和职工、个体工商户及雇工、本市户籍的灵活就业人员。

　　到 2011 年底,震泽镇企业职工养老保险的参保企业 567 家,参保缴费职工 20 621 人,企业离退休人员 6 633 人,人均养老金水平为1 302 元/月。企业职工养老保险缴费以职工的工资收入总额为基数(实行最低缴费基数的,外资企业、民营企业暂按每月 1 140 元执行,其他企业按 1 800 元/月执行),缴费比例全部执行省定标准,即28%,其中单位 20%、个人 8%。

表 8－2　城镇职工基本养老保险政策情况表

征缴对象	缴费基数或缴费金额	单位/%	个人/%	总计/%	享受相关待遇
全市所有企业和职工		20	8	28	1. 个人账户计缴办法:缴费基数的 8% 计入个人账户。2. 领取养老金条件:达到退休年龄,企业和职工本人按时、足额并不间断缴纳基本养老保险费。3. 养老金的发放标准:(1) 基础养老金以本人退休时全省上一年度在岗职工月平均工资和本人指数化月平均缴费工资的平均值为基数,缴费每满 1 年发给 1%;(2) 个人账户养老金按个人账户存储额除计发月数确定,计发月数标准按国家规定。4. 丧葬费为 5 000 元,退休、退职、在职的抚恤费 5 000 元,退养的抚恤费为 2 500 元。5. 救济费:按不同性质的参保对象享受不同标准的定期或一次性救济费。
其中:外地农民工	上限6 844元/月,下限1 369元/月。外商投资企业和新扩面民营企业缴费基数按 950/月。	13	8	21	
其中:吴江经济开发区外地农民工		10	8	18	
灵活就业人员	1 100 元/月		20	20	

第四节 农村医保与社会救助

农村医保和社会救助是农村社会保障的重要组成部分,是国家在农村推进的旨在保障广大农民健康需求和缓解农村因病致贫、因病返贫问题的基本制度安排。

一、农村医疗保险制度的建立与完善

农村医疗保障,事关农民看病吃药,一直受到社会广泛关注。吴江市从 1995 年起实行农村合作医疗制度,但合作医疗制度无法解决农村"因病致贫"、"因病返贫"的顽症。以大病统筹为主的农村医疗互助共济制度带给农民的实惠远远不够,因此对农民缺乏吸引力。

(一)农村居民医疗保险制度的建立

2004 年,为进一步巩固和发展农村合作医疗保险工作,全面贯彻落实《省政府关于在全省建立新型农村合作制度的实施意见》(苏政发[2003]75 号)和《苏州市农村合作医疗保险管理办法》(苏州市人民政府第 34 号令),吴江市启动了农村居民医疗保险,并在全市范围内实施,使农民也能像城市居民一样"刷卡"看病。①

1. 基金来源与组成

在农村合作医疗保险基金的来源与筹集方面,坚持贯彻"个人为主、集体扶持、政府资助"的原则,采用市、镇、村、个人共同负担的办法。

(1)基金来源。2004 年全市基金标准统一为每人 80 元/年,其中本市行政区域内的农村居民,以户为单位缴纳,每人 40 元/年;民政部门核定的低保户,按民政部门颁布的《吴江市城乡居民最低生活保障制度实施办法》执行:村集体补助每人 8 元/年,镇财政补助每人 12 元/年,市财政补助每人 20 元/年。

---

① 参见《吴江市 2004 年农村合作医疗保险工作意见》,吴政办[2003]70 号。

（2）基金组成。农村合作医疗保险基金由市级基金和镇级保险基金两部分组成，其中镇级农村合作医疗保险基金以镇为单位统筹，实行属地管理，人均标准60元/年（家庭医疗账户20元、大病统筹基金40元）；市级农村合作医疗保险基金以市为单位统筹，由市财政按全市参保人数人均20元/年的标准划拨（大病统筹基金15元、特困人群医疗救助5元）。

2. 基金结报

农村合作医疗保险基金补偿起报点为1 001元，封顶线为30 000元，最高补偿额为17 100元；实行分段结算，累计相加的办法。镇级农村合作医疗保险基金补偿从1 001元至15 000元，最高补偿额为8 100元；补偿比例为：1 001～5 000元补偿40％，5 001～10 000元补偿60％，10 001～15 000元补偿70％。市级农村合作医疗保险基金补偿从15 001元至30 000元，最高补偿额9 000元；补偿比例为：15 001～30 000元补偿60％。在苏州市各定点医院就诊按上述比例报销所得金额再下降10％；在外地定点医院就诊按上述比例报销所得金额再下降20％。

（二）农村居民医疗保险制度的发展

2006年，全市合作医疗保险基金统一为每人130元/年，本市行政区域内的参加者以户为单位缴纳，每人40元/年，镇财政补助每人45元/年，市财政补助每人45元/年。合作医疗保险基金由市级保险基金（45元/年）和镇级保险基金（85元/年）组成。

2008年，全市新型合作（居民）医疗保险基金标准统一为每人260元/年（含市财政用于特困人群、少儿大病救助的人均20元/年），个人缴纳标准提高到60元/（人·年），市、镇财政分别补助100元/（人·年）、80元/（人·年）。基金使用包括40元门诊统筹基金和200元住院统筹基金，住院统筹合作（居民）医疗保险基金补偿每次住院起报点为401元。最高可报医药费为150 000元，最高补偿额为104 720元。

2010年,全市新型合作(居民)医疗保险基金标准统一调整为每人420元/年,其中,个人缴纳120元/年,镇财政补助每人135元/年,市财政补助每人165元/年。提取门诊统筹基金80元、住院统筹基金340元。[①]

2011年,居民医疗保险的筹资与结报标准有了进一步提高。(1)基金筹集。基金标准统一为每人500元/年。其中本镇行政区域内的参保者个人缴纳140元/年,镇财政补助每人171元/年,市财政补助每人189元/年。符合参保条件的新吴江居民及中途参保的吴江市城镇职工基本医疗保险退保和中断人员由个人按照各级财政人均补助标准与居民个人缴费标准两项合计数(500元/人)缴纳医疗保险基金。(2)基金运作。① 门诊。2011年门诊统筹基金按人均100元标准提取,用于参保人员在本市辖区内市级医院、社区卫生服务中心(镇卫生院)(每张处方限额70元)和社区卫生服务站(村卫生室)(每张处方限额40元)门诊药品费用的补偿,均按30%比例结报。参保人员每人年内最高补偿限额为300元。② 住院。住院统筹基金按人均400元标准提取。结报实行“设起付线、按比例补偿、累计结算、最高封顶”的办法。

据统计,2011年,震泽镇农村合作医疗参保率为98%,2004—2011年间累计筹资8 364.38万元,报销7 694.31万元。

表8-3　吴江市农村(新型)合作医疗历年基金筹集与组成比例

(单位:元/[年·人])

年份	基金标准	其中:				基金组成	
		个人	村集体	镇财政	市财政	普通门诊	住院(大病统筹)
2004	80	40	8	12	20	20	55
2006	130	40	—	45	45	30	90

---

① 参见《关于吴江市2010年新型合作(居民)医疗保险工作的意见》,吴政办[2009]148号。

（续表）

年份	基金标准	其中：				基金组成	
		个人	村集体	镇财政	市财政	普通门诊	住院（大病统筹）
2008	260	60	—	80	100	40	200
2009	320	80		105	135	55	260
2010	420	120		135	165	80	340
2011	500	140		171	189	100	400

二、农村社会救助的建立与完善

农村社会救助，传统上称之为农村社会救济，指由国家和社会通过立法，对因各种原因而生活在贫困线以下或者最低生活标准以下的农村社会成员个人及家庭给予物质援助，以维持其最低生存需要，维护其基本生存权利的社会保障制度。农村社会救助体系包括农村居民最低生活保障制度、农村医疗救助、特困救助、救灾救济、五保供养等制度。农村社会救助体系的基础是农村居民最低生活保障制度。

1997 年国务院下发了《关于在全国建立城市居民最低生活保障制度的通知》，吴江市于 1998 年由市政府印发了《吴江市城乡最低生活保障制度暂行办法》（吴政发[1998]13 号），市（县）区、乡镇、村分担低保资金比例为 4∶4∶2。对经济薄弱村，市（县）区、乡镇两级财政各解决 50%。

2003 年市政府又发出了《关于印发〈吴江市城乡最低生活保障制度实施办法〉的通知》，建立了农村居民最低生活保障制度，凡居住在本市农村的农村居民，其共同生活的家庭成员人均收入低于农村最低生活保障标准的，可申请享受农村最低生活保障待遇。最低生活保障标准由此前的 1 200 元/年，提高到 2 160 元/年。

2004 年吴江市出台了《关于转发〈吴江市农村特困人群医疗救助办法〉的通知》，建立了农村医疗救助制度，对农村合作医疗和最低生活保障做出补充。

2007 年又扩大了范围,增加了低保边缘人群。低保边缘人群是指家庭年收入低于最低生活保障标准两倍以下的患癌症、尿毒症、白血病的困难对象,或经市劳动鉴定部门鉴定完全丧失劳动能力的残疾人(含重精神病人)。

2010 年,吴江已经率先在苏州范围内实现低保等社会保障对象救助标准的城乡一体化。目前农村最低生活保障覆盖率达到 100%。从 2012 年 7 月 1 日起,城乡低保标准也进一步提高到了 580 元/月。[1]

第五节　城乡社保、医保一体化

推进城乡社会保障制度一体化是经济社会协调发展的必然要求,也是实现发展成果由人民共享的一项极其重要的制度安排。城乡社会保障一体化就是要通过制度并轨和体系整合,将城乡居民纳入统一的社会保障覆盖范围,逐步把城乡分设的社会保障发展成为"制度合一、服务衔接、功能配套"的保障体系。"城保"与"农保"衔接的制度如何设计、基金如何换算、资金如何筹集,吴江县对这些关键性问题进行了探索。

一、城乡社保一体化

吴江市"农保"、"土保"政策的转型主要是通过与"城保"的关系转移和接轨来实现的,对于与"城保"关系的转接,可以追溯到 2004 年的《吴江市农村基本养老保险及被征地人员基本生活保障试行办法》(吴政发[2004]20 号),在该办法中就考虑了"农保"与"城保"的转移和衔接问题。当时在制定农村基本养老保险制度的时候是参考

---

① 崔阳阳:《吴江城乡低保标准提升至 580 元/月》,《吴江读本》2012 年 7 月 3 日。

城镇职工的养老保险制度的,缴费比例与职工养老保险相一致,缴费基数原则上按职工养老保险最低缴费基数的50％确定,在2006年的时候推出了"农保"转"城保"的具体操作办法。在2009年的时候实现了"农保"、"土保"与"城保"的接轨。

（一）早期城乡社保转移接续的探索

在2004年的《吴江市农村基本养老保险及被征地人员基本生活保障试行办法》中建立了农村基本养老保险和城镇职工基本养老保险互通的桥梁。《办法》规定了参加"农保"的人员进入企业工作后,必须按规定参加城镇职工养老保险,其原来的"农保"可转入职工养老保险,具体方法为个人账户按实转移,缴费年限折半计算,或补缴历年"农保"与职工养老保险相差基数的保险费后,缴费年限按实计算。到达法定退休年龄时,按城镇职工基本养老保险的规定计发养老金。参加职工养老保险的农村职工,离开企业回到农村务农的,也可参加"农保",其参加职工养老保险的缴费年限和个人账户储存额,办理转移手续时直接转入"农保",到达享受养老待遇年龄时,其基础性养老金按加权平均计算,公式为:$H=\{[M/(M+N)]\times P_1+[N/(M+N)]\times P_2\}$。其中:M表示城镇企业职工基本养老保险缴费月数;N表示农村基本养老保险缴费月数;P_1表示参加城镇企业职工基本养老保险各缴费年度平均基础性养老金;P_2表示参加农村基本养老保险各缴费年度平均基础性养老金。被征地农民若参加城镇职工养老保险后,其个人账户累积金额可划转其"城保"的个人账户。

2006年,吴江市出台《吴江市农村和城镇基本养老保险关系转移接续办法》(吴劳社[2006]55号),进一步细化了城镇、农村基本养老保险互通的政策。该办法强调参加"农保"后流动到各类企业就业的农村居民,应该参加城镇企业养老保险,同时终止"农保"缴费。"农保"各年的缴费金额,统一按所对应的历年"城保"最低缴费基数以及单位和个人的合计缴费比例,换算为"城保"的缴费年限。计算公式为:各年"城保"换算年限＝对应年"城保"缴费金额/对应年"城

保"最低缴费基数(及"城保"缴费工资下限)×单位和个人合计缴费
比例。个人账户推算公式为:对应年度"城保"最低缴费基数×当年
的换算缴费年限×"城保"个人账户记账比例。"农保"换算"城保"年
限和个人账户应与本人参加"城保"的实际缴费年限和个人账户合并
计算(详见表8-4)。

表8-4 "农保"转"城保"缴费年限折算和个人账户储存额推算一览表

| 年份 | "农保"缴费年限折算"城保"缴费年限 | | | | | "城保"个人账户推算的储存额 |
| | 农村基本养老保险 | | 城镇职工养老保险 | | 一年折算 | 城镇职工最低缴费月基数×折算年限(月)×记账比例 |
	基数	比例	基数	比例		
2004	400	25%	862	25%	6个月	862×6×11%=568.92元
2005	400	25%	950	26%	5个月	950×5×11%=522.50元
2006	400	25%	1 045	27%	5个月	1 045×5×8%=418.00元
2007	500	27%	1 180	27%	6个月	1 180×6×8%=566.40元
2008	500	27%	1 369	27%	5个月	1 369×5×8%=547.60元
2009	600	27%	1 369	27%	6个月	1 369×6×8%=657.12元

《办法》规定同一人不能同时享受"城保"和"农保"两项养老保险
待遇,对已享受"城保"养老待遇的又不愿转移"农保"关系的,"农保"
个人账户中个人缴纳部分储存额或余额给予一次性支付,同时终止
"农保"养老关系。对于"城保"转入"农保",《办法》在以前将金额换
算并入"农保"的基础上增加了"城保"一次性支付养老金的方法,可
由转换人自由选择。

由"土保"进入"城保"的新被征地失地农民,由土地征(使)用单
位按规定缴纳征地安置费每人20 000元和政府作为失地、放弃宅基
地入住公寓房的特殊奖励每人15 000元社会保险金转入"城保"基
金。折算"城保"缴费年限从批准转换"城保"之日暂按每月750元缴
费基数和26%的缴费比例(上述35 000元折合15年缴费年限)。已
被征地的失地农民在被个人缴纳3 390元和5 660元后由市镇两级

财政补足到 20 000 元后和政府作为失地、放弃宅基地入住公寓房的特殊奖励每人 15 000 元社会保险金转入"城保"基金。2006 年的接续办法,是吴江市推行农村向城镇基本养老保险关系转移的一个尝试,也为 2009 年全面开展农村养老保险接轨城镇养老保险打下了良好的基础。

(二) 城乡社保接轨的扩面

2009 年 8 月,为加快建立城乡一体的社会保障体系,促进全市城乡一体化发展,吴江市政府又印发《吴江市农村养老保险接轨城镇养老保险实施意见》(吴劳社[2009]80 号),加快将劳动年龄段被征地农民和在非农产业就业的农村劳动力纳入"城保",进一步完善农村社会保障制度,提高农村社会保障水平。

该意见规定,实施"农土保"接轨"城保"的对象为在参加农村基本养老保险或参加土地换保障且"土保"权属已落实到个人的在册劳动年龄段人员中,年龄未满男 60 周岁、女 55 周岁的人员,"农保"转换"城保"的折算办法仍按吴劳社[2006]55 号文件执行,各年"农保"折算"城保"缴费月数的计算办法简化为:各年"城保"换算月数＝对应年度"农保"实际缴费基数÷对应年度"城保"最低月缴费基数。2004 年至 2009 年"农保"正常缴费的,可折算成"城保"缴费年限 33 个月。也可以在补足对应历年"城保"缴费金额的差额后,将"农保"缴费年限全部置换为"城保"缴费年限。"土保"转换"城保"的折算办法与吴政发[2006]92 号文件《吴江市农村居民住宅集中建设实施办法(暂行)及实施细则规定》的办法一致(详见表 8-5)。

表 8-5 "土保"转换"城保"缴纳 2 万元养老保险基金的筹资渠道和分担比例

置换城保的对象类别	资金来源和分担比例
2004 年 1 月起,缴费 2 万元进入"土保"的被征地人员	将全部"土保"个人账户资金置换"城保"缴费年限,由市级土地换保障基金以每人 20 000 元划入城镇职工养老保险基金。

（续表）

置换城保的对象类别		资金来源和分担比例
已被征地人员	纳入土地换保障时个人未缴征地安置费的	由个人出资 8 000 元，市、镇（区）两级财政各补贴 6 000 元，低保人员个人出资 4 000 元，市、镇（区）财政各补贴 8 000 元
	已缴纳征地安置费的	由市"土保"基金出资 1 万元，其余由市、镇（区）财政分摊
原参加征地养老保险的人员		从"老农保"基金中划转 1 万元，其余由市、镇（区）财政分摊。

　　凡同时将"农保"和"土保"折算"城保"的，先进行"农保"置换"城保"的折算，后进行"土保"置换"城保"的折算。折算"城保"缴费年限原则上从 2009 年 7 月向前记载，置换申请人已有"城保"缴费纪录的或有"农保"折算缴费纪录的，置换年限与已有的"城保"缴费年限相衔接。向前折算形成的缴费年限最多可推算到申请人 16 周岁，如有余额全部转入其"城保"个人账户。

　　同年，为了鼓励"农保"人员参加"城保"，还实施转"城保"人员续保补贴政策，规定凡当年转"城保"人员，可在今后的三年内交"城保"视作"农保"续保，享受每年 1 164 元（97 元/月）的续保补贴。

　　2010 年，"农保"接轨"城保"继续扩面，优先照顾放弃宅基地入住公寓房的失地老年农村居民。凡符合市政府《关于印发〈吴江市农村居民住宅集中建设实施办法（暂行）〉的通知》（吴政发〔2006〕92 号）文件规定条件，已领取"土保"养老金且享受每月 150 元加发待遇的人员，在本人自愿的基础上，按规定缴纳个人承担的资金后，一次性折算 15 年"城保"缴费年限，从办结接轨手续的次月起享受"城保"养老待遇。新政策对纳入"土保"的在册失地老年农民也实行优惠照顾。在本人自愿的基础上，这些人员办理"土保"退出手续结算相应的费用后，可按 750 元缴费基数、26％缴费比例折算成"城保"8.5 年缴费年限。不足"城保"缴费年限 15 年的部分，按每年 5 040 元的缴费标准一次性补缴。此外，对承包土地实行流转且放弃宅基地入住公寓房的老年农民,允许将宅基地奖励金 1.5 万元按月缴费基数 750 元、缴费比例 26％折算成城保 6.5 年缴费年限。不足"城保"缴费 15 年的部分,按每年 5 040 元的缴费标准一次性补缴。

(三)城乡社保一体化的全面推行

2011 年,吴江市出台《吴江市城乡居民社会养老保险制度实施办法》,全面推进城乡社保一体化。新办法实施后,农村养老保险年限转为居民养老保险缴费年限,农村养老保险基金并入居民养老保险基金。

1. 参保对象

新办法规定,城乡居民社保对象为具有本市户籍,年满 16 周岁(不含在校学生)、非国家机关、事业单位、社会团体工作人员,未享受离退休待遇以及国家规定的其他养老待遇,未参加企业职工基本养老保险的居民。

2. 资金筹集

资金筹集方式为个人每人每年 720 元,市镇(区)两级财政补贴每人每年 100 元。已享受居民养老保险待遇的居民可自愿参加居民补充养老保险,缴费标准按参保人在办理缴费时公布的居民基本养老保险个人缴费标准的 60％一次性缴纳 15 年,其余由市、镇(区)补贴。

3. 养老金领取

《办法》规定的养老金领取要求为:(1)《办法》实施或户籍迁入时,男年满 60 周岁、女年满 55 周岁,未享受职工基本养老保险待遇以及国家规定的其他养老待遇的本市户籍居民,可不用缴费,按月领取居民基本养老保险待遇;(2)《办法》实施或户籍迁入时,人员年龄距领取年龄不足 15 年的,应按年不间断缴费,也允许补缴(补缴标准按办理补缴手续当年个人缴费标准执行,市、镇(区)财政对补缴以往年度缴费不予补贴),累计缴费年限不超过 15 年;(3)《办法》实施或户籍迁入时,人员年龄距领取年龄超过 15 年的,应按年缴费,累计缴费不少于 15 年。

居民养老金由基础养老金和个人账户养老金构成,基础养老金为每人每月160元。对缴费年限超过15年的参保人员,从第16年起,每超过1年,基础养老金加发1‰。个人账户养老金的月计发标准为:个人账户储存额除以计发月数。

吴江市居民养老金领取额度计算方法

根据最新的养老金计算方法,居民退休时领取养老金由基础养老金与个人养老金两部分组成,其中,

(1) 个人账户养老金＝个人账户储存额÷计发月数(50岁为195、55岁为170、60岁为139……与退休的实际年龄有关,越晚退休越小);

这里,个人账户储存额＝缴费基数×11‰(1996年1月—2006年6月);个人账户储存额＝缴费基数×8‰(2006年7月开始)。"土保"、"失宅"转入"城保"的按750元/月的缴费基数计算;不足15年,补缴的部分按1 680元/月的缴费基数计算。

根据这一公式,假定一个2011年"土保"转"城保"的60岁男性居民(一次性补缴了后6.5年的养老金),

其个人账户养老金可计算为:$(750×11‰×8.5×12+1 680×11‰×1.5×12+1 680×8‰×5×12)/139＝142.48$ 元;

(2) 基础养老金＝(全省上年度在岗职工月平均工资＋本人指数化月平均缴费工资)÷2×缴费年限×1‰＝全省上年度在岗职工月平均工资×(1＋本人平均缴费指数)÷2×缴费年限×1‰。

注:本人指数化月平均缴费工资＝全省上年度在岗职工月平均工资×本人平均缴费指数;个人的平均缴费指数指自己实际的缴费基数与社会平均工资之比的历年平均值,缴费指数＝$\dfrac{a_1/A_1+a_2/A_2+a_3/A_3\cdots\cdots+a_n/A_n}{N}$,这里 a_i 为缴费基数,A 为对应年份在岗职工月平均工资,N 为缴费年限。

根据这一公式,假定男职工在 60 岁退休时,全省 2010 年度在岗职工月平均工资为 3 832 元。累计缴费年限为 15 年时,

当个人平均缴费基数为 0.6 时,基础养老金=(3 832+3 832×0.6)÷2×15×1‰=459.84 元

个人平均缴费基数为 1.0 时,基础养老金=(3 832+3 832×1.0)÷2×15×1‰=574.8 元。

——根据 2007 江苏省政府第 36 号令《江苏省企业职工基本养老保险规定》、2011《吴江市居民养老保险实施办法》(吴政规字 14 号)及震泽劳保所调研资料整理

据统计,震泽镇从出台转移办法至 2011 年 10 月,已为 4 742 人办理"农保"转移"城保"手续,转移资金 3 900 万元。"农保"缴费人数由 2006 年最高峰 11 110 人,下降至 5 086 人。截至 2011 年 10 底,失地失宅人员转入"城保"人数达 4 324 人,单失宅人数转"城保"411 人。

表 8-6   2009—2011 年"农保"、"土保"转入"城保"人数统计表

(单位:人)

年份	农保参保缴费人数	农保转入城保人数	失地失宅人数	单失宅人数
2009	7 527	2 384	2 676	
2010	6 428	1 211	937	411
2011	5 086	1 147	711	
合计	19 041	4 742	4 324	

注:数据来源于震泽镇社会保障所,表中 2011 年数据截至 2011 年 10 月底。

二、城乡医保一体化

2011 年,吴江市政府出台《吴江市城乡居民(大学生)医疗保险全面并轨实施办法》,加快推进城乡基本医疗保障一体化步伐。《办法》规定从 2012 年 4 月 1 日起,建立城乡统一的居民(大学生)医疗保障体制,在管理机构、参保对象、保险期限、基金标准、筹资方法、管

理使用等方面实现"统一"。除大学生外,保险期统一为当年的 4 月
1 日至次年的 3 月 31 日,2012 年全市居民(大学生)医疗保险基金标
准统一为每人 600 元,具体缴费方式见表 8-7。

表 8-7 吴江市城乡居民(大学生)医保基金缴费方式一览表

人员	个人缴费	财政补贴
本市行政区域内参保者	160 元/人	市镇(区)两级财政补贴 440 元
符合条件的新吴江居民及中途参保的吴江市职工医保退保和中断人员	600 元/人	
大学生	160 元/人	省属公办高校、民办高效和独立学院大学生,由省财政补助,非省属大学生参保,由地方财政补助
低保、五保、重点优抚对象、特困职工、重症残疾人及持有残疾证且父母无工作的残疾学生	个人免缴医保费	市级财政全额补助 600 元

基金统一管理使用。2012 年居民(大学生)医疗保险门诊统筹
基金按人均 100 元标准提取,在本市辖区内市医院、社区卫生服务中
心(镇卫生院)就诊的每张处方限额 70 元,社区卫生服务站(村卫生
室)每张处方限额 40 元,均按 30%比例结报,最高每人每年补偿 300
元;住院统筹基金按人均 500 元标准提取,报销补偿起付线、结报比
例见表 8-8。

表 8-8 吴江市城乡医保一体化后补偿起付线、结报比例

医院级别	起付线	结报比例	最高报销额
本市社区卫生服务中心(镇卫生院)	300	80%	最高可报医疗费用为 220 000 元,最高补偿支付限额为 175 000 元
本市市级定点医疗机构、江苏盛泽医院、苏州九龙医院	500	65%	
苏州市指定转诊医院	1 000	45%	
转江苏省(苏州以外)、上海市、浙江省指定医院	1 200	40%	

第六节　调查问卷分析

问卷对农民参与养老、医疗保险情况及其对有关保险的态度与认知进行了调查,分析结果如下:

一、参加养老、医疗保险的基本情况

农民参加养老、医疗保险情况主要是针对家庭每一个成员的调查,涉及 444 个样本;企事业单位保险情况涉及 49 个样本。

（一）养老情况

调查显示,444 个样本中,有 10 位参加了商业保险,占 2.3%;201 位参加了城镇职工养老保险,占 45.3%;124 位参加了新型农村养老保险,占 27.9%;有 106 人未参加任何保险,占 23.8%。从已参保的 338 个样本的参保年份看,2000 年以前参保的占 10.3%,2000—2004 年参保的占 23.8%,2005—2009 年参保的占 32.3%,2009 年以后参保的占 33.6%。

表 8-9　2011 年农村居民参加养老保险情况

	人数	百分比	累积百分比
商业保险	10	2.3	2.9
城镇职工养老保险	201	45.3	60.8
新型农村养老保险	124	27.9	96.5
其他	3	0.7	97.4
未参加任何保险	106	23.8	100.0
合计	444	100.0	

从缴费情况看,有 137 个有效作答样本,其中,有 123 个样本的年缴费额小于 5 000 元,占 89.8%;14 个样本的年缴费额在 5 000 元以上,占 10.2%。缴费额中自费 30%的占 47.1%,完全自费的占

28.6%,完全公费的占 7.6%,其他自付比例的占 16.7%。

调查样本中,有 124 个样本已经开始领取养老金,占样本总数的
27.9%。其中,月领取养老金额 200 元以下的 54 人,占 43.5%;200～
700 元的有 47 人,占 37.9%;700 元以上的有 23 人,占 18.6%。

表 8-10 农村居民领取养老金情况

	人数	百分比	累积百分比
未领取	320	72.1	72.1
200 元以下	54	12.2	84.2
200～700 元	47	10.6	94.8
700 元以上	23	5.2	100.0
合计	444	100.0	

另外,调查发现,当年有 39 位参保人补交了"城保"费用,其中补
交额在 10 000 元以下的有 25 人,1 万元～5 万元之间的有 9 人,5 万
以上的有 5 人。仅有 3 位缴纳了一次性商业保险费。

(二)医疗情况

从农民参加合作医疗的情况看,有 386 个样本参加了合作医疗
保险,占总样本的 86.9%,有效样本的 87.3%;有 56 个样本未参加
合作医疗保险,占总样本的 12.6%,有效样本的 12.7%。

表 8-11 农村居民参加合作医疗保险情况

		人数	百分比	有效百分比	累积百分比
有效	是	386	86.9	87.3	87.3
	否	56	12.6	12.7	100.0
	合计	442	99.5	100.0	
缺失	系统	2	0.5		
合计		444	100.0		

(三)企事业单位保险情况

调查样本 49 个,其中事业单位从业人员 6 人,占 5.7%;国有企
业 2 人,占 1.9%;民营企业 38 人,占 35.8%;其他企事业单位 3 人,

占 2.8%。

从样本与单位签订劳务合同情况看,49 个样本中,有 15 个未与单位签订书面劳动合同,占 30.6%;签订固定期限合同的样本有 23 个,占 46.9%,签订无固期限合同的样本有 8 个,占 16.3%。进一步分析表明,在签订固定期限的 23 个样本中,签订 1 年的 11 人,2 年的 5 人,3 年的 5 人,3 年以上的 2 人。

表 8-12　调查样本与企事业单位签订书面劳动合同情况

		人数	百分比	有效百分比	累积百分比
有效	没签	15	30.6	32.6	32.6
	签了,有固定期限	23	46.9	50.0	82.6
	签了,无固定期限	8	16.3	17.4	100.0
	合计	46	93.8	100.0	
缺失	未回答	3			
	合计	49	100.0		

从企事业单位职工参加社会保险情况看,调查样本中,有 17 个缴纳了"三险一金",占有效样本的 34.7%;6 个办理了"五险一金",占 12.2%;另有 16 个样本办理了其他社会保险,占 32.7%;有 10 个样本未办理任何社会保险业务,占 20.4%。进一步分析表明,在 39 位已办理各类社保业务的样本中,有 29 个样本表示"单位能够按时、按标准缴纳社保费用",占 74.4%;1 个样本明确表示"不能按时缴纳",占 2.6%;其余 9 个样本回答"不清楚",占 23.0%。

表 8-13　企事业单位为调查样本办理社会保险情况

险种	人数	百分比	累积百分比
三险一金	17	34.7	34.7
五险一金	6	12.2	46.9
其他	16	32.7	79.6
没有办理保险	10	20.4	100.0
合计	49	100.0	

二、对养老、医疗的态度与评价

（一）对养老问题的态度

随着农村社会保障制度的进一步完善,农民的养老观念发生转变。调查发现,106 个样本户中,77 户选择了主要依靠养老保险金,占 70.75%;有 10 户选择了依靠个人退休金和土地保障养老,占 9.44%;19 户选择了家庭养老,占 17.93%。当问及"在您年纪大到不想或不能继续经营承包地时,会如何处置承包地"时,在做出回答的 60 个样本中,30 户选择了租给村集体,占 50%;19 户选择换取养老金,占 17.9%;有 4 户选择宁可抛荒也不出租或转让,占 3.8%;另外,选择自己耕种或转给邻居的各有 1 人,其余 4 人选择其他处置方式。

表 8 - 14　农村居民养老方式的选择

	人数	百分比	累积百分比
家庭养老	19	17.93	17.93
土地保障	2	1.89	19.82
个人退休金	8	7.55	27.37
养老保险金	75	70.75	98.12
社区养老	0	0	
政府救济	1	0.94	99.06
其他方式	1	0.94	100.00
合计	106	100.00	

（二）对农村合作医疗的评价

调查结果表明,农村合作医疗制度实施后,医院的服务质量和态度有了一定程度的改进。样本户中,22 户觉得与参合以前相比,医院的服务质量和态度"有了很大改进"的占 20.8%;认为"有点改进"的有 38 户,占 35.8%,"没变化"的有 38 户,占 35.8%;有 3 户认为"差了一点",占 2.8%;1 户认为"大不如从前",占 0.9%;未作答的有 4 户,占 3.8%。

表 8-15　样本对参合后医院的服务质量和服务态度的评价

		人数	百分比	有效百分比	累积百分比
有效	有了很大改善	22	20.8	21.6	21.6
	有点改进	38	35.8	37.3	58.8
	没变化	38	35.8	37.3	96.1
	差了一点	3	2.8	2.9	99.0
	大不如从前	1	0.9	1.0	100.0
	合计	102	96.2	100.0	
缺失	系统	4	3.8		
	合计	106	100.0		

就农村合作医疗的报销手续的方便性而言,有 60 户认为"非常方便",占 56.6%;认为有点复杂或太麻烦的分别有 17 户和 5 户,占 16.0%、4.7%;有 21 户从没报销过,占 19.8%,未作答的有 3 户,占 2.8%。

表 8-16　对农村合作医疗的报销手续的评价

		人数	百分比	有效百分比	累积百分比
有效	太麻烦	5	4.7	4.9	4.9
	有点复杂,但可接受	17	16.0	16.5	21.4
	非常方便	60	56.6	58.3	79.6
	没报过,不清楚	21	19.8	20.4	100.0
	合计	103	97.2	100.0	
缺失	系统	3	2.8		
	合计	106	100.0		

进一步问及"您认为缩小城乡医疗服务水平的关键措施"时,15 户选择改善镇村医疗机构条件,占 14.2%;47 户选择提高镇村医务人员技术水平,占 44.3%;28 户选择提高医药费报销比例,占

26.4%;选择增加新农合财政投入等其他措施的有 16 户,占 15%。

表 8-17 认为缩小城乡医疗服务水平的关键措施

	人数	百分比	累积百分比
改善镇村医疗机构条件	15	14.2	14.3
提高镇村医务人员技术水平	47	44.3	59.0
增加新农合财政投入	2	1.9	61.0
提高医药费报销比例	28	26.4	87.6
其他	14	13.0	100.0
合计	106	100.0	

调查结果还表明,农户对购买商业性医疗保险的意愿不强,有77%的农户回答"没听说过或没想过"购买商业性医保,15%的农户选择"想过,但买不起",6%的农户选择"想买能买,但不放心",有2%的农户回答已购买商业性医疗保险。

第七节 城乡社保一体化的经验、问题与建议

受我国的二元经济体制结构等因素的影响,我国建立的是以公有制为基础的城乡二元的社会保障制度。在城市,实行的是国家和单位负责制,推行的是比较优厚的社会保障制度;在农村,实行的是以集体保障为主,国家适当扶持的制度。如何打破目前二元保障体系,使农民能得到更好的保障是我国学者和政府长期以来一直研究的问题。吴江市通过实施一系列农村社会保障及城乡社保一体化转型的政策,在一定程度上有效地解决了农民的社会保障问题,而且通过"农保"转"城保","土保"转"城保"等一系列政策的实施,打破了目前二元保障体系的构架,走出了一条独特的一体化道路。在这个过程中,有值得总结的经验,也存在深入推进的障碍。

一、城乡社保一体化的经验

（一）采用城乡统一的制度体系。在农村社会保障制度建立之初，吴江就充分考虑到城乡社保的转移接续要求。在养老保险方面，把农村养老保险的缴费基数设定为城镇养老保险缴费基数的一半，使两者便于换算；被征地人员基本生活保障制度的享受标准与农村基本养老保险相同。在医疗保险方面，新型农村合作医疗保险采用与城镇职工医疗保险类似的住院、门诊分类保障模式，为不同社保制度接轨预留了空间。

（二）兼顾不同保障需求。在推行新型农村社会保障政策的时候，体现出全方位、多层次、立体化的特点，对参保和享受保险的人员进行了不同层次的区别对待，兼顾了不同的保障要求。对孤、老、病、残农民分别给予不同形式、不同力度的保障。吴江市在全省率先推出了对失地农民的保障。各项保障制度覆盖面广、参保率高。养老保险参保率达到 99.99％，医疗保险参保率达到 98％。

（三）规范操作，逐步完善。在推行政策的过程中从农村实际出发，对个人、集体、政府的责任进行了合理分配，制定切实可行的实施方案、政策（意见）来进行扶持和推广，并根据现实情况和实施中出现的问题不断调整完善，使各项保障不但有章可循、有据可依，而且切合实际、日臻完善，逐步建立了一个较完善的农村社会保障框架。各项基金管理都严格执行了财政专门账户管理制度和收支两条线管理办法。

（四）实行村级化、网络化管理。养老保险、被征地农民保险全面实行网络化管理。目前吴江市已经形成了市、镇、村三级电脑信息业务管理平台。医疗保险同样坚持方便群众的原则，在各村设立了医疗站。医保网络进村医疗站，使得小病可以在村里就诊。利用全市推广使用市民卡的有利条件，把医保经费打进市民卡，参保农民在市内任何医疗机构看病都可以刷卡。①

（五）提供有力的组织保障。在推行过程中，为做好"完善农村社会保障体系"的政府实事项目，市政府专门成立"两项保障工作办公室"，由市政府副秘书长牵头，市委农办、市劳动保障局、市国土资源局、市财政局抽调分管领导和业务骨干参与，到岗、到位、到职，全面负责"两项保障"的政策指导和督查，确保市镇（区）之间联系，及时了解和解决工作中出现的问题，为政策的推行提供了有力的组织保障。

二、社保一体化的障碍因素

（一）一体化过程中资金压力大。资金是推进城乡社保一体化的核心问题，特别是对农村社会保障体系的构建具有非常重要的意义。受多方面因素的影响，财政资金压力很大。这些因素有：农村社会保障基础薄弱，政府投入虽有增加仍然供不应求；基层政府受分税制体制的影响，普遍财力不足；社会筹资困难，渠道不足，集体经济发展不平衡；大多数农户家庭现金收入有限，对参保认识不足。与此同时，外地迁入人员增长较快，单纯依靠政府财政来完善社会保障工作，人员需求将很难得到满足。而且，根据国家有关规定，基本养老保险基金只能存在银行和购买国债，这在一定程度上影响了养老保险基金的保值增值。

（二）群众参保意识不强。从调查情况看，由于经济社会发展的不平衡，农民之间仍存在一定程度的贫富差距，对于社会保障的需求也不平衡，这导致部分农民个人筹资相当困难，参保意识不高。也有一部分农民没有真正意识到参保的好处，从根本上讲，如果农民不能感受到参保对自己有利，绝不会由衷地参与和拥护。

---

① 郑万城，张勇勤：《着力推进农村社保——来自江苏省吴江市的调查》，《人民日报》2009年8月5日。

（三）户籍制度影响深远。我国二元社会保障体系的存在和持续有一定的特殊性，它是城乡二元分割的社会结构下，由于户籍制度的隔离而形成了城乡分离的社会保障制度。再加上近年来，各级政府在制定和执行各项政策时采取明显的城市偏向导向，使得各级政府长期以来在财政上对农村社会保障供给不足。比如因为受户籍的限制，农民进城后还是农民，享受不到城市人的待遇和社会保障。

（四）城乡社保制度碎片化仍将长期存在。吴江市将基本养老保险制度覆盖了所有人群，同时在城乡两大保障体系间建立了衔接，但由于城乡居民收入水平固有差异性的存在，农民即使能够将"农保"按一定比例折算为城镇社会保险，如果无法从非农就业中获得稳定的收入来源，后续的养老保险将按灵活就业人员缴费基数20％的标准缴纳，其负担将会很沉重，所以短期内"城保"仍无法代替"农保"。①

三、政策建议

建立城乡一体化的社会保障体系，不是一蹴而就的事情，而是一项长期系统工程，除了改革和完善社会保障制度，还牵涉到其他方面，如农村基础设施建设、城乡管理、文化教育、土地流转、法律法规等。因此，推进社保一体化，必须立足当前，着眼长远，充分考虑不同层次人群对社保的需求、参保缴费的承受能力等因素，逐步推进一体化。

（一）建立多元化的筹资渠道

要解决农村社会保障资金问题，可以通过相应的政策促进农村集体对社会保障资金的投入；可以采取政府积极引导与农民自愿相结合的做法，在一定范围内推行强制性养老保险和养老储蓄；也可能建立个人账户，不论集体补助多少或有无补助，连同个人缴费全部记在个人名下，属个人所有，让农民既有安全感又有自主感，从而充分

---

① 徐凌中：《城乡统筹视野下吴江市养老保险制度及其优化研究》，硕士学位论文，华东理工大学社会与公共管理学院，2011年。

调动广大农民参加社会保障的积极性,建立起国家、单位(村集体)和个人共同负担的筹资模式;还可以充分发挥民间组织和慈善机构的作用,为城乡社会保障筹集更多的资金。同时,实施积极的就业政策,扩大就业是缓解社会保障压力的重要途径,也是推进城乡保障一体化的重要方法。

(二)增强农民社保的意识和积极性

针对一些农民参保意识不高的问题,应结合震泽镇农村家庭不同的实际情况,充分利用广播、电视、报刊、黑板报、专栏、文艺演出等媒介,采取通俗易懂、生动活泼、喜闻乐见的各种形式,广泛宣传农村社会保障制度的内容、作用和参保的好处,耐心细致地做好农民的解疑释惑工作,如解释参保缴费与缴纳各种筹资费用在性质上的区别,使农民了解缴纳保险金的预期收益,使之家喻户晓、深入人心,增强农民自我保障意识和参保积极性。鼓励商业保险公司发展"农保"业务,政府给予政策扶持和税收减免,促使富裕起来的、自我保障意识较强的农民先参保,起到较好的示范作用,以此带动其他有条件的农民积极参保。

(三)推进户籍制度改革

要下决心改革户籍制度,改变以往城乡隔离、市民与农民区别对待的体制,建立城乡一体的户籍管理制度。从根本上消除附加在户口上的城乡居民在社会福利和待遇的种种差别,平等对待进城落户的新居民的权利和义务,逐步实现人口的自由迁徙,实现资源在城乡之间的流动和自由配置。

(四)其他相关配套措施

城乡统一的社会保障制度必须有层次、分阶段逐步进行,短期内不可能把农村的社会保障水平提高到与城市相同。统筹城乡社会保障还有待相应的配套改革予以保证和支持,如大力发展区域经济增加农民收入;建立城乡发展的互补机制;设计切实可行的土地流转制度;消除城乡劳动力结构性转移的体制性障碍等。

第九章 环境保护

党的十八届三中全会指出,要加快建设生态文明制度,推动形成人与自然和谐发展的现代化建设新格局。建立新型城乡关系,离不开城乡环境的同步改善。江苏省始终贯彻"环保优先"的发展方针,这也是苏南地区实现城乡一体化的重要原则和指南。震泽镇围绕创建优美的人居环境和创业环境的发展理念,不断改善环保基础设施,深入开展环保宣传,不断规范环保制度,使城乡环境面貌得到进一步优化,城乡环境质量有了较快提升。本章从震泽镇环保工作的综合述评入手,剖析了该镇的生产环境和生活环境,包括用水、卫生、污染、绿化、生态等方方面面,并总结了该镇在城乡统筹过程中针对环保工作的主要做法、成效及问题,较为系统的概述了震泽镇城乡一体化的环保建设状况。

第一节 环境保护综合进展

震泽镇是苏州市城乡一体化发展综合配套改革先导区之一,为大力推进城乡环境面貌改善,近年来着重加强农村环境卫生整治和城乡环境设施建设。该镇已经成功创建了全国优美乡镇和国家生态镇,成为苏州市"十佳"国家卫生镇。

截至"十一五"末,全镇自来水普及率达到100%,农村生活饮用水卫生合格率为 100％,生活污水处理率达到 85％;地表水、声环境质量均达到环境规划要求;重点工业污染源排放达标率实现 100％,生活垃圾无害化处理率达到 100％;建成区主要道路绿化普及率达到 98％,人均公共绿地面积为 14.5 平方米,森林覆盖率达到 21％,农田林网化率为 71％;农业生态环境良好,无水土流失现象,农用化肥施用强度为 246 公斤/公顷(折纯),农产品农药残留均控制在标准之内,农作物秸秆综合利用率达到 98％。

　　进入"十二五",震泽镇更加注重生态环境保护与资源集约利用,深化水环境综合整治,推进工业及农业污染治理,着力改善农村人居环境,促进生态系统修复。震泽镇以环保基础设施向农村延伸和农村环境综合整治为抓手,先后开展了村庄整治实施计划、农业面源污染综合治理、农村环境连片整治等项目,在巩固现有成果的基础上,取得了良好的成效。2012 年底,震泽镇将全面建成比较完善的城乡统筹生活垃圾收运处置体系,镇区生活污水集中处理率达到 90％,规划布点村庄生活污水处理率达 60％,村庄绿化覆盖率达 30％以上。

第二节　环境保护建设模式

　　震泽镇一贯重视城乡环境保护,为推进生态文明建设,针对自身实际,依托重点工程,切实开展了水环境和工农业污染整治工作,展开了卫生保洁和景观修复等行动,逐步摸索出一条有利于生态环境与经济发展的和谐之路。

一、震泽镇水环境整治

　　震泽镇地处太湖流域的湖荡平原区,水域面积占全镇的 23.5％。境内水网密布,河湖交织。丰富的水域资源不仅是独具特色的风貌地标,更是环境质量的命脉所在。该镇围绕水环境整治不放松,从源头抓起,加快设施配套,全面提高城乡水环境质量。

1. 高标准建设污水处理管网

自 2003 年起至今,震泽镇先后投资 1.6 亿元兴建了一座一期 3 万吨/日处理污水及提标工程和二期 1.8 万吨/日处理污水的污水处理厂。目前污水处理厂尾水达到国家一级 A 排放要求,实际处理量为 3.3 万吨/日,其中 25% 为城镇生活污水,75% 为工业废水。建设完成总长 66 公里工业废水收集总管网和 12 公里生活污水管网。全镇 83 家印染、化工、绢纺等企业的工业废水和镇区大部分生活污水通过管网接入污水处理厂集中处理。三扇村、金星村等 18 个村建成农村生活污水处理站,新乐村、龙降桥村等新农村建设示范村完成生活污水接管接网工程。

为解决全镇农村仍无完整的生活污水收集系统和处理设施的问题,2012 年震泽镇被吴江市确立为农村环境连片整治的示范区,以行政村为基本单元,采取城镇周边规划保留村庄纳入城镇污水统一处理系统,进行生活污水收集管网建设(截污纳管)和单个行政村污水处理设施及管网建设(分散处理)相结合的方式,将新建生活污水处理设施 14 套,总处理规模约 760 吨/日及配套管网 46.5 公里,同时完善污水收集管网及建设一个提升泵站。

2. 大力度加强污染企业整治

着力开展重点工业涉污企业环境综合整治工作。进行了集中式饮用水源地整治、重点流域水污染防治、无证无照喷水织机企业整治、旧桶复制行业复燃整治等专项活动,加大检查和处罚力度,督促企业建立长效管理机制。目前,全镇已经关闭 25 家重污染源企业,更换淘汰印染设备 219 台(套),实现 3 家印染企业中水回用。污水处理厂与新幸村联建的日处理 2 500 吨喷水织机废水处理及中水回用设施的建成运行,为全镇顺利完成减排目标奠定了坚实基础。

针对太湖流域环保标准提高和经济发展转型需要,震泽镇建立起企业立项、审批、"三同时"验收、专项验收、排污许可、设施运行记录、环境管理制度等一厂一档的规范环保督查流程。2011—2013 年间全镇将继续关停 4 家化工企业(占全部化工企业的 50%),鼓励亚麻纺织、有色金属加工、印染、彩钢板、绢纺等行业实施技改,实现主导产业优化升级。按照便利、节约、可行原则,对污染大、群众反响强烈的企业,加快就近推进接管工作。进一步开展喷水织机、化工行业、绢纺行业和"十五小"、"新五小"专项整治工作。

3. 全方位实施河道水质监测

关注镇域各条黑臭河道的整治工作,实施重点河道专项整治,做好污染源及其污染防治设施和建设项目的现场监察。积极采取切实可行的措施,开展清淤、疏浚、调水、接管、生态治理等各项整治工程,同时加大河道周边涉污企业巡查力度,严厉打击偷排、漏排、超标排放等环境违法行为,有效解决河道黑臭扰民问题。对镇区内淤积严重的主要河道,定期开展人工疏浚,保证水流畅通。

坚持实行頔塘河震泽段河长责任制,落实 24 个江苏省小康社会水域功能区考核的河水质断面监测点,每月由上级部门进行监测,镇根据各点位的具体情况,采取临时停产、限产、换水调水等应急措施,确保断面水质达标。完成江浙交界水质自动监控站建设,实现对太湖流域水质实时连续监测和远程监控。逐步加强农村地区主要河道面清和岸洁的整治工作,确保河道两侧无违章搭建,河道边无各种工业、生活暴露垃圾。

二、震泽镇工业污染控制

震泽镇工业经济比较发达,麻纺、印染以及有色金属加工制造业等是全镇的支柱型产业,这些企业能耗较大且长期以来布局较为分散,对环境产生了较大的影响。该镇以推进循环经济和低碳经济为抓手,以典型明星企业为示范,全方位开展工业企业节能减排及清洁生产等工程。2011 年底全镇已有 16 家企业通过清洁生产审核,14 家重点耗能单位通过技改,节约标煤约每年 2.9 万吨,5 家企业被列入苏州市级循环经济试点企业。

1. 注重节能增效

震泽镇不仅强化节能减排,积极向企业推广节能新技术、新工艺、新节能项目改造工程;而且注重效能提升,扎实推进"服务企业发展年"活动。不少企业主动参与能源审计,请专家为企业查找能源消耗原因,对照国家工信部、发改委制定的单位产品能耗标准,进行对比分析,提出整改方案。2011年全镇87家规模以上企业1—12月份综合能耗22.8万吨标煤,同比减少5%;产值能耗为0.23吨标煤/万元,同比降低16.62%。到同年12月底,已耗能源占指标总量的95%,全年节约总量指标1.2万吨标煤。14家重点用能企业投入节能资金约1.4亿元,节约标准煤2.9万吨,年均经济效益增长4亿元,项目收益达28.99%。

新申集团成立节能减排工作领导小组,制定了各项能耗、物耗、环保和成本指标,完善节能减排考核办法,将节能减排指标层层分解到各分厂、车间、班组。各项指标的完成情况与奖金挂钩,能激发职工行动的自觉性与积极性。该集团进行节能减排技术改造,投资200多万元进行亚麻技术改造,大幅度降低生产成本,仅电耗一项每年就创经济效益60多万元。致力于高科技、绿色生态型健康环保亚麻面料开发,将"生态亚麻纺织"概念贯穿到生产每一个环节,从原料采购到成品全程严格按照环保工艺加工生产,以国际标准作为生产标准,确保产品质量。

2. 推进清洁生产

近年来,震泽镇每年都积极组织企业参加吴江市环保局联合经贸委开展的清洁生产企业审核。通过深挖企业节能潜力,排查污染情况,建立健全能源三级管理体制,实现节能降耗,减污增效的最终目的。2011年全镇向上争取扶持资金700万元,当年完成清洁生产审核4家,能源审计2家,省能源监察6家,省经信委复查1家。积极举办苏州市"能效之星"活动,通鼎获"四星"级,苏震热电、明港道桥获"三星"级;新申集团获苏州市级循环经济试点企业称号;明港道桥、三狮水泥、学林新型材料厂获省级认定的综合利用证书。

恒宇纺织集团注重环保与经济共同发展，成为全国印染行业的典范。该集团较早引进欧洲废水排放与回用技术设备，并建设了废气收集等多个清洁生产项目，使废水、废气排放尽可能降到最低，实施清洁生产。并设立环保总监和多名环境监督员，对生产流程安全进行全天候 24 小时监控。近年又引进太阳能光热工业规模化应用，在车间屋顶安装太阳能电池板，将光能变成热能供应公司使用，以达到节能目的。

3. 削减烟尘污染

震泽镇在治理大气污染方面狠下工夫，加大烟尘治理力度，确保现有交通干线烟尘治理设施正常运行的同时，向村道纵深治理，引进和运用环保技术，充分利用设施改造、集中供热、燃煤脱硫等技术手段改善环境质量，提高自净能力，力争实现视野内无黑烟尘。通过专项检查、专项行动、拉网式检查等多种方式，加大对各类环境违法行为的惩治。严格查处环境违法行为，督促"三废"治理，确保设施运转率 100％，排放达标率在 95％以上。

2011 年下半年，震泽镇对彩钢板企业进行大规模行业整治，铁腕整治行业废气。对无证无照企业进行取缔，有证有照企业必须设喷漆治理设施，通过由点带面的形式逐步推进。一方面组织符合条件的企业就近到 6 个试点企业参观喷漆治理设施，现场取经。另一方面奖罚分明，设立彩钢板整治专项基金，对先行试点及建设速度居前的企业给予现金奖励；对拒不上新或承诺期限内未建成环保设备的企业给予罚款、停电、强制执行等处罚。

三、震泽镇农业污染处理

震泽镇自古是鱼米之乡，物产资源丰富，又地处环太湖流域。推进传统农业种植方式的彻底改变，建立既保护生态环境，又提高生产效益的现代农业和生态农业是震泽镇农业的发展目标。

1. 减施化肥农药

为改善土壤质量,震泽镇积极实施测土配方施肥,并逐步增加有机肥的施用。认真做好田间试验、示范,采取产、销、研结合的方法,使配方肥的推广真正做到进村入户到田。2012年震泽镇稻、麦、油测土配方施肥覆盖面积为2.12万亩(按照区农委统一配方,N∶P205∶K20＝10∶3∶3),占全镇粮油种植面积的80.2%。以水稻为例,目前震泽镇现有水稻种植面积约为2.6万亩,配方肥施用量为每亩70斤,合计924.8吨。为加强有机肥的推广应用,震泽镇深入开展省"商品有机肥补贴项目"实施工作,由吴江市农委专供的有机肥在扣除500元/吨的补贴后,农户以580～600元/吨的优惠价格购买。当前有机肥施用主要集中在蔬菜基地和苗圃果园中,并向粮油作物逐步延伸,全年需求1 223.5吨左右,以达到培肥土壤,降低化肥用量的效果。

为减少农药残留,震泽镇注重推广新型低毒、低残留农药为主的化学防治方式,统一管理、统一预测、统一施药。吴江市已经形成了从市农委到各镇服务中心的上下信息互动沟通平台,以农委和各镇农情测报为基础,市农委对农药施用进行科学统一指导,力求实现用药效果最大化并最大限度降低农药对环境的危害。同时,震泽镇注重从源头上控制作物病虫害的发生。2008年以来,根据往年病虫害发生的情况,选择了抗性较好的武运粳良种,并采用机械化插秧的方式进行秧苗移栽。2011年全镇生物农药使用比例达到45%;水稻机插秧面积为2.4万亩,占水稻总面积的91.2%;水稻病虫专业化防治率达到68.6%左右,提高了水稻的产量和抗病能力,有效减少了农药使用。

2. 开展综合治理

为综合防治农业面源污染,震泽镇结合农业发展项目,从多方面实施面源氮磷流失生态拦截工程。为了提高农田灌排水的效率,降低农业生产经济成本,充分利用土壤和植被对农药、养分的降解和固定作用,截至 2011 年底震泽镇所有行政村的农田水利配套设施都采取了衬砌渠道进水、土渠排水的方式进行设计和施工。另外,震泽镇湿地公园的生态农业和现代农业示范工程也在推进和落实中,该工程将实现 2 580 亩连片良田,配套生态沟渠 7 000 米,生态河道 2 500 米,并配套建设农业用水生物截留的示范点,进一步降低农业污染对环境的影响。

总投资近 2 300 万元的震泽镇农业面源污染综合治理一期工程已经拉开序幕,生态护坡桩基工程业已完成。项目区位于齐心村境内,整体布局以境内河道为轴线,以沿河道分布的村落为节点,以环村落、沿河道分布的农业用地为域面。该项目主要包括农村河道生态修复,如形态重塑、断面再构及河岸带植被重建;包括种植业污染控制,结合村落河道生态修复开展,有田间引水支流与河道交汇处的表面流湿地处理系统构建工程以及田间引水支流多级生态塘串联处理系统构建工程;还包括村落生活污水处理工程,建设多级复合式快速湿地渗滤系统和多级塔式蚯蚓池污水处理系统等工程。通过这些工程,促进水体自净功能的全面复位,对农业面源污染进行截污净污,并与已有的长漾湖湿地保护及恢复工程相呼应,从根本上改善区域生态环境。

3. 提供技术指导

震泽镇在农时季节开展定期培训,印发技术资料、组织农民多渠道展开农业生产技术培训。农服中心深入田间调查粮油作物的生长进度,调查虫情病情、掌握数据。指导农户科学防治,合理用药进行有效防治,检查防后药效,及时信息反馈,特别是近年来水稻稻飞虱的防治,使全省粮油作物因病虫害造成的损失减到最轻。大力推广新良种和新技术。2012 年水稻良种 13.44 万公斤,全部由吴江种子站提供,良种覆盖率达到 91%。

全面控制外来有害物种入侵。2012 年全镇加拿大一枝黄花发生面积 583 亩,折实面积达到 131.5 亩,农服中心采取"春季药防、秋季人防"的防治策略,全面控制其危害。"春季药防"又分两种方式:发生在村里的实行二级负担,即由政府出药、村里出人工;发生在开发区的全部由镇里统一负担。这种防治策略有效地控制了加拿大一枝黄花的进一步蔓延,得到上级有关技术部门的肯定。每年认真抓好防治病虫害及田外沟清理工作,加强病虫害防治效果,提高农作物抗灾能力。

四、震泽镇城乡卫生保洁

震泽镇持续开展爱国卫生运动,为了进一步巩固"创卫"成果,确保城乡卫生长治久洁,全镇大力推进环卫设施的配套建设,实施环境建设竞赛,不断建立和完善城乡卫生长效管理机制。

1. 配套城乡环卫设施

震泽镇现有环卫工人 204 人,村庄保洁人员 360 人,环卫专用车辆 8 辆,环卫公厕 30 座,垃圾转运站 2 座,简易垃圾填埋场 1 处。全镇日产生活垃圾 60 吨,垃圾分类回收处理工作正在推进。环卫设施设备由于使用频率高,损耗较大,每年需大量投入进行更新和添置。近年来全镇镇区新建了垃圾中转站及收集房,更新淘汰原有环卫人力垃圾车、垃圾分类桶及垃圾分类果壳箱,并在新扩建居民社区增设垃圾收集桶和果壳箱。加强农村环境卫生建设,村村落实专业卫生保洁队伍,落实卫生经费,落实考核制度。全镇已经完成 8 个省级生态村、5 个苏州市级生态村和 23 个省级卫生村的创建工作。

2010 年全镇开始试点生活垃圾分类处理工作,按照分类投放、分类收集、分类运输、分类处理的工作方式,在先行区域尤其是城区逐步推进。为此先后投入 100 多万元改造了试点的 5 条道路、4 个小区和 3 所学校的基础设施,加大宣教力度,发放宣传册,悬挂标语横幅,制作宣传橱窗,使垃圾分类知识深入人心。生活垃圾分类可回收物品分流中心已经建成并投入使用,此外还新添置了 2 辆可回收垃圾上门收集电瓶车、10 组黄绿相间的新型垃圾房和 40 套果壳箱。

2. 探索长效管理机制

为使震泽镇环卫水平再上新台阶,2011年老镇区(震桃公路以西)路面和公厕的卫生保洁实行市场化运作管理。震泽镇成立了环境综合整治领导小组,对承包保洁的公司制定考核标准,组建了专门的检查队伍,并建立了保洁作业质量考核办法制度,对其进行月综合考核、平时随机抽查考核、明察暗访和社会监督考核,以确保保洁效果。在环卫所与保洁公司双方积极配合下,老镇区的保洁质量相比之前有了较大的提高。

震泽镇已经建立较规范的环境卫生工作制度。路面保洁以清扫为主线,河道保洁强调河面无漂浮物,下水道做到条条无堵塞,垃圾清运确保设备正常运转、垃圾日产日清。定期召开班子成员会议,分析工作中的不足并探讨改进办法,增强沟通和协调。本着就近的原则分路段承包负责,实行"定人、定路段、定目标、定责任"的管理,并双方签订承包协议书,明确权利和义务,坚持做到每日清扫、全天保洁。实行路段员工考核制度,重点检查其是否在岗及工作质量,对工作落实情况进行月评、年评,测评结果与年终考核工资挂钩。

五、震泽镇生态景观修复

震泽镇自然景观优美,人文资源丰厚,保护古镇的生态格局与风貌是该镇生态文明建设的重要环节。注重植树造林,结合环境整治和旅游开发,修复生态景观,为广大城乡居民提供优美的居住环境是震泽生态保护的目标。

1. 绿化美化环境

震泽镇绿化工作以"绿色通道、绿色村庄、湿地林带大型片林"为主要抓手,大力推进绿色通道、湖泊河道湿地林带建设,积极引导高效苗圃基地、林果业发展,加快村庄绿化建设,近5年来完成绿化面积6 000亩,累计完成造林面积3.14万亩。全镇重点建设了颐塘河畔的绿化带和镇区、市河绿化带项目,已经形成13个省级生态示范村,此外吴江市级"绿色社区一片红"也在考核验收中。在 318 国道西入镇口(也是吴江西入市口)1 公里和高速公路出口至镇区 2 公里建设了绿化景观带。2013 年震泽镇将投入 400 万元在震桃公路(塔影桥—盛八公路段)新建 2 万多平方米的道路绿化,该工程的规划设计已经全部完成。

震泽在新农村建设示范点、规划保留点村庄范围内,开展"绿色村庄"建设达标活动,结合土地整理、环境清埋,对村道、河道、家前屋后进行规划种植,以增加绿量为目标,乔灌木错落,尽量采用香樟、广玉兰、槐树、桂花和紫薇等乡土树种,有条件地规划建设农民公园。由行政村建设完成、申请农服中心联系、市主管部门进行考核验收,对达标村庄市镇给予奖励,全镇 39 个绿化村庄累计获得补助 177 万元。预计到 2012 年底,全市陆地森林覆盖率可达 27%。

2. 重塑人文景观

震泽镇专门成立人文资源调查办公室,在充分调查和论证的基础上进行合理规划和梯度开发。采用环境整治与旅游开发相结合的方式,在恢复震泽公园原有风貌的基础上,投入 1 200 万元打造农业生态观光园。该园以江苏震泽省级湿地公园为核心,完成入口处项目的生态保护区建设。种植以林木花卉、特色果蔬为主的经济作物,使得植物四季茂密葱茏,吸引了多种野生动物来此栖息,并以頔塘河为依托,开发建造运河观光带,开挖人工河养殖各种观赏以及地方特色鱼类。该园已成为震泽镇现代农业发展的示范效应基地和颇具魅力的人文景点。

"十二五"时期震泽镇将重点推进震泽景区创建国家 4A 级景区和进行省级湿地公园修复区建设。加快河网生态化改造,加强农区自然湿地保护。按照"生态、景观、长效"定位,完成沪苏浙高速和七铜公路绿色通道改造提升工程,抓好龙降桥村国家级生态村创建工作。2012 年,震泽镇村庄整治创建了 2 个省级"三星级康居乡村"、77 个"二星康居示范村"、65 个重要窗口地带,并对 241 个村落进行环境整治,使其焕然一新。

第三节 农户问卷调查分析

为了深入了解震泽镇农村社区的环境卫生状况,课题组选取了新乐村作为集中居住村的代表和齐心村作为非集中居住村的代表,分别展开了农户问卷调查。共获得有效问卷 106 份,其中新乐村和齐心村各 53 份。随着"新农村建设"和"生态文明"目标的提出,苏南城乡环境有了明显改善。下面主要从农村社区的生产、生活环境和生态意识三个方面展开分析。

一、生活环境

调查村庄的社区环境保洁工作开展良好,有专职保洁员定期进行社区卫生清洁。农户对家庭卫生比较注重,尤其是妇女在家主事的,庭院和房间均打扫干净,杂物堆放有序。

调查村庄的炊事能源以液化气为主,柴草和电力是主要的辅助能源(表 9-1)。集中居住村庄现代能源的使用水平比非集中居住村的水平高出 10~20 个百分点左右。非集中居住村因离承包地比较近,加之考虑液化气的使用成本较高,中老年农户仍习惯捡拾柴草作为必要的炊事能源。总体来看,调查的 106 户农户中,使用液化气作为主要炊事能源的有 72 户,占 67.9%;使用柴草和电的农户分别有 20 户和 12 户,分别占 18.9%和 11.3%;使用煤的农户有 2 户,占1.9%。

表 9-1 调查村庄主要炊事能源 (单位:户,%)

炊事能源		柴草	煤	液化气	沼气	电	其他	合计
齐心	户数	20	0	30	0	3	0	53
	比例	37.7	0	56.6	0	5.7	0	100.0

（续表）

炊事能源		柴草	煤	液化气	沼气	电	其他	合计
新乐	户数	0	2	42	0	9	0	53
	比例	0	3.8	79.2	0	17.0	0	100.0
总体	户数	20	2	72	0	12	0	106
	比例	18.9	1.9	67.9	0	11.3	0	100.0

　　调查村庄的家庭厕所全部为室内水冲式厕所，与城镇居民家庭厕所形式保持一致（表9-2）。在粪便处理方式上略有区别。这是由于震泽镇农村地区污水集中处理管网尚未普及，还处于试点村逐步推广的阶段。新乐村作为新农村示范村，调查农户的生活污水管道集中处理率较高，有39户，达到73.6%，比齐心村高出54.7%。齐心村仍以传统的化粪池方式为主，有43户，达到81.1%。总体来看，调查的106户农户中，使用管道集中处理的有49户，占46.2%，使用化粪池处理的有57户，占53.8%。

表9-2　调查村庄家庭厕所卫生　　　　（单位：户，%）

厕所		位置		类型		处理	
		室内	室外	水冲	旱厕	管道	化粪池
齐心	户数	53	0	53	0	10	43
	比例	100.0	0	100.0	0	18.9	81.1
新乐	户数	53	0	53	0	39	14
	比例	100.0	0	100.0	0	73.6	26.4
总体	户数	106	0	106	0	49	57
	比例	100.0	0	100.0	0	46.2	53.8

二、生产环境

　　非集中居住村的农户农业生产以专业合作社为引领，农资投入及种植结构均由合作社统一安排。而集中居住村的青壮年农户以非农就业为主。这里主要调查农户在曾经从事农业活动过程中的化肥、农药使用情况,并考察工农业生产对居住环境影响的感知程度。

调查村庄的农户,在种田过程中多数施用过有机肥(表 9-3)。随着家庭厕所收集处理方式的变化以及家畜饲养量的递减,家庭人畜粪便不再作为有机肥的主要来源。总体来看,调查的 106 户农户中,使用过有机肥的有 64 户,占 60.4%,未使用的有 42 户,占39.6%。就化肥农药使用量而言,非集中居住村的农户多数认为是合适的,而集中居住村的农户多数认为是偏大的。这可能与生产组织方式的不同有关系。一般而言,专业合作社的农资投入分配比例比个体农户的更加高效合理。总体来看,调查的 106 户农户中,认为当前化肥农药使用量合适的有 44 户,占 41.5%;偏大的有 42 户,占39.6%;过大的有 8 户,占 7.5%;不好说的有 12 户,占 11.3%。

表 9-3 调查村庄化肥农药施用情况 (单位:户,%)

| | | 有机肥 | | 化肥农药使用量 | | | |
		使用	未用	合适	偏大	过大	不好说
齐心	户数	31	22	30	15	3	5
	比例	58.5	41.5	56.6	28.3	5.7	9.4
新乐	户数	33	20	14	27	5	7
	比例	62.3	37.3	26.4	50.9	9.4	13.2
总体	户数	64	42	44	42	8	12
	比例	60.4	39.6	41.5	39.6	7.5	11.3

调查村庄的农户普遍认为周边的工农业生产对居住环境没有产生严重的污染影响(表 9-4)。总体来看,调查的 106 户农户中,认为农业生产对环境无污染和轻微污染的有 81 户,占 76.5%;认为工业生产对环境无污染和轻微污染的有 82 户,占 77.4%。集中村和非集中村,因毗邻工业企业的数量和类型不同,评价有所差异。其中,齐心村农户认为工业企业带来污染的有 40 户,占该村的 75.5%;新乐村农户认为工业企业带来污染的有 29 户,占该村的 54.7%。大多数

农户(60户)感受到的污染来自于空气污染,占56.6%。

表9-4　调查村庄工农业生产影响评价　　(单位:户,%)

		农业生产的影响				工业生产的影响			
		无污染	轻微污染	不算严重	非常严重	无污染	轻微污染	不算严重	非常严重
齐心	户数	19	23	6	5	13	29	9	2
	比例	35.8	43.4	11.3	9.4	24.5	54.7	17.0	3.8
新乐	户数	17	22	2	12	24	16	4	9
	比例	32.1	41.5	3.8	22.6	45.3	30.2	7.5	17.0
总体	户数	36	45	8	17	37	45	13	11
	比例	34.0	42.5	7.5	16.0	34.9	42.5	12.3	10.4

三、生态意识

农户是理性的,只有了解农户对村庄生态环境的真实需求和意愿,才能真正改变农村环境面貌。基层群众是生态环境最直接的建设者和受益者,倾听他们的呼声,环保工作措施和方案才能取得事半功倍的效果。

在调查村庄中,农户对本村的环境较为满意(表9-5)。其中非常满意的有16户,占15.1%;较满意的45户,占42.5%;一般的有30户,占28.3%;不太满意和很不满意的共有15户,占14.2%。

农户环保意识不断提高,普遍认为环境与健康有一定的关系(表9-5),能够较客观的判断环保与经济之间的重要性。其中认为环境与健康非常密切的有36户,占34%;认为二者有关系的51户,占48.1%;认为没关系和不清楚的有19户,占17.9%。调查农户中有56.6%的农户认为环保和经济发展要同时进行,还有34.9%的农户认为要先进行环保后发展经济,只有8.5%的农户认为先发展经济后进行环保。

表 9-5　调查村庄农户村庄环境评价　　　（单位户,%）

项目	评价	户数/户	比例/%
环境满意度	非常满意	16	15.1
	较满意	45	42.5
	一般	30	28.3
	不太满意	9	8.5
	很不满意	6	5.6
	合计	106	100.0
环境与健康认知	非常密切	36	34.0
	有关系	51	48.1
	没关系	17	16.0
	不清楚	2	1.9
	合计	106	100.0

农户认为周边环境最需整治的有卫生保洁(28.3%),道路照明(17.0%)和社区绿化(13.2%)三项。多数村民通情达理,愿意为环境的改善贡献自己的力量。其中,愿意出钱出力有 40 户,占 37.7%;愿意出力不出钱的有 28 户,占 26.4%;愿意出钱不出力的 8 户,占 7.5%;而既不愿出钱又不愿出力有 30 户,占 28.3%。农民最了解他们所处的环境,能够针对村庄环境整治对症下药地提出可行的解决方案。

第四节　环境保护重要经验

震泽镇在城乡环保建设上已经取得了不少成绩,这与其有效的工作机制和务实的工作方案分不开。主要体现在以下几个方面:

一、管理体系规范运作

震泽镇党委、政府一贯把城乡环境治理工作摆在重要议事日程上,对每个专项方案都会召开党委会和班子会议,开展专题研究,并由镇长办公会具体协调落实专项整治工作方案。以水环境整治为例,专门成立震泽镇环境保护专项整治工作领导小组和双阳联圩水环境整治、生活污水处理设施建设、重点排污企业整治、绢纺行业整治、整治进度督查、整治工作宣传 6 个工作小组,始终做到一个班子对接一个整治重点,并由纪检部门负责监督整治进度。

再以村庄环境整治为例,震泽镇专门成立了村庄环境整治领导小组,由镇党委书记、镇长任组长,19 个相关部门负责人、23 个村的村书记为组员,并抽调专业人员组建了工作办公室,在各村建立了相应的工作班子和联络员制度。2013 年震泽镇专门成立了由镇长任组长的领导小组,各村也建立卫生长效管理领导小组,每月定期或不定期组织开展自查考核。该镇还成立了 1 个农村环境卫生督查考核组,每单月中旬考核环境整洁村庄,每双月中旬暗访一、二、三星级康居村庄,并继续邀请部分人大代表、政协委员和村主任参加。同时将加大对对公路沿线及沿线自然村庄的检查力度,要求各村对公路沿线及沿线自然村加强长效管理。

震泽镇把环保重点工程列为镇实事工程,不断加大财政保障力度。为环保办配备环保执法专车、增加环保办公场所,增加环保工作经费,改善环保工作人员的执法环境。在充分争取上级部门和条线专项补助资金的基础上,整合利用现有各类专项资金,积极落实镇、村财政相应资金,并鼓励社会力量以捐资捐建的方式支持各项环境整治。

二、激励机制科学有效

震泽镇通过严格执法与经济激励双重手段,确保工程项目的有效落实以及企业行为的环保倾向。一方面,把好建设项目初审关。凡国家明令禁止的污染项目,无论效益好坏,坚决不批;凡与环境规划不相协调的企业,无论市场前景如何,劝阻不办;凡须落实治理设施的轻污染项目,有过硬的"三同时"①措施才允许报批。2005年以来所有"三同时"项目全部执行环境影响评价制度。

另一方面,把好环保制度建设关。全面贯彻国家环保法律法规,认真对照本镇实际,切实制定了工业企业"三废"治理、建设项目管理等实施细则和噪声扰民、油烟纠纷等处理办法,完善了环保办岗位职责、工作制度、工作标准、服务承诺等,促使基层环保机构步入标准化良性运作状态。

同时,以奖代惩促进企业自觉践行环保行为。镇政府设立了集约利用类奖,包括亩均税收贡献奖、亩均开票销售贡献奖、单位能耗税收贡献奖和节能减排奖。亩均税收贡献奖是对当年净入库税金超过300万元且亩均税收超过8万元的排名前10的企业,奖励1万元~5万元;亩均开票销售贡献奖是对当年开票销售超过1亿元且亩均开票销售超过300万元的排名前10的企业,奖励1万元~3万元;单位能耗税收贡献奖是对当年净入库税金超过300万元且每度电贡献的税收超过3元的排名前10的企业奖励1万元~3万元;节能减排奖是对实现清洁生产的企业奖励1.5万元,对完成能源审计的奖励1万元,对完成节能改造的,每节能千吨标煤奖励1万元。

三、地区政策配套完善

震泽镇环保政策不仅与吴江、苏州等上级领导部门无缝衔接外,还结合地区实际,先行先试了很多好的做法。

一是引导资金及时到位。各项环境整治工作除积极落实省、市、县(市)专项资金外,还配套镇财政专款。以村庄环境整理为例,2011年引导资金以奖代补标准,省级康居示范村,省级配套苏南地区50万元/行政村;吴江市配套200万元/行政村,震泽镇配套100万元/

---

① "三同时":我国《环境保护法》第26条规定,建设项目中防治污染的设施,必须与主体工程同时设计、同时施工、同时投产使用。

行政村。震泽镇还明确规定专款专用,全部用于村庄环境"六整治六提升"和"三整治一保障"方面,不得截留、挪用,并接受审计部门监督。

二是根据地区差异分类指导。在《震泽镇村庄环境整治实施计划》中,明确指出,根据各地村庄基本条件,分区域、分类型指导推进村庄环境整治。强化地方特色和农村风貌塑造。靠近城镇的要按照城镇社区标准进行整治;具有自然和人文特色的要注重特色保护和培育;经济条件好的要加快配套完善各类基础设施和公共服务设施;经济薄弱的要优先建设和改善农民群众需求最迫切的道路、供水、排水、垃圾收运、河塘疏浚整治等基础设施,美化村庄环境面貌。

三是自加压力提高标准。为深入贯彻经济发展和环境建设"两大竞赛"和"学习先进、赶超先进"活动,巩固国家卫生镇创建成果,震泽镇提出农村卫生长效管理(环境建设竞赛)实施意见。为使竞赛考核具有可操作性,特别制定了考核评分表(表9-6),把每项工作落在实处。

表9-6 震泽镇农村环境建设竞赛考核评分表

项目		检查内容	分值	扣分方法
（一）村庄风貌及村庄卫生（48分）	1	村容村貌整洁,在进村入口等显眼位置设立村名(保洁员)指示牌,村内无暴露和积存垃圾,无污水塘、臭水沟。	12	发现未设立村名指示牌的扣0.2分,一处散在垃圾扣0.5分,成堆垃圾扣2分,发现1处污水塘或臭水沟扣1分,扣完为止。
	2	村内无露天粪缸,卫生户厕无害化达标率≥95%,规模畜禽养殖场粪便无害化处理率达90%以上。	12	发现一只露天粪缸扣4分,卫生户厕无害化达标率不达标扣1分,规模畜禽养殖场粪便无害化处理率不达标扣1分,扣完为止。
	3	公厕和垃圾箱(桶)数量足够,管理良好,垃圾及时清运,在村庄适宜位置至少配建1座三类水冲式公共厕所。	6	发现一座公厕管理不良扣1分,发现一只垃圾箱(桶)不符合要求扣0.5分。垃圾清运不及时扣0.5分,扣完为止。

(续表)

	项目	检查内容	分值	扣分方法
	4	农户家园清洁卫生,宅前屋后堆放整齐,家禽圈养。无乱堆乱放、乱搭乱建、乱贴乱画现象。	6	发现一户农户室内不卫生、乱堆乱放等现象扣1分,发现一只(一群)散养家禽扣0.3分,发现一次乱贴乱画扣0.2分,扣完为止。
	5	村内河道、沟塘淤积得到疏浚,水体清洁,无有害水生植物、垃圾杂物和漂浮物。两侧河坡整齐清洁,无垃圾和杂物堆放,无沉船。	6	发现一处有害水生植物或垃圾杂物、成片漂浮物扣1分,两侧河坡发现一处散在垃圾扣0.5分,发现一处成片垃圾、乱堆乱放扣1分,发现一只沉船扣0.3分,扣完为止。
	6	无露天焚烧秸秆,农作物秸秆综合利用率达95%以上,烟尘控制区覆盖率达100%,工业废水排放达标率90%以上,生活污水无乱排现象。	2	发现1处露天焚烧秸秆扣1分,发现1处"黑龙"扣1分,发现1家企业污水排放不达标扣1分,发现1户生活污水乱排扣0.5分,扣完为止。
	7	无乱砍滥伐,对古树名木采取保护措施。	1	发现一起乱砍滥伐现象扣1分,对古树名木未采取保护措施的扣1分,扣完为止。
	8	电力、电信、有线电视等线路架设有序。	1	发现一处线路架设杂乱扣1分,扣完为止。
	9	制定维护村庄环境卫生的村规民约并有效执行,有明确的卫生保洁、垃圾收运人员负责村庄环境卫生日常管理。	2	未制定村规民约的扣2分,未明确专人负责村庄环境卫生的扣2分。
(二)基础设施(8分)	10	公路达村。	2	发现一个村落未通公路扣1分,扣完为止。
	11	村内主要道路实现硬质化,次要道路及宅间路尽可能采用乡土生态材料铺设。	2	发现一处村主干道未实现硬质化的扣1分,发现一处次要道路及宅间路未采用乡土生态材料铺设的扣1分,扣完为止。

	项目	检查内容	分值	扣分方法
	12	村级公共服务功能基本完善,公共活动和健身运动场地基本配套。结合村庄实际,建有满足需求的停车场地。	2	发现一个村无公共活动和健身运动场地基本配套的扣2分,发现一个村无停车场地的扣1分,扣完为止。
	13	村民自来水入户率达98%以上,电力、有线电视、通讯等通村入户。	2	发现一户自来水未入户的扣1分,发现一处电力、有线电视、通讯等未通村入户的扣1分,扣完为止。
（三）农村绿化（8分）	14	沿线主干道路两侧绿色通道配套率要求达到100%,且绿量充沛,效果显著。	2	每发现一条沿线主干道路绿色通道未绿化的扣1分,绿量不足的扣0.5分,扣完为止。
	15	沿线两侧视线范围内所有支路、河道绿化配套率要求达到90%以上,且绿量充沛,效果显著。	1	视线范围内每发现一条支路或河道未绿化的扣1分,绿量不足的扣0.5分,扣完为止。
	16	苗木品种布局合理,生长良好,无乱砍滥伐现象,其中乔木胸径规格不低于5公分。	1	每发现一条绿色通道苗木品种单一的扣1分,每发现一段绿化苗木质量较差、长势不良的扣0.5分,每发现一段绿化乔木胸径低于5公分的扣0.5分,发现1处乱砍滥伐现象扣1分,扣完为止。
	17	主干道路沿线两侧绿化林相对完整、管理到位,主干道路沿线良田抛荒、标准良田建设情况。	2	每发现一处明显缺株的扣1分,每发现一处修剪不整齐的扣0.5分,每发现一处抛荒的扣0.5分,扣完为止。
	18	所经村庄绿化覆盖率要求达到30%以上,村内道路、河道绿化配套率达到100%,对村旁、宅旁以及庭院、村口等进行绿化。	2	每发现一个村庄绿化覆盖率不达30%的扣1分,每发现村内有一条道路或一条河道未绿化的扣0.5分,每发现村旁、宅旁、庭院、村口一处空地未绿化的扣0.5分,扣完为止。

（续表）

	项目	检查内容	分值	扣分方法
（四）公路两侧环境卫生管理（28分）	19	国、省、市镇道路沿线两侧不见暴露垃圾及露天粪缸。	8	发现一处散在垃圾扣0.5分，成堆垃圾扣2分，露天粪缸扣6分，扣完为止。
	20	沿线两侧商店管理规范。沿途村庄车辆有序管理，不见废品收购点。	6	发现车辆乱停乱放扣0.5分，发现一处废品收购点扣2分，扣完为止。
	21	沿线两侧墙壁、电线杆、门面外观整洁，无乱涂乱贴。	4	发现一处乱涂乱贴扣0.5分，扣完为止。
	22	沿线两侧不见乱搭乱建和乱设摊点，无破损建筑物，破损招牌广告。	4	发现一处扣2分，扣完为止。
	23	沿线两侧不准乱建乱搭畜禽养殖棚，不见乱堆乱放。	2	发现一处扣1分，扣完为止。
	24	沿线企业污水处理和烟尘排放达标，无刺激性气体排放。	4	发现一处扣1分，扣完为止。
（五）沿线河道管理（8分）	25	沿线两侧河道内不见漂浮物、不见沉船。	4	发现一处漂浮物扣0.5分，发现一只沉船扣1分，发现成片漂浮物扣1分。扣完为止。
	26	沿线两侧河坡整齐清洁，无垃圾和杂物堆放。	4	发现一处散在垃圾扣0.5分，发现一处成片垃圾、乱堆乱放扣1分，扣完为止。

资料来源：《2013年震泽镇农村卫生长效管理（环境建设竞赛）实施意见》

四、宣传教育常抓不懈

震泽镇坚持不懈地抓好环保宣传，切实有效地促进了干部群众环保意识的提高。

一是充分发挥广播、电视、电影宣传主渠道作用，组织环保专题影片、电视专题讲座、领导专题讲话，并利用村、厂基层黑板报、画廊刊登环保国策、环保科普宣传资料。在镇区主要街道和重点村、企业还设立了多处永久性环保宣传标语,营造环保氛围。

二是定期对企业业主进行环保国策、政策法规培训,增强他们搞好环保工作的责任心、事业心;对污染企业的职工,分行业进行"三废"治理操作技术培训,增强他们的岗位责任意识,提高专业工作水平;开通短信服务平台,不定期向企业发布市、镇环保工作形势任务,通报夜查和巡查情况,对涉污重点企业始终保持高压态势。

三是结合创建绿色学校和绿色社区等工作,在中小学校和社区举行环保知识讲座、征文比赛、知识竞赛,让学生和居民学习掌握环保理论,接受环保宣传教育。目前,镇区4所中小学校已全部建成绿色学校,2个社区分别创建成为苏州市绿色社区和吴江市绿色社区。

第五节　探讨:城乡环保工作展望

随着宏观背景的变化,震泽镇城乡环保建设同样存在一些发展困难和障碍。为了推动"十二五"时期全镇环保城乡一体化工作取得更大成就,认真贯彻落实十八届三中全会精神,震泽需要认真审视和定位。

一、存在问题

第一,环保队伍急需壮大。震泽镇政府下设环境保护办公室,负责镇辖区内建设项目环境影响登记表的初审,协助市环保局开展环境监测、监察,督促指导农村环境综合整治、生态村创建等繁多工作。乡镇合并后,环保办工作人员明显不足,开展全镇的环保工作更显得"力不从心"。各行政村尚无专职或兼职的环保员,缺乏基层环保队伍人员,缺少编制,工作较难展开。

第二,环保任务依然繁重。震泽镇乡镇工业发展较早,还有不少分散的村办小企业,因用地指标紧张,无法进镇入园。这些小企业自身环保处理能力不够,大气污染、噪音、安全防护等问题屡禁不止。

另外,还有不少老企业在环评法未出台之前就存在的问题难以解决。农村环保基础设施仍然不足,即使是建成的设施,实际使用率也不高。

第三,环保意识有待提高。调查中发现,震泽镇的城乡居民对自身的环境关注度明显增加,要求改善环境的愿望也越发强烈。但不同层面的认知、意识与行动力等方面仍然存在脱钩现象。具体表现在,政府工程与居民实际需求的契合度较低;环保设施的人为损坏率较高,维护成本上升;外来居民的环境卫生意识有待加强等方面。

二、发展展望

就震泽镇而言,将城乡环境整治与经济转型升级紧密结合是统筹城乡建设很好的切入点。环境整治既是转型升级的需要,又是转型升级的推动力。为促进震泽镇城乡一体化背景下的环境保护工作进展,提出以下建议:

第一,加快转变经济增长方式。优化产业结构,彻底转变粗放型经济增长方式,是从源头上保护生态环境的重要途径。提升产业层次和水平,调整生产力布局结构。探索资源节约和环境保护的新机制,在生产、流通、消费的各个环节,坚持减量化、再利用、资源化优先紧密结合。建立资源环境承载能力监测预警机制,对水土资源和环境容量超载区域实行限制性措施。健全能源、水、土地节约集约使用制度。在产业规划、空间布局、项目管理中充分考虑循环产业链的构建要求,形成循环经济产业和环保产业新优势。尽快把战略性新兴产业培育成为地区经济增长支柱产业或先导产业。

第二,加大政府投入和监管力度。环境保护作为一种地域性的纯公共物品,具有典型的外溢效应,因其公共程度高,受益和消费者数量多,成为政府应当首先提供的公共物品。要逐步建立健全城乡环境保护的法规与标准体系,为城乡环境保护工作提供完善的法律支持。加强环保队伍建设,乡、镇一级应设有环保机构或专人,以提高队伍的执法能力。进一步完善发展成果考核评价体系,纠正单纯以经济增长速度评定政绩的偏向,加大资源消耗、环境损害、生态效益等指标的权重。坚决不能走"边污染,边治理"、"先污染,后治理"的老路,严格把关并慎重选择本地项目,发展经济决不能以牺牲环境为代价。

第三,畅通公众环保参与渠道。定期开展城乡居民的环境意识调查,及时了解居民的环境意识状况及其变化趋势。城乡居民最了解他们所处的环境,能够提出保证自然资源风险最小化利用的各种可行的意见,能够针对社区内部资源滥用的实际情况对症下药地提出解决方案。充分发扬民主,不盲目"唯上",坚持"求实",建立行之有效并能持之以恒的村规民约,让可持续发展的理念体现在社区的日常管理上,潜移默化地改变城乡生产、生活方式。积极发展环保市场,大力推行碳排放权、排污权等交易制度,建立吸引社会资本投入生态环境保护的市场化机制,推行环境污染第三方治理。

第四,加强舆论宣传和监督。及时向社会公布城乡环境质量检测报告和预告,加强群众舆论监督,逐步培养公众的环境忧患意识和参与意识。健全举报制度,建立生态环境损害责任终身追究制,严格实行赔偿制度,依法追究刑事责任。正确把握舆论宣传导向,宣传党和国家在环境保护方面的方针、政策、法律、法规等。结合当地实际,对不同文化素质层次的农民,有针对性地举办各种形式的培训班,积极倡导环境友好和资源节约的理念,让生态文明的观念深入人心。当村民充分认识到环境与经济发展的关系时,便能够较快推进科学绿色行为的普及。

第十章 基础设施

　　基础设施是保证国家和地区社会经济活动正常进行、为社会生产和居民生活提供公共服务的工程设施。统筹城乡基础设施一体化建设，改善农村生产、生活环境和条件，是社会主义新农村建设的重要切入点，同时也是促进城市基础设施向农村延伸、加强城乡之间各类经济要素空间流动的纽带。本章首先介绍了震泽镇基础设施建设的基本情况，随着工业化进程的加快和城市副中心的拓展打造，全镇基础设施建设做到了统筹规划、重点突出、分步实施、逐渐延伸；其次，客观地分析了基础设施建管过程中存在的问题，指出现有的建管体制和运行机制是制约乡村基础设施进一步发展的深层次原因；最后，对加强城乡基础设施一体化发展提出了几点建议。

第一节 基础设施现状

　　近年来，震泽镇年均投入超过 10 亿元，推进了 10 大类 30 多项重点项目和实事工程建设，农村道路拓宽改造基本完成，道路全部实现黑色化；汽车客运站建成并交付使用，公交车基本实现全覆盖，并与盛泽、平望、七都、桃源、南浔实现对接；一批现代化的供水、供电设施相继开工或建成。

一、综合交通现状

为方便农村百姓出行,加快农村资源开发,促进城乡协调发展,震泽镇大力加强交通基础设施建设,在全力打造民心路、连心桥、放心渡的同时,合理布局客运站场,积极推行农村公路管养体制改革,有效促进了全镇交通网络的完善和发展。2008—2011 年间,完成 21 条农村公路改造,累计建设投入 5 377 万元。

(一)公路

截至 2011 年底,震泽镇公路总里程达到 389 公里。对外公路主要有沪苏浙高速公路、318 国道、震桃公路、震庙公路、震盛公路以及八七公路。镇区内主要有镇南路、镇南一路等道路。全镇基本形成了"镇至镇二级公路连通,镇至行政村三级公路覆盖"的格局。

表 10 - 1　震泽镇主要公路现状一览表

道路名称	道路分布	行政等级	技术等级	镇域里程/公里
沪苏浙高速公路	镇西北,东西横穿	国道	高速公路	7.7
318 国道	镇北,东西横穿	国道	一级公路	13.0
震桃公路	镇中,南北贯穿	县道	二级公路	6.4
震庙公路	镇北,南北贯穿	县道	二级公路	4.5
八七公路	镇西,南北贯穿	县道	二级公路	7.5
震盛公路	镇南,东西横穿	县道	二级公路	3.9
双泽路	镇东,南北向	县道	二级公路	2.1

资料来源:吴江市震泽镇投资发展有限公司。

(二)城乡客运

城乡客运是联系城乡的重要纽带,是服务居民出行的重要方式。根据"行有所乘"的理念,全镇大力推进城乡客运一体化发展,基本形成了沟通城乡、覆盖村点的客运网络。截至 2011 年,全镇拥有公交客运车辆 43 辆,桑塔纳客运出租车 20 辆,农村工作候车亭 73 个。

开行公交线路 12 条,日均班次 558 班,公交出行日均客流量近 1 万人次,全镇 23 个行政村全面实现"村村通公交"的目标。震泽至桃园、庙港实现了农村公交的双向对开,震泽至盛泽、七都、平望、南浔等镇实现了无缝对接。

(三)航道

航运是震泽历史上重要的运输方式。近年来随着公路运输状况的不断改善,航运在对外交通中的作用已大大削弱。震泽镇域内对外水系发达,支泾曲港纵横,水路交通便利,主要航道有长湖申线(四级航道)以及紫荇塘(七级航道)。长湖申线向东直接联系京杭大运河,北通苏州,东达上海,是江苏省干线航道系统的重要组成;紫荇塘现状等级较低,对干线航道起补充作用。码头主要分布在頔塘河两侧,其中注册码头 14 个,货物运输以水泥、砂石、建材为主。

表 10 - 2　震泽镇航道现状一览表

航道名称	航道等级	最高通航水位标高/米
长湖申线	四级航道	4.12
紫荇塘	七级航道	4.05

资料来源:吴江市震泽镇总体规划(2011—2030)。

二、邮电通信等现状

邮电通信等基础设施建设是新农村建设体系的重要组成部分。加快推进农村邮政、通讯和广播电视基础设施建设,有利于促进农村、农业信息化,推动农村经济发展。

(一)邮政

震泽镇区和八都社区各有邮政支局 1 座,为全镇居民办理信件、报刊、快递、储蓄等业务。包括圆通快递在内的多家快递公司已经可以派送到镇。

(二)通讯

震泽镇区现有电信母局 1 座,固定电话交换机总容量 3.3 万门,实际装机容量 2.65 万门,全镇固定电话主线普及率达 35.6%。镇区新建项目如住宅小区等均采用光纤机房,多采用光纤接入点的方式进行通讯信号传输。电信线路均采用架空方式敷设,无通信电缆管道。吴江移动和联通公司已实现震泽镇域信号的全覆盖,镇区有 1 处移动营业网点。

(三)广播电视

全镇广播电视用户达 3 万户,在震泽镇区和八都社区分别有 1 处有线电视分前端机房,目前有线电视节目已经实现与吴江市台的联网,转播电视节目 58 套,广播节目 10 套,另外开通了视频点播、证券服务等增值业务。居民数字有线电视入户数 19 690 户,集体用户 1 400 户,其中高清互动用户 550 户,广电(宽带)750 户。

三、供水、电、气现状

震泽镇近年来不断加大力度推进农村电网建设和改造工程,以供水、供气为主要板块的公共基础设施城乡一体化构架已基本形成。

(一)供水

做到了"一市一网,一个头供水,一体化管理",实现了城乡居民同饮太湖水的目标。由吴江市华衍水务有限公司实施区域统一供水,输水干管分别沿震庙公路、八七公路进入震泽、八都自来水公司,管径分别为 DN900 毫米、DN500 毫米,然后由震泽、八都自来水公司分别向震泽、八都镇区及周边农村地区供水。民用水收费标准 2.6 元/T,工业用水 3 元/T,特种用水 4.8 元/T,收费方式通过单位、个人银行账户代扣。

(二)供电

震泽镇区域内拥有 220 kV 变电所 1 座,容量 36 万 kVA;110 kV 变电所 2 座,容量 11.15 万 kVA;35 kV 变电所 1 座,容量 3.2 万 kVA;拥有 10 kV 线路 23 条共 268.99 公里;400 V 线路 893 条共 689.67 公里;专项变压器 417 台,容量 132 525 kVA;综合变压

器 368 台,容量 47 365 kVA;综合变下用户 20 508 户,公变用户
8 547 户。

表 10 - 3 2011 年震泽镇域 35 kV 等级以上变电所统计表

变电站名称	主变压器		容载比	最高负荷/kW	输入线路		
	数量/台	容量/MVA			名称	电压/回路数	电源地
220 kV 慈云变电所	2	360	1.48	243 100	盛慈线	220 kV/1 回	220 kV 盛泽变电所
					吴慈线	220 kV/1 回	500 kV 吴江变电所
110 kV 震泽变电所	2	71.5	1.29	56 000	庄慈线	110 kV/1 回	220 kV 庄田变电所
					庄震线	110 kV/1 回	220 kV 庄田变电所
110 kV 曹村变电所	1	40	1.4	28 570	慈曹线	110 kV/1 回	220 kV 慈云变电所
35 kV 八都变电所	2	32	1.5	21 320	慈都线	35 kV/2 回	220 kV 慈云变电所

资料来源:吴江市震泽镇总体规划(2011—2030)。

（三）供气

震泽镇居民的燃气使用目前主要以瓶装液化石油气为主,近年
新建的部分小区采用了瓶组式管道液化气。全镇的气源主要来自周
边城镇的液化气储配站,包括盛泽坛丘的新民液化气站,储罐容量
200 立方米,年供应能力 1 533 吨;七都液化气站,储罐容量 40 立方
米,年供应能力 306 吨。根据《吴江市燃气专业规划》,目前正逐步推
进全镇管道燃气建设,在农民拆迁安置住宅区已经铺设天然气管道,
即将由港华燃气有限公司统一供气。

第二节 基础设施建设管理情况

震泽镇基础设施建设及管理,严格遵守了现行的基本建设管理

制度和行业部门管理规范。大部分基础设施建设资金采用市、镇、村三级财政分担机制，在运营管理方式上，主要是以"谁建设谁管理"为主要模式。

一、建管现状

基础设施建设管理内容包括基础设施建设的前期规划、投资和建设方式以及运营管理等多个环节。震泽镇的基础设施属于农村基础设施的范畴，因此，其建管的各个环节都是在统筹城乡一体化发展的大背景下考虑和进行的。

（一）基础设施规划

对基础设施进行规划是建好基础设施的重要前提。首先，吴江市和震泽镇政府从宏观上考虑了经济发展和农村居民福利水平提高对农村基础设施的需求，使基础设施的发展与农村经济发展水平及农村居民的需要基本相适应；其次，在规划管理上坚持统筹安排、协调发展，比较合理地安排了基础设施的内部结构，还保障了包括震泽在内的各地区之间的经济与环境的协调发展；最后，政府还从微观角度出发，使用科学的方法和程序对具体的农村基础设施项目进行必要性论证和可行性分析，最终选择了符合经济目标、财务目标和环境目标的最优方案作为农村基础设施项目的实施计划。目前，与震泽镇基础设施相关的主要有以下规划：《吴江市城乡一体化改革发展"十二五"规划》、《震泽镇城乡一体化规划》、《吴江市震泽镇总体规划(2009—2030)》、《吴江市市域镇村布局规划》、《震泽镇土地利用总体规划》等。

（二）基础设施的投资与建设

震泽镇的大部分基础设施建设资金采用市、镇、村三级财政分担机制，以镇、村自筹为主，市财政补贴为辅。同时也在探索新的筹资方式，如：推进村民集中居住，出让节约和整理出来的非农建设用地，其拍卖资金的15%用作农村基础设施建设的镇、村配套资金。以公路建设为例,镇区内的国道和省道建设资金统一由上级部门承担;市级道路本镇负责征地、拆迁、三线移位、土方等前期资金,并承担10%的公路建设资金;镇区道路全部由镇财政负担;镇村道路(农路办管理的道路)由市交通局补偿 30 万元/公里,其余建设资金由镇政府承担;其他农村道路由行政村承担建设资金。在基础设施建设管理方式上,主要是以政府包揽代建制为主,某些项目适当采用村民自建形式,实行村民自建、自管、自用、自有和政府监管服务机制。

1. 政府代建

政府包揽代建制的实施,主要结合吴江市发改委的以工代赈项目,其建设程序为:一是项目前期工作。由吴江市发改委以工代赈办负责编制以工代赈中长期规划以及年度计划。震泽镇申报项目,撰写项目建议书或请有资质单位编写可行性报告,报送市发改委以工代赈办审批。以工代赈办组织人员实地查看并用 GPS 定位。二是项目中期工作。省主管部门下达项目投资计划,经市镇村公示以后,按照投资额度规定,由震泽镇申请、吴江市招投标中心招标,确定项目建设单位后组织项目实施。三是项目后期工作。项目完成后,由震泽镇组织初验,申请吴江市发改委会同财政局等部门验收,验收合格后交付使用。

2. 村民自建

村民自建是由吴江市级部门整合资金,以震泽村民组织为实施主体,以户为单位、以专业合作组织为纽带进行建设。通过村民自建实践,初步形成了以下建设经验:(1) 有效地整合各类资源。一是整合项目资金。按照"统一规划、统筹安排、渠道不乱、用途不变、优势互补"的原则,实行资金整合和项目整合相结合的办法,有效整合各项支农资金、扶贫资金和农业综合开发资金,改变资金分散投入、效益低下的状况,做到所有资金打捆使用,集中力量建设农村公共基础设施,提高资金使用效率。二是整合政策资源。吴江市级层面出台的关于推进设施农业发展、加快畜牧业发展、大力实施农村水利建设等一系列文件,实行民办公助、以奖代补等方式,吸引民间资金参与农村公共基础设施建设。三是整合人力资源。自 2007 年以来,每村安排一名大学生村官,并从市、县级机关选派素质全面的年轻干部到基层挂职锻炼,为基层带来项目、技术,共同推进新农村建设,促进农村经济社会的发展。(2) 提高村级组织管理能力。"十一五"期间,震泽镇认真落实农业农村各项政策,通过镇、村成立机构,深入推进扶贫开发工作。通过会议、培训、电视、公开信、简报等广泛宣传,指导村级组织实施项目建设,推进以工代赈、小农水、生猪养殖标准化建设等工程项目的顺利实施,让基层组织干部在项目建设中,磨炼组织能力、协调能力、管理能力。村民自建的项目质量合格、干部清廉、群众满意,村级组织的凝聚力和影响力空前提高。有些村还出现了经济能力强的农户主动捐款上百万巨资回乡兴办公共基础设施的典型,产生了良好的经济和社会效益。

传统的农村基础设施建设方式——政府代建制,会造成基础设施建设效率和福利的降低,并且现实中这些建设往往存在项目监管不力等问题,导致基础设施建设质量得不到有效保障。因此,对于政府投资的基础设施项目,要适当引进竞争机制,纳入政府采购范围的项目应采用招投标方法选择建设者;对于适合社会投资、建设的基础设施项目,应放松进入管制,通过市场机制选择生产者,基础设施的成本可通过服务收费弥补,政府对价格管理具有宏观调控的职责。

(三) 基础设施的运营管理

基础设施的运营管理是基础设施建设流程中的最后一环。花费巨大投资的基础设施项目,如果没有良好的运营、维护和管理机制保证其健康运转,项目的生产能力就不能得到有效发挥。从预期目标——满足经济发展和人民生活水平提高的需要的角度看,目前,包括震泽镇在内的我国农村的基础设施维护工作相对落后,管理机制薄弱,已建成的基础设施存在快速耗损、建设资金巨大浪费的情况。虽然运营管理方式较以前发生了变化,即采用谁建设谁管理的模式,但大部分基础设施目前还是由政府统一建设并管理的。政府垄断性建设管理基础设施的弊端不断暴露,改革现行农村基础设施运营机制非常的迫切和必要。对于适合社会经营的基础设施项目,政府应尽快退出经营管理,同时做好检查和监管工作;对于需要政府经营的基础设施项目,政府在保留所有权的前提下,不需要全部进行直接经营管理,可以通过特许、委托经营等方式交由民营,政府的职责在于制定科学合理的合同,严格执行并加以监管。

二、存在问题

在原有建管机制下,震泽镇基础设施建设虽然取得了一定成绩,但从统筹城乡发展的要求,尤其是震泽构建区域性城市副中心的发展战略来看,还显得相对薄弱和落后。不断凸现的各项矛盾和问题,制约着全镇农业农村经济的持续快速发展。究其原因,主要是原有的建管机制与统筹城乡基础设施一体化发展的要求相违背。

一是规划布局与发展要求矛盾突出。全镇基础设施建设由于规划投入有限、区域定位偏低等方面的局限,导致建成的项目落后于现实发展的需要。以震泽镇为例,原有的规划水平整体不高,产业布局配套欠缺,空间结构不尽合理,尤其是各项专业规划衔接不到位。在城乡统筹发展上没有充分考虑到区域联动、片区联动,在基础设施建设上没有考虑到区域整体布局和整体建设。这种现状,与目前震泽镇建设城乡统筹先导区和示范区的要求比,已完全不相适应。

二是建设需求与资金匮乏矛盾突出。虽然各级政府每年都有大量资金投入基础设施建设领域,资金绝对数额不少,且近年来每年都有所增长,但与本镇加快建设新农村基础设施的资金需求相比,各条线建设资金都显不足,这成为农村基础设施建设的瓶颈。建设资金不足的一个主要原因是镇、村缺乏资金配套能力较弱。目前采用的市、镇、村三级分担制,以镇、村自筹为主,市财政补贴为辅,但是镇级财政比较困难,大部分村级经济较为薄弱,对农村基础设施建设显得力不从心。仅以道路建设为例,部分新增的旅游景点(农家乐)、现代农业园区等节点未通达等级公路。而随着新农村建设步伐加快,全镇农田水利、乡村道路、集镇建设等方面都将不断出现巨大的投资"干渴"现象。与此同时,与资金总量匮乏相伴而行的是现有投资渠道来源分散,整合还有困难,表面上各方使力,实际上各撒各的"胡椒面",缺乏集中规划、统一使用,资金使用效益还略显低下,这在一定程度上加剧了资金匮乏与建设需求的矛盾。在目前比较单一的投资供给体制和筹资渠道下,这一对矛盾难以得到解决,导致很多农村基础设施建设项目处于"等米下锅"状态。

三是建管养护与实际效用矛盾突出。农村基础设施建设重建轻管现象十分普遍。目前吴江市已完成农村公路管理养护体制改革,震泽镇建立了农村公路管养机构,明确了各级组织在农村公路管养工作中的责任。但是从实际情况看,项目建成后的管理维护却少人问津。比如在农村公路养护问题上,由于管护体制机制不健全,农村公路建成通车后往往无人管护或者管护不当,使得公路超时限使用,路面损坏,晴通雨阻,通行不畅。这说明目前还未真正形成规范的农村公路养护工程组织模式,农村公路管养专业化水平比较低,且没有稳定的资金来源,养护大中修工程未形成规范的实施机制。

三、原因分析

从表面上看,由于震泽镇地处苏南发达县市,镇域经济社会的发展速度较快而使得基础设施建设略显滞后。但从深层次来看,基础设施建设滞后与包括震泽在内的中国农村基础设施目前建设管理体制和运行机制不健全有着密不可分的关系。

（一）从制度变迁分析

建国初期,在人民公社"政社合一"的体制下,乡村基础设施等公共产品供给主要采取以劳动力最大限度替代资金的方式。通过高强度的动员和组织,农民积极投工投劳,在较大范围内掀起大搞农田水利基本建设的热潮,许多过去难以办到的基础设施以极低的资金投入得以举办和兴建,包括一些大型的灌溉排水工程。十一届三中全会后,土地家庭联产承包责任制取代集体化制度,使得经济制度环境发生了重大变迁。家庭联产承包责任制为农业生产提供了高效率的激励机制,但这种民间投资农业的激励仅仅针对家庭承包的土地这一准私人物品,激励农民对所承包土地的再生产投资,却没有为乡村基础设施在内的公共产品供给提供有效的制度保障。随着集体经济组织解体,加上"一事一议"制度没有发挥应有的作用,理性的、寻求自身利益的农民在农村公共产品建设上只会选择做一个"搭便车者",不会为实现群体利益主动采取行动,不会自愿投资投劳开展农村基础设施建设和维护工作。由此导致的必然结果是,原有乡村基础设施等公共产品不可避免地缺乏养护,甚至遭到相当程度的破坏。农民缺乏参与农村基础设施建设项目的积极性,甚至因个体利益不均还会出现阻挠施工的现象,这一制度缺陷,亟须政府通过体制创新予以相应弥补。

(二)从供给体制分析

一直以来实行的城乡公共产品二元供给制度,使得城市居民可以免费享受良好的基础教育、发达的交通、优越的市政设施以及整洁的环境,而乡村居民不仅与此无缘,在基础设施等公共产品供给条件远低于城市的状况下,还要为乡村基础设施建设"买单",代替国家承担基础设施等公共产品的绝大部分投入成本。与此同时,仍然带有浓厚计划经济色彩的农村基础设施建设需求表达机制是以"自上而下"为特征的,即由国家计划决定农村基础设施建设的品种和数量。而基层政府在政绩考核和经济利益驱动下,很容易成为既垄断权力又追求利益的行为主体,因此,对见效慢、期限长、具有战略性的农村基础设施等农村公共产品缺乏投资的热情,而热衷于投资一些见效快、易出政绩的短期项目,其行为目标和农民追求目标往往互相冲突,不可避免地带来农村公共资源筹集和使用失衡,造成农民急需的生产性基础设施投入严重偏低,供给严重不足,如水利灌溉设施、交通运输道路等。这些现象表明乡镇基础设施建设仍然徘徊在计划供给的困境中。

(三)从建管机制分析

经过30多年的改革开放,虽然农村基础设施建设管理从宏观管理部门(即政府职能部门)到微观主体(即村组建制)已经发生了很大变革,但是在后农业税时代,乡镇财政基本上依靠转移支付保证自身运转,对农村基础设施建设的热情仍然更多地来自于政绩考核目标。而在集权制权力构架下,单一的供给主体、自上而下的决策机制和高度集中的资金安排,为掌权者留下极大的权力发挥空间,使其侵犯农民的私法权利成为可能,而以公利之名对农民私权进行的侵犯,是导致农村基础设施建设过程中部分农民出现阻挠甚至破坏行为的原因之一。加之在行政力量庇护下农村基础设施建设往往被少数行为主体所垄断,有的行为主体甚至忽视了农村基础设施是社会公共产品这一本质,将其变成了"单位产品"或"部门产品"。因此,这些行为主体不但没有动力追求生产成本最小化,而且往往将增加上级投资作为追逐额外利润的主要来源,导致农村基础设施建设成本上升,一些工程运作管理极不正常。因此,随着市场化进程中乡镇政府和农民之间信息不对称加剧以及监督机制失效,农村基础设施的供给配置既无法实现效率优先,更难以兼顾公平。

以上分析表明,目前全镇还尚未建立起与社会主义市场经济体制相适应的农村基础设施建设的管理体制和机制,不能完全满足现代农业可持续发展和城乡统筹发展的要求,农村基础设施建设体制改革与机制创新势在必行。

第三节　加强农村基础设施建设管理的对策建议

健全的建管体制和灵活高效的运行机制是推进基础设施建设实

现跨越式发展的重要动力和制度保证。就一定层面而言,建管体制改革比运行机制创新更重要,但是因为体制改革是"由上而下"的,所以,建议在大的体制框架下,按照科学发展观的要求,遵循市场经济规律,从积极探索创新城乡统筹规划、多元投入、优质建设和共建共管共享等体制机制入手,改革建管体制,创新工作机制,努力走出一条加快统筹城乡基础设施建管的新路子。

一、探索创新城乡统筹规划体制机制

规划是一切建设的前提和统领。一个好的整体规划,不但可以保证城乡基础设施建设有序进行,而且可以节约投资、提高利用效率。因此,要采用系统工程的方法,坚持规划先行,对交通、电力、通讯等基础设施建设进行统一规划,做到系统开发、城乡统筹、综合利用。

首先,加强城乡相关规划衔接。树立小集镇、大村庄同步规划理念,按照公用设施资源城乡共享的原则,在全镇总体规划上把农村基础设施建设摆在突出位置,共同规划,同步建设,促进城镇基础设施向农村延伸,农村基础设施向城镇跟进;同时,探索以镇为节点,将周边乡镇的基础设施项目同步规划,打破行政区域限制,结合片区内资源特点,实行各类基础设施项目的统筹规划,确保片区内交通、供水、供电等各类基础设施资源的共建共享。

其次,加强基础设施规划与产业发展规划衔接。全镇基础设施建设规划要围绕本镇农业农村经济结构调整,与本镇的产业发展规划相衔接,结合产业发展需要,配套规划建设基础设施,特别是要结合震泽镇现代农业示范园区建设需要,进行配套规划建设,开辟城乡基础设施建设新路子,实现城乡基础设施建设与产业发展互动互促。

最后,坚持因地制宜、突出重点进行规划。由于资源和要素的约束,不可能"遍地开花"地同步规划各类基础设施建设,只能走选择性发展的道路。因此,在进行基础设施建设规划时,应注意区别不同情

况,既尊重农民意愿,从群众要求最迫切的基础设施建设项目入手,又从加快本镇农业现代化、产业化发展步伐出发,科学进行统筹规划,做到分类指导,分清轻重缓急,实行合理安排,确保有限的建设力量能够用到"刀刃"上。

二、增加基础设施建设的资金投入

首先,要明确各级政府资金投入的责任。鉴于各村财政实力差距较大,应当制定更加灵活的资金配套制度。建议制定一套适应农民生产、生活发展要求的标准服务体系,明确服务项目,其经费列入以财政预算为主的多元化的体系,形成保障有力的投入机制。在确定基础设施建设的具体内容时要多听农民的意见、基层的意见,使投资范围和具体内容更加符合农业农村需要,体现农民意愿,以更好地发挥镇、村的积极性,激励他们承担相应的责任。

其次,要拓宽资金筹集渠道,建立多主体的城乡基础设施和公共服务供给机制,积极引导市场力量、村民自治组织和非政府组织共同参与基础设施建设和公共服务的供给。

最后,要积极推进新的筹资方式。在震泽镇大力推进农村居民集中居住的同时,把节约和整理出来的非农建设用地出让筹集到的资金,用作农村基础设施建设的镇、村配套资金是一种行之有效的新方式。

三、不断强化公共基础设施的有效管护机制

加快建立农村基础设施管护长效机制,切实改变长期以来存在的重建设、轻管理的观念。建议按照"谁投资、谁拥有、谁受益、谁负责"的原则,结合实际,针对不同类型的工程设施,加快农村公共基础设施产权制度改革。对于单个农户受益的项目,实行自建、自有、自用、自管;对于受益人口相对分散,产权难以分割的工程,可通过承包、租赁、股份合作等方式将所有权与经营权分离,实行经营权与工

程管护责任相统一；对于具有一定收益、适合经营的基础设施，可通过公开拍卖转让工程的所有权和使用权，由购买者自主经营管理，并由其负责工程的管护，主管部门对其进行监督。重视公共服务设施的集中配置和综合利用，有条件的村可将文化设施、卫生设施、超市、体育健身场所等集中建设，形成具有综合功能的农村社区中心。积极探索，切实落实镇、村的管理责任，建立乡村道路养护、绿化养护、河道管理等长效机制，做到制度、人员、经费"三落实"，使农村基础设施真正走上平时有人管、坏了有人修、更新有能力的良性轨道。以农村道路管理养护为例，对于各村道路实行村委会负责制度，村内胡同建立分片划段，各家各户负责制度，对于管理维护好的村予以奖励，提高村维护农村道路的积极性，并建立定期检查机制，乡镇负责定期监督检查，提高农村道路养护质量。

第十一章　村民自治

　　改革开放以前,我国对农村地区实行高度集权化的行政控制,
1980 年后逐步推行村民自治,这是我国发展社会主义民主政治的伟
大创举。所谓村民自治,是指广大村民通过民主选举、民主决策、民
主管理、民主监督,依托村民委员会对本地公共事务和公共事业依法
管理、参与,实行自我管理、自我教育、自我服务的一项基本社会政治
制度,其核心内容是民主选举、民主决策、民主管理和民主监督。
2009—2010 年,震泽镇根据上级统一部署,采用"公推直选"和"无候
选人一票直选"的方式,先后完成了村党组织和村(居)委会的换届选
举,共选举产生村级党组织委员 102 人(含书记 23 人)、第九届村委
会成员 86 人(含主任 23 人)、第四届居委会成员 24 人(含主任 4
人),使一批德才兼备、实绩突出、群众拥护的优秀人才走上领导岗
位。此后,各村以换届选举为契机,加强村级组织民主管理建设,建
章立制,普遍修订完善了"两会"、"两组"、"两委"等各类村级组织的
工作制度;以吴江市"三规范"为标准,规范村级工作运行程序,不断
完善民主监督制度,积极推动村务公开、民主管理,尤其是村级财务
公开。在民主决策方面,全镇各村积极落实《吴江市村级民主管理制
度》的规定,以每年两次"民主决策日"(1 月 15 日和 7 月 15 日)为抓
手,不断探索完善村民直接参与民主决策机制,结合本村实际定期召
开村民或村民代表会议,对涉及村民利益的重大事项进行民主决策,

确保广大村民真正拥有知情权、参与权、监督权,提高决策的民主性和科学性。在农村地区各项建设中,震泽镇围绕吴江市先后部署的"民主法治示范村"、"全国农村社区建设实验全覆盖示范市"、"全国和谐社区建设示范市"、"村务公开民主管理示范市"等一系列创建活动,创造性地展开工作,各项建设走在吴江前列。2008—2012 年,为满足农村(社区)对人才的迫切需要,震泽镇先后选聘 50 名优秀大学生村官参与村(社区)的各项重点工作和中心工作。大学生村官在村级经济发展、基层组织建设、社会管理服务等各个岗位独当一面,为农村干部队伍补充了新鲜血液,优化了农村(社区)基层干部队伍的年龄结构和知识结构,为村民自治注入了新的活力。

第一节　民主选举

一、村级党组织换届选举

村级党组织是村级各类组织和各项工作的领导核心。《中华人民共和国村民委员会组织法》第四条规定:"中国共产党在农村的基层组织,按照中国共产党章程进行工作,发挥领导核心作用,领导和支持村民委员会行使职权;依照宪法和法律,支持和保障村民开展自治活动、直接行使民主权利。"因此,农村基层党组织的民主化程度直接影响并决定着村民自治的运行成效。

到 2009 年底,按照党章和上级党组织的有关规定,震泽镇除 2008 年、2009 年新成立党委的夏家兜村、兴华村、桃花庄村、曹村外,其他各村党组织届期均已满。2009 年 12 月,震泽镇党委根据上级指示精神,成立了以书记张炳高为组长的镇行政村党组织换届选举民主直选领导小组,部署勤幸村等 19 个行政村党组织换届选举。

震泽镇此次行政村党组织换届选举采用"公推直选"方式,即先由党组织、党员公开推荐候选人,经党外群众信任投票后,再由全体党员直接由差额选举产生村党组织书记、副书记和委员。其主要程序包括:(1)镇党委提出任职资格和条件,并向全村党员群众公布宣传;(2)通过组织或会议推荐、党员联荐、个人自荐等多种形式公开确定候选人初步人选;(3)对候选人初步人选进行公示;(4)对候选人初步人选组织群众信任投票;(5)由镇党委组织部门对候选人初步人选进行资格审查和组织考察,并结合群众所投信任票研究,差额确定正式候选人;(6)由党员大会直接差额选举产生村党组织书记、副书记和委员。

12月25日,勤幸村等19个行政村党组织换届选举正式候选人名单产生,其中,书记正式候选人38人,副书记正式候选人18人,委员正式候选人73人。12月底,勤幸村等19个行政村党组织按既定程序顺利完成换届选举,共选举产生村级党组织委员82人,其中书记19人。

2010年初,鉴于新当选的龙降桥村党委书记沈永法经公推公选成为震泽镇人民政府副镇长,镇党委决定,沈永法不再兼任龙降桥村党委书记,同时决定在龙降桥村试点开展公开提名、民主推荐村党组织书记人选工作。2010年3月11日,震泽镇召开公开推荐龙降桥村党委书记人选民主推荐会。推荐会共分三轮,第一轮公开提名、民主推荐:由龙降桥全体党员以无记名公开提名、民主推荐的方式,按照选拔职位与推荐人数1:1的比例进行提名、推荐初步人选,推荐得票数为孔雪良1票、庄伟良1票、李一青58票、沈卫东48票、沈建林2票、庾根东2票,得票前5名的人选进入下一轮。第二轮信任投票:由龙降桥村党群议事会,对5名人选进行信任投票,得票前3名为李一青27票、沈卫东18票、庾根东5票,进入下一轮推荐。第三轮民主推荐:由震泽镇三套班子现职领导,按选拔职位与推荐人数1:2的比例在一定范围内进行推荐,得票数为李一青17票、沈卫东18票、庾根东0票,前2名人选进入组织考察。根据考察结果,镇党委会议讨论研究并进行差额投票表决,决定李一青任龙降桥村党委书记、沈卫东任副书记。

2010 年 6 月,根据上级组织部门的要求,震泽镇 2009 年未换届选举的曹村、夏家兜、桃花庄及兴华四村党组织统一换届。镇党委会研究决定,在曹村等行政村党组织换届选举中采用无候选人直选方式。其主要程序包括:(1) 镇党委提出任职资格和条件,并向全村党员群众公布宣传;(2) 上届村党组织对照条件对全村党员进行被选举权资格审查,并公示符合条件的党员名单;(3) 符合条件的党员报名竞选,并接受上级党组织的进一步资格审查和初步考察;(4) 竞选人在全村党员大会正式选举时发表竞职演说,接受党员提问或质询;(5) 竞选演说后,在不确定候选人的情况下,由党员一人一票直接投票选举村党组织书记、副书记和委员,根据得票情况当场公布当选人选。6 月底至 7 月初,曹村等 4 个行政村党组织按既定程序顺利完成换届选举,共选举产生村级党组织委员 20 人,其中书记 4 人。

震泽镇两次行政村党组织换届选举分别采用"公推直选"和"无候选人直选",以逐步扩大基层党内民主为目标,坚持引入竞争机制,拓宽识人视野和选人渠道,有利于把认真贯彻党的路线方针政策、德才兼备、实绩突出、公道正派、群众拥护的优秀人才选拔到村党组织领导班子中来,进一步提高村级党组织的创造力、凝聚力和战斗力,为建设社会主义新农村提供了坚强的组织保证,也为后来的村(居)委会换届选举实行"一票直选"方式积累了丰富的经验。

二、村(居)委会换届选举

根据国家《村委会组织法》和《居委会组织法》,以及民政部《社区居民委员会直接选举规程》和《江苏省村民委员会选举办法》等法律法规的规定,震泽镇第八届村民委员会于 2010 年 12 月任期届满,应依法进行全镇第九届村委会换届选举;第三届社区居民委员会将于 2011 年 10 月任期届满,根据江苏省委组织部、省民政厅的要求,提前进行第四届社区居委会换届选举。震泽镇换届选举自 10 月 25 日全面展开,按照准备宣传、选举实施、建章立制和检查验收 4 个阶段进行。到 12 月 20 日,全镇顺利同步完成了第九届村委会和第四届社区居委会换届选举工作。

1. 基本情况

全镇 23 个村民委员会、4 个社区居委会全部参加换届选举,均采用无候选人的"一票直选"办法,一次选举成功率达到 100%。

本次村委会换届选举中共登记选民 45 020 人,参加投票选举 41 801 人,参选率 92.8%,与上届基本持平。选举产生第九届村委会成员 86 人,较上届减少 6 人,其中主任 23 人,委员 63 人,村委会平均每村职数为 3.74 人,进一步降低了村级负担,提高了工作效率;村委会成员平均年龄 38 岁,较上届降低 0.4 岁;新一届村委会成员中,有党员 79 人,占 91.9%,较上届提高 8 个百分点;大专以上文化程度 58 人,占 67.5%,较上届提高 5%,其中,本科以上人数达到 24 人,主要是由于部分大学生村官通过选举成为村委会成员;妇女干部 31 人,占 36%,较上届提高 6%;30 岁以下的青年干部 15 人,占 17.5%。村委会换届选举后,及时选举产生了新一届村民代表 1 200 人和村民小组长 505 人,为进一步完善新一届村民代表会议制度奠定了基础。

社区居委会换届选举中,共有选民 13 274 人,参加投票选举 10 111 人,参选率 76.2%。共选举产生第四届居委会成员 24 人,其中主任 4 人、副主任 4 人、委员 16 人,平均年龄 38.8 岁。新一届居委会成员中,有党员 12 人,占 50.0%;高中以上文化程度 23 人,占 95.6%;妇女干部 16 人,占 66.7%;30 岁以下青年干部 7 人,占 29.2%。居委会换届选举后,及时选举产生新一届 217 名居民代表和 176 名居民小组长。

2. 主要措施

为确保此次换届选举民主、公开、公正地顺利推进,震泽镇委镇政府根据上级统一部署并结合本地实际,采取了一系列得力措施,加强领导,周密组织,精心安排。

一是统一思想,加强领导,部署发动到位。在选举准备阶段(10月25日—27日),震泽镇党委、政府高度重视这次换届选举,把它作为扩大基层民主政治、巩固党的执政基础、推进社会主义新农村建设的基础工程来抓,构建了多层次的换届选举领导和指导机构,在镇级层面,成立由党委书记张炳高为组长,分管书记沈月泉为副组长,由组织、纪检、民政、司法等十个相关部门为成员的换届选举工作领导小组。把全镇23个村分为东北片(金星、勤幸、三扇、齐心、众安桥各村)、东南片(永乐、双阳、新乐、新章、里泽各村)、西南片(大船港、朱家浜、兴华各村)、中片(贯桥、桃花庄、曹村、夏家兜、龙降桥各村)、西北片(前港、林港、联星、花木桥、长家湾各村)、社区片(砥定、石瑾、镇南、贯桥)6大片区,由镇党委委员具体负责各大片区选举工作。同时,每个村或社区都有一位班子成员和两位政府助理负责具体指导工作。分别召开换届选举领导小组工作会议、全镇及各村(居)换届选举工作动员会议,制定换届选举实施方案,落实选举联络员队伍,分层落实选举工作要求。全镇上下形成了党委、政府领导,民政部门牵头,相关部门密切配合,广大村民积极参与的良好局面。

二是注重培训,加大宣传,营造良好氛围。在选举准备阶段,全镇各地采取培训或以会代训等办法,组织镇联络指导小组成员、各村(社区)干部、村(居)换届选举工作选委会主任、选举工作人员开展业务培训,结合实际编写内容详实的选举培训材料,使参学人员掌握相关法律法规和工作要求,熟知开展换届选举工作的基本知识、基本程序、基本方法,增强法制意识,依法规范选举。据统计,换届选举期间,镇村二级共组织举办村(居)换届选举培训会110场次,培训各级工作人员1 060人次。

各村(居)把宣传作为换届选举工作的中心环节紧抓不放,营造全方位、多层次、宽领域的宣传声势,通过会议、电视、广播、报纸、网络、手机短信、板报、村(居)务公开栏、标语横幅以及《公开信》、公告等多种形式进行宣传造势,让广大村民充分认清一票直接选举的意义、明确选举程序、掌握选举规程、享有选举权利,形成家喻户晓、人人参与的良好氛围,有效激发了广大群众参与选举、支持选举的政治热情。大力营造民主选举、民主决策、民主管理、民主监督的浓厚氛围。

三是组织周密,程序到位,确保依法选举。在全镇选举的准备宣传、选举实施、建章立制和检查验收各个阶段,都做到步骤清晰、重点突出、程序规范、内容公开。尤其是选举实施阶段是换届选举的重中之重,要严格规范程序、细化操作环节,预防和避免违反程序、违规操作的现象发生。其重要程序及措施有:① 村(居)民小组推选产生村和社区选举委员会,并按程序推选党组织负责人为选举委员会主任,主持工作。② 依法审查选民资格并准确登记选民资料。③ 在规定时间和指定地点,在选举委员会现场监督下,候选人依法公开竞选,或自我介绍,发放宣传材料,或由组织客观公正地向选民介绍。④ 各地通过预先函告电话、科学设置投票站和投票时间等方式,使更多村民参与选举。⑤ 投票选举关键环节,采用"中心会场为主,投票站为辅"的形式进行,不设流动投票箱;每个投票站监票人及工作人员不少于 3 人;在中心会场和各投票站,均设立领票处、代写处、秘密写票处和投票箱,确保每个村民按照本人意愿选举"当家人"。⑥ 严格控制委托人数,一位选民只能接受 3 张委托票,且须亲自投票,不得再委托。⑦ 采取无候选人"一票直选"方式,即由有选举权的村民直接在选票上填写村(居)委会主任、副主任、委员的姓名,一人一票选举产生村民委员会成员,进一步提高民主程度。⑧ 投票结束后,所有投票箱当日统一集中到中心会场或计票中心,唱票、监票、计票工作由村民选举委员会主持,在过半数的村民代表监督下当天、当场、当众进行。⑨ 选举日半数以上选民参加投票的,选举有效;候选人获得实际投票数半数以上赞成票者为当选。选举结果当天当场公布,并上报备案。⑩ 推举村民选举委员会,选民登记,新一届村

(居)委会成员应具备的资格条件,新一届村居委会的职位、职数,选举日、中心会场、投票站地点和投票时间,选举计票,各关键环节均发布公告,全程公开透明,接受选民监督。

四是建章立制,完善各项制度,保证选举成果的巩固和发展。村(居)民自治制度是根本。12月6日—10日,全镇各村召开了新一届村(居)委会会议,建立健全下属人民调解、治安保卫、公共卫生、社会保障等工作委员会,明确分工,推选工作委员会主任和委员,商量第九届村委会和第四届社区居委会目标任务等工作。各村另召开村(居)民会议,推选村(居)民小组长、村(居)民代表,推选村务公开监督小组和民主理财小组成员;讨论通过村(居)委会各项规章制度,修订村(居)民自治章程、村规民约和居民公约,并公布宣传;村民会议就村民自治工作授权村民代表会议,并进行记录和归档;制定新一届村(居)委会三年任期目标及年度工作计划,并进行公示。新一届村(居)委会产生后,5天内新老村(居)委会对村(居)务、财务进行移交,并写好移交手续记录存档。

换届选举结束后,各村对所有选举文书资料及时汇总、整理、分类立卷归档保存,按要求填报选举统计报表。12月11日—20日,镇村(居)委会换届选举领导小组组织对此次换届选举的检查验收工作,检查内容包括:选举工作是否依法、是否按照村(居)民代表会议通过的选举办法和规定程序进行;村(居)民的民主权利是否得以充分行使,选出的村(居)委会成员是否反映了居民的意愿等,并写出书面总结上报。再由吴江市领导小组组织检查,并通报检查结果,震泽镇根据上级通报进行整改,并做好迎接省检查组检查验收的准备工作,确保换届选举工作严格依法、规范有序地进行。

3. 存在问题

随着近年农村经济社会结构的变化,震泽镇本次村(居)委会的换届选举工作也出现了新的矛盾和问题:一是村域规模扩大,给选举工作的组织带来难度。许多村民在企业上班,组织选民参加选举投票的难度加大,有的村民未参加选举投票。抽样调查显示,有的村村民参选率不到90%。二是"无候选人一票直选"制度,由于在选举上需要直接填写选举人的姓名,对于少数选民尤其是老年人来讲,在选票的填写上存在一定的难度,同时错字、别字、小名等填票书写,给唱票、计票以及有效票的确认增加难度和工作量。三是社区居委会一票直选仍存在着选民参选意愿不强的问题。虽然社区建设工作开展多年,但选民对社区认同感与村委会相比仍不强,很多社区居民对社区居委会性质、工作内容等认知较少,再加上大部分社区居民都有单位管理,与社区居委会利益关系较少,造成选民参选意愿不强。

第二节　民主决策

民主决策是村民参与自治、共同建设新农村的重要前提,也是进一步推进农村基层民主政治建设、发展社会主义民主政治的客观要求。吴江市根据中共《党章》与《农村基层组织工作条例》、《村民委员会组织法》、中办与国办《关于健全和完善村务公开和民主管理制度的通知》以及有关法律法规,结合本地实际,先后制定了《吴江市村级民主管理制度》(2007 年 5 月)、《吴江市规范村级组织工作职责、村级工作运行程序和村干部工作行为实施办法(试行)》(2008 年 10 月,以下简称"三规范"),对村级民主决策程序做了详细规定,提升了村民自治活动的制度化、规范化水平。

一、村级组织结构与职能

村民会议是村级重大事务的决策机构,在村党组织的领导下,对村级组织提出的重大议案进行决策。其主要工作职责有:选举村民委员会,听取并审议村委会工作报告,讨论制定《村民自治章程》、《村规民约》、村级经济社会中长期发展规划,监督审议村级财务预决算、村建设规划、公益事业、新建项目、人口规划等重大事项,以及其他涉及村和村民利益的重大问题。

村民代表会议是村民会议的重要补充形式,由村民按居住或生产区域每 15 户推荐 1 名代表,总人数不少于 20 人。村民代表代表村民参政议政,日常行使对重大村务的决策权和对村民委员会的监督权。村民代表会议下设的专项工作机构有:① 村务公开监督小组,由村民代表会议在村民代表中推选 11 人组成,负责监督村务公开制度的落实;② 民主理财小组,由村民代表会议在村务公开监督小组中推选 5～7 人组成,负责村级财务的日常监督工作。村定工、误工干部及其配偶、直系亲属不得担任村务公开监督小组和民主理财小组的成员。

2012 年颁布的《吴江市村监督委员会工作规程(试行)》规定:由村民会议或村民代表会议选举 7～11 人组成村级民主监督组织——村监督委员会,在村党组织领导下对村级事务实施监督,向村民会议或村民代表会议负责并报告工作。将原村务公开监督小组和民主理财小组等纳入村监督委员会。村监督委员会下设村务党务公开监督、民主理财监督、工程建设和资产资源管理监督、重大村务决策监督等小组。村监督委员会成员实行回避制度,村民委员会成员及其近亲属不得担任村监督委员会成员,村财务人员不得兼任村监督委员会成员。

村民委员会是村级工作的执行机构,负责召开村民会议和村民代表会议,向村民(村民代表)会议负责并报告工作,执行村民(村民代表)会议的决议;在村党组织领导下管理本村事务,积极协助镇(区)开展工作。村民委员会下设人民调解、治安保卫、公共卫生、社会保障等工作委员会。

村党员大会是村级党内重大事务的决策机构,按照少数服从多数的原则决定有关问题。主要工作职责:研究确定村党组织工作规划、计划;听取和审议村党组织的工作报告,讨论决定应由党员大会决定的本村经济社会发展中的重大问题;选举村党组织领导班子和党代表。

村级党组织是各类村级组织和各项工作的领导核心。村党组织书记负责村全面工作。村级党组织的主要工作职责是贯彻执行上级指示和决定,以及本村党员大会决议,讨论决定本村经济和社会发展中的重要问题,领导村民委员会、村合作经济组织和共青团、妇代会、民兵等群众组织。

二、民主决策机制

村级重大事务实行民主决策。凡是与本村村民群众切身利益密切相关的事项,包括村民自治章程和村规民约的制定和修改、本村经济社会发展规划和任期目标或年度目标、村集体的土地承包和租赁、集体企业改制、集体资产处置、重大投资项目确定、集体举债、村(社区)股份合作社和村委会的大额财务开支及其所得收益的使用和分配、各类经济合同的签订与执行、村公益事业的经费筹集方案和建设承包方案、村庄建设规划、宅基地安排使用方案、村干部与村(社区)股份合作社董事会成员报酬,以及群众关心的其他事项,都应实行民主决策。

村级民主决策的基本组织形式是村民会议和村民代表会议。

村级重大事务的决策程序是:① 村党组织、村委会、村(社区)股份合作社董事会提出,10 名以上党员、十分之一以上村民(股东)联名或五分之一以上村民(股东)代表联名提出议案;② 村党组织统一受理议案,召集村两委联席会议或村(社区)股份合作社董事会,研究提出具体方案或建议,或召开党群代表议事会,对方案或建议酝酿、论证,征求意见;③ 对形成的初步方案进行公示,进一步广泛征求群众意见,并根据征求意见情况修改完善方案;④ 村委会召集村民(代表)会议、村(社区)股份合作社董事会召集股东(代表)会议讨论表决;⑤ 村两委或村(社区)股份合作社董事会组织实施。

村监督委员会行使村务决策的监督权,重点监督:决策事项是否发扬民主、是否符合民意、是否合法合理,决策过程是否符合规范程序,重大事项是否提请村民会议或村民代表会议讨论通过。

村级重大事务讨论通过后不得随意更改,有关会议记录归档保存,镇(区)派人对村级重大事务的决策、实施进行监督和指导。

三、"民主决策日"活动

2007年,为提高村级民主决策的可操作性,《吴江市村级民主管理制度》明确规定:每年1月15日和7月15日为全市各村的"民主决策日",在此前后,各村均需结合自身实际,召开村民或村民代表会议,对涉及村民利益的重大事项进行民主决策。此后,市、镇、村各级组织以"民主决策日"为抓手,不断探索完善村民直接参与民主决策机制。2010年6月,吴江市开始以文件形式确定当年民主决策日的各项活动内容与注意事项。

震泽镇积极贯彻上级指示精神,狠抓落实,认真组织有关活动,辖区各行政村按规定每年开展两次"民主决策日"活动,其主要内容有如下五个方面。

首先,加大宣传力度,营造良好氛围。各村通过横幅、标语、广播电视、宣传栏等舆论工具,大力宣传有关法律法规。例如,2010年7月、2012年1月的"民主决策日"活动期间,全镇行政村①共悬挂横幅数分别为34条、40条,利用广播电视宣传均为17次,利用宣传栏宣传分别为42次、35次;2010年张贴宣传标语37幅。形式多样的宣传使全镇村民群众认识到"民主决策日"活动是村民自治的重要形式,充分调动了村民参与村务政务的积极性,提高了村民的参与率。

其次,召开村民或村民代表会议,村两委、村民小组长、部分党员均参加会议,有的村直接召开党员会议。村民代表会议必须有三分之二以上村民代表参加才有效,会议形成的决议或决定,必须经到会村民代表半数以上同意才有效。2010年7月、2012年1月的"民主

---

① 2010年缺新幸、前港两村数据;2012年缺里泽、花木桥两村数据。

决策日"活动期间,全镇行政村①分别有936人、1417人参加了会议。

"民主决策日"活动的议程主要有:① 村两委总结前一阶段工作及介绍下一阶段工作计划,接受村民的批评监督。② 讨论审议村级财务收支情况及预决算报告。村会计在介绍村级财务收支情况时,普遍以开列清单的方式发与村民观看,确保村财务收支清楚到位。③ 讨论决定村民普遍关心及涉及村民切身利益的重大问题。如2010年7月"民主决策日",众安桥村、勤幸村的农户建房和计划生育安排,勤幸村的新震庙路至十组机房前道路拓宽与硬化、自来水改造、农村电网改造等重大问题,均提交大会,由村民举手表决。又如2012年1月"民主决策日",金星村新建3 000平方米标准厂房,青年河石驳岸工程、新开河桥等3座农桥建设,农田水利建设水渠硬化,金庙路和柳塘河路绿化等基建项目,众安桥村关于农保、土保到龄人员的核实与分配方法,新乐村、朱家浜村的新农村居住点建设问题,贯桥村拆除原虾苗场兴建3 000平方米标准厂房项目,长家湾村创建示范社区、示范村级医务室,以及新建社区服务中心和党员服务中心、新型警务室等公益事业项目,林港村的特高线建设和拆迁户宅基地的落实等重大问题,均由村民自由讨论举手表决,以少数服从多数的原则安排具体事宜,保障了村民的集体利益。④ 讨论决定其他应提交"民主决策日"讨论决定的事项。此外,结合2010年第九届村委会换届选举工作,各村2011年1月"民主决策日"增加了第九届村委会换届选举工作总结、新一届村委会报告任期工作目标和年度工作计划、组织学习新修订的《村委会组织法》等内容。

再次,民主评议村委会工作和村委会成员工作。会议结束前下发民主测评表,民主测评村委会各位工作人员负责的工作内容,并且请村民写下意见与建议。村委会各工作人员会后对照村民代表所提的批评和建议,认真反省,及时整改,提高自身的工作水平。

———————————

① 2010年缺新幸、前港两村数据;2012年缺里泽、花木桥两村数据。

然后,公示大会内容。在村务公开栏及时公示"民主决策日"大会讨论通过的村两委工作总结与工作计划、村级财务收支与预决算报告以及经讨论决定的其他事项,征询广大村民意见,接受群众监督。2010 年 7 月、2012 年 1 月"民主决策日"活动期间,全镇行政村①分别在村务公开栏公示 37 次、49 次。

最后,会议记录归档。会议结束后整理有关各类文档材料、照片,撰写活动总结,总结经验,并将有关材料上报民政部门。2010 年 7 月、2012 年 1 月"民主决策日"活动期间,全镇行政村②照片归档数分别为 58 张、91 张;此外,后者另有村级活动总结归档 34 种。

四、"民主决策日"的探索与完善

"民主决策日"是村民直接参与民主决策的新机制,还处在不断的完善之中,震泽镇曹村在具体实践中对这一机制做了有益的探索。为了将党员议事会、村民代表议事会以及民主理财小组工作落到实处,曹村决定在全村实行"双决"制度,即"党内事务党员表决、村务大事村民公决"。"双决"制度主要有如下几个特点:

一是"双决"内容规范。党支部、村委会拟定的表决或公决事项,须报镇"双决"领导小组把关、审批、备案。不得表决违法违规事项,不得表决违背政策事项,不得表决村务之外的事项,确保"双决"工作领导小组办公室在接到报告后的七日内组织人员依照有关政策和规定进行审查。2011 年,曹村共举行党内事务党员表决 142 项,村务大事村民公决 218 项,民主决策逐步走向规范。

二是"双决"程序严密。具体分七个步骤进行:① 支部、村委会研究提出拟表决或公决事项;② 党员会议或村民代表会议分别酝酿支部、村委会提出的拟表决或公决的事项;③ 报请镇"双决"办公室

---

① 2010 年缺新幸、前港两村数据;2012 年缺里泽、花木桥两村数据。
② 2010 年缺新幸、前港两村数据;2012 年缺里泽、花木桥两村数据。

把关、审批;④ 宣传发动,利用广播、公开栏等宣传表决或公决事项的必要性及意义;⑤ 制定征求意见卡,说明事由、政策依据、须农民负担的项目,详细说明资金来源、使用情况等,然后设置姓名、同意、不同意、建设及回收时间等栏目;⑥ 村民小组长把征求意见卡分送到户,村民表明意见后,签字盖章或按上手印,对外出村民,通过信函或电话联系征求意见;⑦ 统计同意和不同意的票数,表决必须有全村党员半数以上到场,到场党员 80% 以上同意后方可组织实施,公决必须经 80% 以上的农户同意后方可组织实施。

三是"双决"内容真实。"双决"监督机制较为完善,包括如下四种制度:① 村民代表监督制。统计现场必须有 3～5 名村民代表监督,严禁弄虚作假。② 签字盖章制。村民签字后,必须盖上自己的印章或按上手印。③ 表决结果报告制。表决结果向镇双决办公室报告,便于上级了解情况。④ "双决"工作监督抽查制。整理保存所有表决事项的原始资料,镇定期或不定期检查,村民可随时检查,发现问题,及时处理。

四是"双决"成效显著。"双决"制度较好解决了民主决策实现形式上的一些困难,成为民主决策的有效载体,促进了农村基层民主政治建设。从社会效果来看,"双决"制度理顺了群众情绪,密切了党群、干群关系,化解了矛盾,维护了农村社会的稳定,规范了村级事务管理,增强了群众的自我管理意识,形成了加快发展的合力。

另外需要指出的是,有的村片面强调村党组织在村级各项工作中的领导地位以及村党委的领导权,定期组织召开党员大会,对村委会、村民议事会、民主理财小组等村级组织中党员的作用进行评议;村党委定期研究讨论村级重要工作制度,由村委会向村党委提出报告工作。在这种情况下,村民会议、村民代表会议被虚化,其法定职责有待进一步落实。

"民主决策日"活动是健全和完善村民自治机制的有效途径,使决策更贴近民意,提高了决策的民主性和科学性;同时也促进了村级民主理财工作的规范化和制度化,提升了基层社会管理服务的效能,已成为村级民主管理的重要载体。"民主决策日"活动从制度上保证广大村民真正拥有知情权、参与权、监督权,使民主决策的理念深入人心,进一步增强广大村民参与村务政务的意识;也激发了村干部的工作活力,提高了村级组织的工作水平,增强了村级组织的凝聚力和战斗力。此外,"民主决策日"活动有效促进了农村干群思想的交流统一,促进农村社会的和谐稳定与农村经济社会的协调发展。

第三节 民主管理与民主监督

震泽镇以吴江市的一系列制度设计为依托,结合本镇实际,加强村级民主管理制度建设,严格执行村级组织运行程序,以村务公开民主管理为核心,积极推进村民自治,维护广大村民的切身利益。

一、村级组织工作制度与运行程序

1. 村级组织工作制度

震泽镇以 2009—2010 年村级组织换届选举为契机,在完善村级组织建设的基础上,加强村级组织民主管理的制度建设,各村普遍修订完善了村"两会"(村民会议和村民代表会议)、"两组"(村务公开监督小组和村民民主理财小组)、"两委"(村党部和村委会)以及村委会下属各工作委员会的工作制度,包括其任期目标、职责范围、工作程序等内容,而且按规定将这些内容全部上墙,长期公布,接受村民监督。如新乐村社会保障委员会制度是:① 办理本村的公共事务和公共事业;② 做好优抚对象的优待、抚恤和村民的养老、扶贫、助残、救灾工作;③ 加强村民民主建设和村民小组建设;④ 在保障对象中开展"五好家庭"、"新风户"活动,促进社会主义精神文明建设;⑤ 协助有关部门做好其他社会保障工作。齐心村的人民调解委员会制度是:① 人民调解委员会是村委会的下设工作委员会,其主任由村民直接提名候选人，并对其进行直接差额选举；② 人民调解委员会主任应认真学习和掌握《民法》、《刑法》、《民事诉讼法》、《行政诉讼法》等法律法规，增强法制观念，提高工作效率；③ 在村党支部的领导下，认真做好本职工作，正确处理一般民事调解事宜，调解成功率达90％以上，积极做好村委会的其他工作。

2. 村级工作运行程序

农村工作千头万绪，吴江市制定的"三规范"对村级工作运行程序作了详细规定，有如下 6 大类 17 项内容：① 村务决策类工作运行规范，即各种村级重大事务的决策程序；② 审批管理类工作运行规范，包括村民宅基地审批使用程序、村民申请再生育审批程序、各种政府性奖励、补贴、救济救灾等款项发放使用程序；③ 村集体经济活动类工作运行规范，包括村公益事业项目建设承包程序、村集体经济项目建设承包程序、村集体经营性资产租赁(承包)程序、农村集体土地资源(农户委托流转土地)承包程序、村(社区)股份合作社举债程序；④ 人员管理类工作运行规范，包括发展党员工作程序、村级招聘自用人员工作程序；⑤ 义务服务类工作运行规范，包括村民信访受理服务程序、村民矛盾调解服务程序；⑥ 民主监督类工作运行规范，包括党务、村务公开程序、村集体重大财务收支审批公开程序、民主评议村干部程序、民主评议党员工作程序。震泽镇各村均将上述规定制成"吴江市村级 17 项重点工作运行流程图"，上墙公布，作为村干部的各种基本守则，以克服村干部工作的随意性。

二、村务公开制度

1. 村务公开的内容

村务公开制度是指村级组织把所负责的各项涉及本村广大村民群众利益的事务和村民群众普遍关心的问题如实定期地向村民群众公开，让群众参与民主决策、民主管理和民主监督。

村务公开主要包括涉农政策法规、涉及农民切身利益的重大政策措施、村级重大事务以及村级集体经济收支情况等内容。具体分为以下三类:一是党务、政务类公开,主要指党和政府出台的涉农政策法规及其落实措施的公开,包括村级组织网络与工作运行程序,有关"三农"问题的政策措施,有关计划生育、征兵、宅基地、农村改革、社会保障等政策法规及落实执行情况等 12 类事项。二是村务类公开,主要指经民主决策程序确定的村级重要事务及其落实情况,以及与村民切身利益直接相关、群众普遍要求公开的内容。主要有:村委会任期目标和年度计划及执行情况、村民代表会议对重大事项作出的决定及其执行情况、本村村庄建设规划、村集体经济活动情况等 15 类。三是财务类公开,主要指村级集体经济收支情况的公开。主要包括村级财务预决算,村集体经济组织各项资金的收入、支出、各项财产、债权债务、收益分配,村委会行政管理支出,社会公益事业支出,各类补贴、补偿、补助金发放明细等 26 类。财务公开是村务公开的重点,也是搞好村务公开的关键。

2. 村务公开的形式与时间

村务公开的主要形式和主渠道是村民代表会议和村务公开栏,还可以通过告村民书(信)、党员大会、有线广播、有线电视、网络等有效形式进行公布。村务公开栏应当设置在便于多数村民观看的公共场所。行政区域较大的村,每个村应设不少于 3 个固定村务公开栏。新农村建设示范村的村民集居点,要根据人口多少设置 1 至 2 个村务公开栏。新建村务公开栏应采用金属制作的固定橱窗。村务公开栏版面面积不少于 8 平方米。设立在村委会院落中的村务公开栏,每天向村民开放时间应不少于 10 小时。

村务公开依据公开内容的时效特点,做到及时或定期公布:村委会任期目标和年度计划及执行情况长期公布;常规业务一般每季度公布一次,在季后的十五日内实施;集体财务往来较多的村,财务收支情况每月公布一次;专项业务根据需要和群众要求随时予以公布;历时较长的事项按事前、事中、事后分段实行公布。

震泽镇 2011 年第一季度村务公开目录

(1) 村委会村民小组长、村民代表、村务公开监督小组、村务公开理财小组名单;

(2) 村民委员会 2010 年工作计划(突出实事工程)执行情况和 2011 年计划安排情况;

(3) 2011 年民主理财报告;

(4) 2010 年 12 月、2011 年 2 月资产负债表;

(5) 2010 年收支决算和 2011 年收支预算及报告;

(6) 2010 年优、供、补发放情况;

(7) 到龄享受农民基本养老保障名单;

(8) 2010 年度薄弱村扶持资金到账及使用情况;

(9) 2010 年三业合同结算及 2011 年发包情况;

(10) 2010 年度村定工干部报酬发放情况;

(11) 2010 年末农户欠交款分组情况及干部包干费结算情况;

(12) 2010 年度土地流转收益分配情况公布;

(13) 2010 年度独生子女父母奖励金享受名单;

(14) 2011 年农户建房及计划生育安排情况;

(15) 2010 年农村大额合作医疗报销情况及 2011 年大额合作医疗交款情况;

(16) 其他应公开的党务政务、村务和财务内容。

震泽镇 2011 年第二季度村务公开目录

(1) 2011 年 6 月份资产负债表、损益表;

(2) 2011 年上半年土保参保人员花名册;

(3) 2011 年新增农保人员名单;

(4) 2011 年上半年度合作医疗费报销金额公布;

(5) 2011 年上半年度新生儿名单;

(6) 2011 年农资综合补贴核定面积公示;

（7）2011年上半年度新增低保边缘对象公示；

（8）2011年度党员关爱基金发放对象公示；

（9）其他应公开的党务政务、村务和财务内容。

3. 村务公开的程序

村务公开根据具体内容，按照一定程序进行。经济收支及往来等村级财务，平时由村会计或代理记账员按规定记账并做好会计报表，公布前整理公布方案；其他财务事项由经办人员整理公布方案，送村委会、村集体经济组织负责人和民主理财小组审查、补充、完善，再提交村两委联席会议讨论确定后公布。为群众代收代交和代为发放的各种业务款项，应将明细账公布到相关农户。村干部年度工作目标及完成情况，通过村党员大会或村民代表会议，以干部述职的形式予以公布。对宅基地审批、再生育核准等不经常发生的村务活动，做到有则公布，但对征用土地、房屋拆迁、各类资金（收益）分配等事关村民重大利益的事项必须事前公开。

三、民主监督制度

《吴江市村监督委员会工作规程（试行）》规定，村监督委员会在村党组织领导下对村级事务实施监督，向村民会议或村民代表会议负责并报告工作。村监督委员会成员依法依规对村务活动进行监督，享有知情权、质询权、审核权和建议权。

村监督委员会开展监督的主要内容包括政策落实，村务决策，村务执行，党务村务公开，村级"三资"管理，村工程项目建设和征地拆迁，村干部工作行为，会同村委会建立村务档案、开展民主评议以及其他与村级事务相关的工作。

村监督委员会实施监督时一般按以下程序进行：① 收集民意。根据村两会决议事项，围绕村民关注的热点、难点问题，或根据村党组织、镇（区）党委、政府、纪委的要求，广泛收集民意，确定监督事项。

② 调查分析。围绕监督事项开展调查分析,及时将工作建议向村党组织和村民委员会反映。③ 监督落实。根据调查的结果,提出监督意见,明确分工,认真细致、客观公正地开展监督工作,及时发现和解决存在的问题。④ 通报反馈。通过公开栏、召开会议、个别反馈等形式,及时公布监督结果,对村民的询问质疑作出解释说明。

第四节　各类示范创建活动

2003 年以来,吴江市先后开展了"民主法治示范村"、"全国农村社区建设实验全覆盖示范市"、"全国和谐社区建设示范市"、"村务公开民主管理示范市"等一系列创建活动。震泽镇围绕上述目标创造性地展开工作,在各类示范创建活动中走在吴江前列。

一、创建"民主法治示范村"

2003 年,司法部、民政部决定在全国农村开展"民主法治示范村"创建活动。其目标要求是:村民自治组织健全;民主选举规范有序;民主决策切实落实;民主管理扎实细致;民主监督推进有力;法制宣传教育深入人心;农民能够熟悉寻求法律服务的渠道,依法维护自身的合法权益;治保和人民调解组织充分发挥作用;农村经济社会协调发展,村民安居乐业,物质文明、政治文明、精神文明协调发展。

震泽镇根据上级统一部署,围绕"民主法治示范村"的目标要求,积极开展创建活动,成绩显著。2007—2010 年间,全镇 23 个行政村、4 个居民社区全部成为吴江市级"民主法治示范村";龙降桥村、镇南社区等 19 个行政村(社区)成为苏州市级"民主法治示范村";其中,龙降桥村(2007 年第一批)、镇南社区(2008 年第二批)、三扇村(2010 年第三批)先后获得"江苏省级民主法治示范村"称号;龙降桥村 2008 年 1 月率先第三批获得"国家级民主法制示范村"荣誉。

震泽镇通过"民主法治示范村"创建活动,调动了村干部学法用法的积极性,增强了他们依法办事的能力,有效带动了村级事务的规范管理,推进了农村基层的民主法制建设。

表 11-1 震泽镇国家级"民主法治示范村"名单

序号	获奖单位	获奖级别	获奖批次	获奖年份
1	龙降桥村	国家级民主法制示范村	第三批	2008 年

表 11-2 震泽镇江苏省级"民主法治示范村"名单

序号	获奖单位	获奖级别	获奖批次	获奖年份
1	龙降桥村	江苏省级民主法治示范村	第一批	2007 年
2	镇南社区	江苏省级民主法治示范村	第二批	2008 年
3	三扇村	江苏省级民主法治示范村	第三批	2010 年

表 11-3 震泽镇苏州市级"民主法治示范村"名单

序号	获奖单位	获奖级别	获奖批次	获奖年份
1	龙降桥村	苏州市级民主法治示范村	第一批	2007 年
2	镇南社区	苏州市级民主法治示范村	第一批	2007 年
3	新乐村	苏州市级民主法治示范村	第二批	2009 年
4	大船港村	苏州市级民主法治示范村	第二批	2009 年
5	夏家兜村	苏州市级民主法治示范村	第二批	2009 年
6	曹村	苏州市级民主法治示范村	第二批	2009 年
7	三扇村	苏州市级民主法治示范村	第三批	2010 年
8	花木桥村	苏州市级民主法治示范村	第三批	2010 年
9	里泽村	苏州市级民主法治示范村	第三批	2010 年
10	永乐村	苏州市级民主法治示范村	第三批	2010 年
11	众安桥村	苏州市级民主法治示范村	第三批	2010 年
12	朱家浜村	苏州市级民主法治示范村	第三批	2010 年
13	齐心村	苏州市级民主法治示范村	第三批	2010 年
14	兴华村	苏州市级民主法治示范村	第三批	2010 年
15	桃花庄村	苏州市级民主法治示范村	第三批	2010 年

（续表）

序号	获奖单位	获奖级别	获奖批次	获奖年份
16	贯桥村	苏州市级民主法治示范村	第三批	2010 年
17	砥定社区	苏州市级民主法治示范村	第三批	2010 年
18	石瑾社区	苏州市级民主法治示范村	第三批	2010 年
19	贯桥社区	苏州市级民主法治示范村	第三批	2010 年

二、农村社区服务中心建设与和谐社区创建活动

2009 年，民政部决定在全国开展"农村社区建设实验全覆盖"创建活动。同年，吴江市开展加强农村社区服务中心建设工作，2010年成功创建"全国农村社区建设实验全覆盖示范市"，并在此基础上提出了创建"全国和谐社区建设示范市"的目标。农村社区服务中心的建设标准是：① 合格与示范中心的综合用房面积分别不少于 500平方米、2 000 平方米。② 用房功能配置达到"六室二栏二超市，一校一站一厅一场所"的标准。具体六室为：便民服务室、图书阅览室（农家书屋）、体育健身室、老年人活动室、多功能活动室和治安警务室；二栏：村务公开栏、宣传栏；二超市：农业生产资料超市、生活资料超市；一校：居民学校；一站：社区卫生（计生）服务站；一厅：多功能大厅；一场所：户外活动场所。主要服务功能达到党员服务、就业服务、社区救助、计生卫生、文化体育、社区治安、环境卫生、便民服务"八位一体"的要求。③ 加强规范化建设，重点做到"命名、标识规范"、"服务用房规范"、"各类台账规范"、"上墙制度规范"、"工作考评规范"五个规范。

震泽镇对照《吴江市农村社区服务中心考核验收标准》，及时跟进，精心指导，在龙降桥村召开相关部门负责人和各村主任现场指导会，并与新农村建设、农村环境整治、农村"三规范"工作、平安建设创建等工作结合起来，积极推进农村社区服务中心建设，且成绩显著。全镇 23 个农村社区服务中心全面达到吴江市农村社区服务中心建

设与考核验收的各项要求,用房面积普遍增加、功能完善,社区服务体系建设成效显著,社区服务水平显著提高,农村生产、生活环境改善,社会效果显著,为进一步推进村务公开、民主管理与村民自治工作提供了更好的平台。2010 年 5 月,全镇有龙降桥、林港、新乐、前港、金星、朱家浜、大船港、兴华、双阳、曾村、夏家兜、贯桥、桃花庄、花木桥、齐心 15 个行政村被评选为吴江市和谐社区建设"示范社区";众安桥、勤幸、长家湾、新幸、永乐、三扇、联星、里泽 8 个行政村成为吴江市和谐社区建设"合格社区"。

2012 年,吴江市加大了社区建设创新力度,围绕社区公共服务、社区管理和社区平安建设三个方面,进一步树立品牌理念和精品意识,积极打造"和谐社区"服务品牌。当年 10 月,全市评选出"和谐社区优秀品牌"一等奖 10 个,二等奖 10 个,三等奖 12 个;其中,震泽镇镇南社区的"平安零距离"获得一等奖,砥定社区的"老人颐养之家"获得二等奖,震泽镇林港村的"强化计生服务、构建和谐林港"获得三等奖;震泽镇人民政府民政办被评为"优秀组织单位"。

三、"村务公开民主管理示范单位"创建活动

吴江的村务公开和民主管理工作始于 1998 年。2007 年以来,吴江加强了村务公开与民主管理的制度建设,先后出台《村级民主管理制度》、"三规范"、《村监督委员会工作规程(试行)》等一系列地方法规。在此基础上,吴江市 2009 年全面推进"三规范"工作,2010 年主抓"民主决策日"活动,2011 年扎实开展"全国村务公开民主管理示范市"创建工作,并于 2012 年 6 月成为"全国村务公开民主管理示范市"。

在这一历史进程中,震泽镇立基于吴江市的制度规范,积极开展"民主决策日"活动和创建"村务公开民主管理示范单位"活动,并将深化村务公开创建工作与"民主决策日"、完善村级账款双托管制度、推行全程办事代理制以及新农村建设相结合。

其一、加强村干部业务培训。组织换届选举中新当选的村委会主任参加吴江市主办的业务培训,对村"两委"班子成员和村民小组组长、村民代表和村务监督小组成员进行培训,进一步提升村干部的整体素质和能力。

其二、探索村务公开新途径,丰富公开形式。充分发挥大学生村官的作用,龙降桥、夏家兜、林港、朱家浜、齐心5个村率先积极筹划安装电子村务公开栏,计划通过开设村博客,及时定期将党务、政务、村务、财务在博客上公开,方便广大村民群众监督。

其三、加大村务公开力度。公开内容从村务公开向党务公开延伸,从有针对性地重点公开向全方位公开延伸,及凡是涉及本村的经济社会发展与新农村建设规划、基础设施建设、村集体经济组织财务收支预决算、土地租赁与征占、宅基地使用、各类社保补助发放、计划生育、新型合作医疗等内容的事项,以及村民普遍关注的热点、难点问题,都要统一纳入公开范围。

其四、督查创建工作,积极整改到位。2011年上半年,全镇辖区内已有85%的行政村符合"全国村务公开民主管理示范单位所属村的评估标准"。为了充分做好创建工作,各村对照考评标准,在2011年5月30日前完成了自查工作,针对存在的问题和不足制定整改措施。6月27日—29日,震泽镇村务公开协调小组成员分组对全镇23个所辖行政村进行村务公开检查,对不符合考评标准的,要求其限期达标。随后根据检查结果推荐龙降桥、夏家兜、贯桥、曹村、林港、朱家浜、齐心、兴华等8个行政村为重点建设的村务公开示范村。7月初,吴江市村务公开领导小组对全市创建示范村进行全面检查,并对创建单位进行总结评比。其中,震泽镇龙降桥村公开栏制作起点高、面积大、公开内容涉及面广,朱家浜等村的台账比较完整规范,尤其是朱家浜村各方面准备工作整体上比较突出,在吴江市名列前茅,成为震泽镇的亮点村。

第五节　大学生村官

改革开放以来,城乡差距不断扩大,农村精英人才流失严重。1995年,为解决"三农"问题,江苏省率先招聘大学生担任农村基层干部。2008年3月,为推进农村(社区)改革发展、加强党的基层组织建设,中央组织部会同教育部等部门部署选聘高校毕业生到农村任职工作。根据上级指示精神,江苏省开始实施"一村(社区)一名大学生"工程,要求2012年底前全省全面实现"一村一社区一名大学生"的工作目标。震泽镇根据全省统一部署,积极选聘优秀大学生村官进村(社区)工作,将其作为加强村两委会班子建设、推进村民自治的重要措施来抓。

一、选聘村官基本概况

震泽镇从2008年起开始选聘优秀大学生村官进村(社区)工作,当年招录15人,2009年招录13人,2011年招录16人,2012招录6人,累计招录50名大学生村官,其中,省村官7人,市村官43人。目前,全镇共流出大学生村官18人,其中15人考取公务员或事业单位,1人走上副乡级领导岗位;现职大学生村官有32人,达到了每村(社区)配备一名村官的目标,其中,砥定、贯桥、石瑾、镇南4个社区以及花木桥村各有2名大学生村官。

2008年以来,震泽镇首批大学生村官已经积累了四年的基层工作经验,基本实现了自身知识与基层实际、群众工作的有机结合,各方面的能力都有了明显提升,一批比较优秀的大学生村官在工作实践中成长起来,有的已在村级经济发展、基层组织建设、社会管理服务等岗位独当一面。目前已有11名村官(齐心村吴继华等)被提拔为村定工副职以上干部,其中,1名村官(里泽村周宇)当选村主任正职;13名村官进入"两委"班子;2名村官被列入乡镇、街道科级后备干部人选;1 名女村官(原贯桥村翁琳燕)在 2012 年"震泽街道办主任"公推差选中成为吴江全区第一位在大学生村官中产生的副乡科职领导,走上镇领导岗位。此外,1 名村官(里泽村周宇)被选为市人大代表和苏州市第二届"十佳"大学生村官;1 名女村官(朱家浜村官谭晓)当选镇党代表。

表 11－4　现职大学生村官

姓名	选聘年份	毕业院校及专业	最高学历	出生地	现工作单位及职务	备注
周　宇	2008	苏州大学电子信息	本科	震泽镇里泽村	震泽镇团委副书记、里泽村委会主任	市人大代表
吴继华	2008	沈阳工业学院汽车运用技术	本科	桃源镇新和村	齐心村定工副职干部	
谭　晓	2008	南京信息工程大学滨江学院会计学	本科	震泽镇兴华村	朱家浜村定工副职干部	镇党代表
钱丽萍	2008	江苏经贸职业技术学院旅游与营销	本科	同里镇肖甸湖村	砥定社区主任助理(定副)	
李　曦	2008	淮海工学院土木工程	本科	震泽镇花木桥村	前港村团支部书记	
周　晟	2008	洛阳工业高等专科学校电气技术	大专	震泽镇双阳村	双阳村党总支副书记	
沈俊力	2009	南京财经大学经济学	本科	震泽镇花木桥村	花木桥村党总支副书记	
王丽妍	2009	扬州大学数学与应用数学(师范)	本科	震泽镇大船港村	石瑾社区党总支副书记	
钱康康	2009	南京人口管理干部学校公共事业管理	本科	震泽镇桃花庄村	联星村主任助理(定副)	
陈建华	2009	江南大学化学工程与工艺	本科	震泽镇金星村	金星村党总支副书记、团书记、民兵营长、农副业站长	

（续表）

姓名	选聘年份	毕业院校及专业	最高学历	出生地	现工作单位及职务	备注
任雪华	2009	扬州大学数学与应用数学（师范）	本科	震泽镇金星村	大船港村村主任助理	
周 宇	2009	淮海工学院环境工程	本科	震泽镇勤幸村	勤幸村会计（定副）	
黄 健	2009	淮海工学院汉语言文学	本科	震泽镇金星村	永乐村党总支副书记	
雷 玺	2009	南京师范大学旅游管理	本科	震泽镇砥定社区	镇南社区主任助理	
吴晓莲	2009	扬州大学汉语言文学	本科	震泽镇长家湾村	贯桥社区居委会主任助理	
范剑建	2011	常熟理工学院英语	本科	盛泽镇郎中村	齐心村村官	
蔡 哲	2011	北京师范大学中国近现代史	硕士研究生	震泽镇镇南社区	砥定社区村官	
许 杰	2011	华中农业大学城市规划	本科	松陵梅石小区	曹村村村官	
沈 琛	2011	北京理工大学工商管理	本科	震泽镇勤幸村	镇南社区村官	
金晨晖	2011	南京财经大学人力资源管理	本科	震泽镇前港村	夏家兜村村官	
周云飞	2011	南京农业大学法学	本科	震泽镇花木桥村	花木桥村村官	
陈丽莉	2012	盐城工学院物流管理	本科	铜罗镇开阳村	新幸村村官	
沈 洁	2012	江南大学法学	本科	黎里镇鹤脚扇	长家湾村村官	
郁隽秀	2012	常熟理工学院英语	本科	黎里镇东南港新村	兴华村村官	
查晓青	2012	苏州科技学院英语	本科	松陵镇县府街	林港村村官	

（续表）

姓名	选聘年份	毕业院校及专业	最高学历	出生地	现工作单位及职务	备注
徐翠婷	2012	南京工程学院市场营销	本科	震泽镇齐心村	龙降桥村官	
李泽华	2012	南通大学应用物理	本科	震泽镇阳光家园	众安桥村村官	

表 11-5　流出的大学生村官

姓名	选聘年份	毕业院校及专业	最高学历	现工作单位及职务
沈洁	2008	江苏警官学院法学	本科	吴江市法律援助中心（事业）
翁烨	2009	渤海大学政治学与行政学	本科	太仓市文广新局（市聘，事业）
张斌	2008	苏州科技学院天平学院计算机科技	本科	吴江电信局八都支局（省聘，国企）
杨其琦	2008	南京审计学院法政学院法学系	本科	吴江市物价局（省聘，事业）
王志伟	2011	江苏科技大学人力资源管理	本科	苏州市环境卫生管理处（省聘，事业）
周晨	2008	常熟理工学院电子科学与技术	本科	吴江市公安局桃源派出所（市聘，公务员）
任震斐	2008	扬州大学行政管理	本科	苏州市容市政管理局（市聘，公务员）
陆一栋	2009	江苏科技大学船舶与海洋工程	本科	苏州城区地方海事处（市聘，公务员）
焦佳莹	2009	南京中医药大学国际经济与贸易	本科	吴江经济技术开发区招商局（市聘，事业）
董梁恒	2008	扬州大学给水排水工程	本科	吴江市住房和城乡建设局（市聘，事业）
金晟	2011	南京师范大学汉语言文学	本科	苏州相城区征地事务所（市聘，事业）
陆佳华	2009	三江学院土木工程	本科	苏州常熟碧溪社区街道办（市聘，事业）

（续表）

姓名	选聘年份	毕业院校及专业	最高学历	现工作单位及职务
钮晟杰	2008	江苏广播电视大学计算机科技	本科	苏州九龙房地产公司(市聘,企业)
陈曙	2011	南京信息工程大学滨江学院网络工程	本科	吴江市工商局(市聘,公务员)
李益强	2008	徐州师范大学科文学院经济学	本科	吴江市公安局(省聘,公务员)
沈黎霞	2011	江苏大学思想政治教育	本科	吴江经济技术开发区山湖花园小学教师(事业)
蒋志刚	2011	南京三江学院电气工程及其自动化	本科	众安桥村村官

表 11-6 走上领导岗位的大学生村官

姓名	选聘年份	毕业院校及专业	最高学历	现工作单位及职务
翁琳燕	2008	淮海工学院电子信息工程	本科	劳动保障所工作人员

二、村官的管理培训与本职工作

1. 村官的管理培训

大学生村官接受了高等教育,具备专业知识,但对农村地区大多比较陌生。为了让村官尽快适应农村工作环境,加快大学生村官的成长步伐,震泽镇委、镇政府采取了以下三方面的管理和教育培训措施:

一是组织大学生村官到镇各部门进行岗前实践。由每个部门派出一位工作人员与一名大学生村官结对,经过一段时间的锻炼后再交叉结对,使大学生村官在短时间内掌握不同岗位部门的工作方法。2012 年 4 月,震泽镇成立了大学生村官导师团,选派了镇、村两级 54 名优秀干部作为大学生村官导师,结对帮带,结对指导,传授工作经验,指导解决问题、模拟决策和调查研究,使大学生村官进一步熟悉工作环境、规范工作程序、提高解决实际问题的能力,培养和提高政策理论水平、沟通协调能力以及决策预测能力。

二是为大学生村官定期举办在岗业务培训,主要是各类具有针对性的专业技能培训,如农土保并轨知识培训、农村工作有效沟通培训、农村团干部培训等,使他们更快更好地融入农村工作环境。法律方面有常用法律知识培训和"人民调解培训",2010 年组织村官赴派出所进行调解工作岗位锻炼,2011 年组织村官参加了市检察院派驻震泽检察室举办的七都、震泽、桃源三镇大学生村官法律知识竞赛。这些培训活动提高了村官的法律素养以及处理复杂民事纠纷和应对突发事件的能力。

三是每季度召开一次大学生村官座谈会,镇主要领导和全体大学生村官全部参加,总结当季度工作并谋划下一季度工作。邀请农村工作经验丰富的大学生村官导师进行授课,提高大学生村官对农村工作的认识,提升农村基层工作素养。组织大学生村官参加镇组织的各次机关学习,及时更新知识,提升政治理论素养。将大学生村官纳入市"四新"讲座培训范围,并将培训情况纳入村官考核系统,强化教育培训。

2. 村官的本职工作

根据上级文件精神及震泽镇的实际情况,震泽镇大学生村官的主要职责是:① 按时完成镇、村(社区)交办的各项任务;积极开展调查研究,经常入户走访群众,熟悉掌握村(社)情民意,及时化解群众矛盾、处理突发事件、消除安全隐患,积极建言献策,为镇、村(社区)决策提供参考。② 协助村(社区)组织制订和完善各项管理制度以及工作计划,配合村(社区)落实好为民办实事的项目,充分发挥自身优势,积极为本村(社区)引进投资项目、农村适用技术项目和新产品项目,提供市场、技术、信息服务,主动参加村(社区)内各项活动。③ 记录工作内容和村(社)情民意,包括民情日记、工作周志、月度工作计划、年度总结。在此基础上,围绕新农村建设、城乡统筹发展、基层党建工作和村(社区)重点工作,每年至少完成2篇调查研究报告。④ 定期思想工作汇报,采取书面和口头相结合的方式,每季度至少向村(社区)党组织书记和导师汇报一次,每年向镇党委组织委员汇报一次。主要汇报思想情况、履行岗位职责、完成工作情况、工作中的创新思路以及工作感受等。⑤ 每年年初,根据村(社区)年度工作安排,结合自身分工,与村"两委"班子成员在党员、村民代表会议上共同进行承诺。⑥ 负责所在远教站点设备的日常管理和维护,收集整理适合当地实际和群众需要的节目内容和技术资料,指导帮助村(社区)党组织有计划、有目的地开展教学辅导活动。⑦ 大学生村官的姓名、照片、分工、联系方式等,与其他村干部一起张贴、公布,便于村民联系监督。

大学生村官年轻有活力,学习能力强,已接受高等教育,各有专长,较之原有村干部,其语言文字水平、办公自动化能力具有明显的优势,在起草文字材料、经办各类台账、推进村务公开电子化、维护管理远教终端及设备网络等方面,已成为不可或缺的角色。目前,震泽镇大学生村官在各村(社区)的职务不尽相同,有的担任村书记助理或村委会主任助理,有的担任村"两委"成员,大多参与了村(社区)各项重点工作和中心工作,在村庄环境整治、村级经济发展、社会管理服务、信访维稳、拆迁安置、计划生育等急、难、险、重工作岗位上接受锻炼,干得有声有色,工作能力不断提升,有的已经能够独当一面。

三、村官的其他社会角色

1. 法律法规的宣传者

目前农村工作涉及面愈来愈广,大学生村官每天面临的问题也愈来愈多,每天要花费大量的时间查阅相关资料解答村民的咨询提问。为提高工作效率,节省工作时间,全镇村官在镇委组织下收集了村民经常咨询的党务、换届、计生、民政、计生、社保、民兵等10大类问题,群策群力汇编成《震泽镇大学生村(社)干部农村工作指南》,于

2012年5月正式出版,成为全省第一本由大学生村官自编自排的村官"一本通"。"一本通"为大学生村官的农村工作提供了很大便利,全镇村官现在人手一册,遇有村民提问,可以快速准确解答,提升了村官的知识权威,赢得了村民们的信任。同时,"一本通"也为本镇其他村级工作人员和村(居)民提供了参考,对临近地区的干部群众也可以提供借鉴,对涉及村民自治的一系列法律法规作了很好的宣传普及。

2. 创新创业的示范者

震泽镇在资金、土地、技术、管理等方面积极扶持大学生村官创业,成立"大学生村官创业基金",开辟创业基地,组织企业家对村官提供创业指导,聘请技术专家担任创业顾问,使全镇大学生村官创业工作走在吴江市前列。目前,震泽镇的大学生村官创业项目主要有:林港村的"脱毒草莓种植"、夏家兜村的"万荣蔬菜基地"和"火鸡生态养殖场基地"、龙降桥村的蔬果种植基地等,另有一些村官创业项目正在有序推进中。其中,大船港村村官李益强、新乐村村官周晨、曹村村官翁琳燕等,在龙降桥村高效农业试验田里试种樱花萝卜、金丝瓜、砍瓜等新品种农作物喜获成功,使得经济效益明显提高。

3. 服务群众的志愿者

2009年初,全镇大学生村官在镇委、镇政府的引导下,根据个人专业和特长,在吴江市率先成立了法律、计算机、人力资源、电子技术、农村建筑、财务咨询6个大学生村官志愿服务队,利用业余时间走进老百姓中间,开展各种咨询服务。如大学生村官周晟在夏家兜村木材市场设立了远近闻名的"法律服务咨询室",坚持每天前来"坐诊",为村民提供法律服务,村民金阿林在他的帮助下运用法律武器成功讨回了欠款。大学生村官志愿者队伍还不定期参与一些镇举办的重大活动,做好服务工作。如在2012年的"农土保并轨城保"和"农村环境卫生整治"两项中心工作中,全体大学生村官在镇委镇政府的组织下担任"农土保并轨城保"义务宣传员和"农村环境卫生整治"先锋队员,走村入户,深入一线,与群众打成一片。

4. 道德新风的推进者

2009年6月,震泽镇16名大学生村官发起成立了吴江市第一个扶贫互助基金会——"朱家浜村扶贫互助基金会"。该基金会不是政府注资,而是依托彩钢板生产集聚产业优势,与朱家浜村合作,利用该村集体资产,兴建了一个小型五金加工厂——众助型材五金加工厂,取其盈利为基金来源,一部分用于扶持村贫困户,一部分资助全镇贫困学子。目前,加工厂已和10多家企业签订了长期合作协议,从中受益的困难群众越来越多,扶贫助困的传统美德在震泽镇得到进一步弘扬。

5. 先进文化的传播者

2009年6月12日,震泽镇村官成立了吴江市第一支大学生村官文艺队,林港村村官钮晟杰任队长。这支村官文艺队利用业余时间,围绕宣传"八荣八耻"、法律知识、展现社会主义新农村建设新风貌等主题精心编排节目,定期为农民演出。还结合当前正在开展的学习实践活动,创作排练了一批诗朗诵、小品、舞蹈等节目,以群众喜闻乐见的形式宣传科学发展观。开通大学生村官网站,成立大学生村官文学社,创办季刊《青春田园》,为大家交流思想、促进工作开辟了新窗口,为弘扬先进文化搭建了新平台。

总体上看,震泽大学生村官的到来,满足了本地区农村、社区在经济发展、社会管理、文化娱乐等各方面对人才的迫切需要,为农村干部队伍注入了新鲜血液,优化了农村、社区基层干部队伍的年龄结构和知识结构,为基层社会注入了新的活力。大学生村官在自己的工作岗位上实现了知识与基层实践的结合,锻炼了工作能力,提升了综合素质,一批优秀人才脱颖而出,成为未来农村干部队伍的顶梁柱、新农村建设的生力军以及乡镇党政干部的后备人才。可以预见,在今后的村民自治和农村改革发展进程中,大学生村官将发挥越来越重要的作用。

后　记

　　呈现在读者面前的《城乡发展一体化进程中的苏南样本——苏州震泽镇案例研究》，为 2011 年度江苏省社会科学基金重点项目"江苏推进城乡发展一体化战略重点研究"（批准号：11EYA001）的主要成果，在我主持下完成。

　　2008 年，一直位列我国改革开放前沿的苏州市，被省委、省政府指定为江苏城乡发展一体化综合配套改革试验区。苏州市则推出 23 个乡镇作为先行先试的先导区，吴江区震泽镇正是其中之一。我们希望通过镇村级典型案例的深入研究，全面、系统、客观、翔实地描述苏南农村经济和社会发展产生巨变的这段历程，归纳和总结成功的实践经验，分析共同面临的问题及成因并制定应对策略。我自认为这是社会科学工作者，特别是农村经济研究者的一份社会责任，也是我组织撰写这部专著的主要原因。

　　江苏省社会科学院农村发展研究所共有 8 位科研人员参与了这项课题的调研和撰稿。全书共分十一章，各章执笔的具体分工是：

　　第一、三章　　　　包宗顺

　　第二、八章　　　　金高峰

　　第四章　　　　　　张立冬

　　第五章　　　　　　周春芳

　　第六章　　　　　　徐志明

第七、十章　　　曹明霞

第九章　　　　　高　珊

第十一章　　　　皮后峰

本书框架和研究思路由我提出。各章初稿完成后,历经半年多时间的讨论与反复修改。我负责全书的统稿和最终定稿。我不仅先后两次对各章仔细审读和提出具体修改意见,还将书稿电子版发给了震泽镇政府,并由镇政府办公室同志分发所属相关部门,征求对书稿的修改意见,并对书中引用数据的准确性进行核实把关。

在本书付梓之际,我们首先要感谢吴江市委办、市委农工办和震泽镇党委、镇政府给予我们课题调研工作的大力支持;感谢震泽镇党办、镇农业服务公司、镇工业公司、镇经管办、镇财政所、镇建设和环境保护、政法和社会管理办公室,以及镇统计、交通、教育、科技、医疗卫生、社保、民政、供电、供水、文化、体育等部门的负责同志协助我们的课题调研,并为课题组提供相关研究资料;感谢震泽镇新乐村和齐心村干部的大力支持和部分社员的积极配合,大家的支持和配合方使我们圆满完成课题研究中特别重要的农户问卷调查工作;最后,还要特别感谢苏州市委农工办陈建荣副主任、江苏省社科院社会政策研究所副所长张超博士、省外办挂职震泽镇党委副书记张君同志等,在我们选择、确定研究对象过程中给予的真诚帮助。

我们还要感谢为本书出版付出辛勤劳动的南京大学出版社编辑杨金荣、田甜和校对老师。

包宗顺

2014 年 1 月 10 日